눈물 젖은 빵을
먹어본 사람이 아니면

김연호

밀알라이프

이 책은
고 김연호 목사님을 기리며
함께 뜻을 모아 출판하였습니다.

곽노윤 (양도교회)

곽주환 (베다니교회)

김진규 (경인교회)

백승철 (에덴교회)

손웅석 (부평교회)

유대식 (만천교회)

이광섭 (전농교회)

이현식 (진관교회)

최형근 (한마음교회)

머리글

아버님의 책을 다시 펴내면서

김성호(저자 김연호 목사의 아들)

2019년 어느 날 성결교회의 한 원로목사님께 전화 한 통을 받았다. 그분은 충남 서산 출신으로 아버님의 제자이신 감리교 임홍재 원로목사의 사촌인데 어려서부터 존경해 온 김연호 목사님의 아들을 찾기 위해 감리교 본부까지 찾아가서 연락처를 알아내어 전화했단다. 그러면서 "김연호 목사님의 저서가 있으면 한 권 보내 주었으면 한다"고 했다. "40년 전 출판한 책이라 남은 책이 두세 권밖에 남아 있지 않습니다" 했더니 복사해서라도 보내 달라는 것이었다. 나는 망설이다가 세 권 남은 책 중 한 권을 보내 드렸다. 그랬더니 그 목사님은 그 책을 받자마자 밤을 새워 읽으시곤 제게 또 전화를 주셨다. 너무너무 감명 받았다고 하시면서 "김연호 목사님 이야기를 기회가 닿는 곳마다 전하겠다"고 하신다.

또 한번은 중고등학교 시절부터의 오랜 친구를 만났더니 아버님 책을 읽어볼 기회가 전혀 없었다고 했다. 남은 두 권 중에서 한 권을 빌려주었다. 책을 읽고 난 뒤 그 친구와 만났는데 이런 얘기를 했다. "김 목사, 선친을 존경해 왔지만 정말 이런 분이란 것을 미처 몰랐었네. 다시 꼭 재출판하게. 그리고 젊은 신학생들과 목회자들에게 나누어 주어 꼭 읽히도록 하게나." 그 외에도 여러분들이 나에게 그런 비슷한 이야기를 들려주었다. 너무 외람된 말씀이지만 어떤 분들은 김연호 목사님이야말로 이 시대의 성자라고 말씀하시는 분까지 계셨다. 대를 이어서 목회하는 저에게는 너무나도 분에 넘치는 감격스럽고 감사한 일이 아닐 수 없다.

정리하다 보니 이 책에는 아버님이 이루신 일들의 아주 적은 분량만 담고 있었다는 사실이 너무나 아쉽다. 사실 그런 아쉬운 마음을 마음에 간직한 채, 나는 재출판을 위해 긴 제목의 아버님 자서전『눈물 젖은 빵을 먹어본 사람이 아니면 그 맛을 모른다』전권을 컴퓨터에 새로 입력해 놓고 있었다. 그리고 아버님이 미처 쓰시지 못한 일부분을 보충해 써놓고 기도하면서 때를 기다리고 있었다.

그러던 중 사랑하는 후배 이광섭 목사가 귀한 분을 모시고 춘천에 와서 만나 뵙게 되었다. 그분은 감리교 장로이시기도 한 신앙과지성사 최병천 대표이시다. 처음 만난 자리에서 재출판을 결정지었다. 기적과 같은 일이고 정말 너무나 감사한 일이다. 합력하여 선을 이루시는 하나님께 감사와 영광을 돌린다. 이 책을 많은 이들이 다시 읽게 되므로 조금이나마 한국교회를 새롭게 하는 일에 적지 않은 도움이 될 수 있게 되기를 바라는 마음 간절하다.

이 책이 나올 수 있도록 많은 수고와 열정을 모아주었을 뿐만 아니라, 후배들에게도 읽힐 수 있도록 노력해 준 이광섭 목사에게 감사의 인사를 전한다. 그리고 아버님의 지난 목회지를 두루 다니며 사진과 자료를 찾아내서 책을 더 풍부하게 해 준 한국기독교역사 연구가인 정원화 목사에게도 감사한 마음을 전한다. 끝으로 이 책의 출판을 위해 수고하신 신앙과지성사의 직원들에게도 감사의 인사를 드린다.

추모사

김연호 목사님을 회고하면서

김남철(속초교회 원로목사, 전 동부연회 감독)

『눈물 젖은 빵을 먹어본 사람이 아니면 그맛을 모른다』 수정본을 출판하면서 나에게 글을 써 달라고 해서 사양도 해 봤지만 꼭 써야 한다고 해서 감히 목사님을 회고하면서 이 글을 쓴다.

1. 1971년 3월 내가 동부연회에서 정회원으로 허입할 때(동대문교회) 일이다. 자격심사위원회에서 심사를 받는 자리에서 갑자기 나에게 말씀하셨다. "강릉 김 씨들이 양반타령이나 하면서 주님을 영접하지 않고 있어서 매우 안타까운 마음이었는데 김 목사가 감리교 목사로서 정회원에 허입하게 되어 내마음이 매우 기쁩니다." 김연호 목사님은 강릉김 씨로서 항열로 보면 나에게 고조 할아버지 벌이다. 이 말씀을 듣는 나는 그때 사도 바울의 동족애를 김 목사님에게서 느낄 수 있었다.

2. 김연호 목사님은 배우고 가르치는 일에 최선을 다하셨다. 인간이 제일 먼저 힘써야 할 것은 배우고 가르치는 일이라 한다. 만나는 사

람마다 교육의 기회로 삼았던 링컨처럼 목사님께서는 중학강의록과 고등강의록으로 공부하고 평양성화신학교, 평양신학교, 서울감리교신학교에서 공부하고, 또한 미래 지도자 양성을 위하여 당진 호서중고등학교, 예산 임성중학교, 주문진여자중학교를 설립하여 가르치는 일에 힘 쓰셨다.

3. 김연호 목사님은 수많은 고난을 겪으셨다. 13세때 민족사상으로 일본 경찰에 심문을 받았고, 25세 때에는 제2체포령으로 일본 헌병대에 쫓겨 망명생활을 하기도 했다. 해방 후에는 철원 동송면 자치위원회 위원장으로 있을 때 인민위원회와 자치위원회의 대립으로 철원 인민보안대 유치장에 수감되기도 했다.

4. 김연호 목사님은 농촌을 사랑하고 농촌교회 목회를 하시면서 보람을 느끼셨다. 1960년「감리교생활」11월호 "농촌목회수상"에서 목사님께서는 "농촌은 부른다. 유능한 지도자를, 새 역사의 창조자를, 열정있는 교역자와 지도자들은 농촌으로 오라. 버림받은 농촌, 그러나 희망이 부풀어 오르는 농촌으로 오시라!" 하면서 농촌교회 비전을 말씀하셨다.

5. 김연호 목사님은 부정 부패와 목숨 걸고 싸우셨다.「기독교세계」(1967.2.20) "내가 하고 싶은 말"에서 다음과 같이 말씀하셨다. "평생 동안 부정선거, 부정부패와 목숨 걸고 싸워 왔고, 사회정화를 위해 일해 온 나로서 가장 아끼고 사랑하는 교회가 혼란에 빠져 있고, 분열

을 반목하고 있으니 눈물이 앞을 가린다. …… 제도를 고치고, 규칙을 고치는 것 보다, 앞서 고칠 것은 마음이다." 지금으로부터 반세기 전에 목사님께서 하신 말씀이 오늘 이 시대에 나와 교회에 전하는 말씀으로 들려지는 안타까운 마음 이루 말할 수 없다. 김연호 목사님께서는 교회를 섬기는 목회자로서 개인구원을 위해 최선을 다하셨을 뿐만 아니라 사회참여를 통해 사회구원에 열정을 쏟으셨던 큰 어른으로 생각되어 더욱 존경하고 본받고 싶은 마음은 나만의 생각일까?

추모사

하나님 사랑, 민족 사랑의 목회자

권오서(춘천중앙교회 원로목사, 전 동부연회 감독)

김연호 목사님은 1920년생으로 파란만장한 여정의 삶을 사셨습니다. 이 민족의 가장 암울하고 고통스러웠던 시절인 일제강점기와 6·25전쟁을 몸소 겪었고, 아내와 자녀들을 먼저 하늘로 떠나보내기도 하며 말할 수 없는 고생과 모진 인생 풍파의 삶이었습니다. 그러나 그런 인생에 언제나 하나님이 함께 하셨고, 믿음으로 위로받는 삶이었기에 아름다운 삶이었습니다.

강원도의 모교회(母敎會), 춘천중앙교회 122년 역사에 있어서 결코 빼놓을 수 없는 분이 김연호 목사님이십니다. 춘천중앙교회 26대 담임목사로서 만 31년 목회를 마치고 은퇴한 제게는, 저보다 앞선 23대 담임목사로 선임(先任) 목사가 되십니다. 막연히 선배 목사 정도로만 알고 있었는데, 교회 역사를 정리하며 알게 된 그분의 이야기는 알아갈수록 수많은 감동과 은혜가 있고 도전이 됩니다.

김연호 목사님은 60~70년대 감리교회를 대표하는 부흥사로 '동적'(動的)이고도 '정적'(情的)인 목회를 추구하셨습니다. 1963년 춘천중앙교회 담임목사로 부임한 이후 11년 8개월 동안 목회하시면서 목회의 꽃을 피우고 춘천중앙교회 '부흥의 시대'를 열었습니다. 독서와 설교 준비에 충실하여 심방에 힘쓰고, 평신도들이 목회에 동역하도록 신앙 교육과 훈련을 위해 효율적인 기독교교육을 강조하였습니다. 당대 최고 수준의 신학자들과 다양한 교파의 지도자들을 교회 강단으로 초빙하고, 신앙생활에 도움이 되는 서적과 간행물 독서를 권장하여 교인들의 신앙은 날로 자라갔습니다. 학생·청년들의 교육을 통해서는 교회를 넘어 춘천지역의 청소년·청년 문화에 새로운 변화의 바람을 일으켰습니다.

'선교'에도 초점을 맞추어 목회와 예배를 이끌었습니다. 개척교회 설립 운동으로 세상을 향한 복음 선교의 구체적인 실천을 하였으며, 신구교·초교파 교회 연합행사 뿐 아니라 지역사회의 일반 모임에도 적극 참여하여 좀 더 가까이 다가가 선교의 기회로 삼았습니다. 72년도 초부터 전개된 '춘천 성시화'(聖市化) 운동의 초대 위원장으로 적극 참여하여 그 운동에 주도적인 역할을 하였으며 세계적인 복음운동으로 정착 지금까지 이르고 있습니다. 교회 역사 편찬에도 관심을 갖고 처음으로 잘못된 교회 역사 정리 교정을 하였으며, 춘천중앙교회 122년 역사상 다섯 번째 예배당으로 당시로는 초현대식 예배당을 건축하여 또 다른 교회 역사를 이뤘습니다.

경천애족(敬天愛族), '하나님을 사랑하라. 그리고 조국을 사랑하라.' 자녀들에게 남긴 유언에서도 알 수 있듯이, 김연호 목사님은 민족을 사랑하는 민족운동가였습니다. 또한 민족의 앞날을 교육으로 보고 학교와 야학을 세워 가르쳤던 계몽운동가요, 교육자였습니다. 외롭고 힘들었던 삶의 여정, 나라 사랑의 마음과 신앙의 고백들을 간절한 글로 표현했던 시인이었으며, 무엇보다 하나님을 사랑하고 성도들을 사랑하기에 힘썼던 목회자였습니다. 지금 이 시대의 기준으로도 예배와 선교, 교육과 봉사가 균형 잡힌 목회를 추구하고, 앞을 내다볼 줄 아는 목회자였습니다.

1979년 김연호 목사님께서 자서전 『눈물 젖은 빵을 먹어 본 사람이 아니면 그 맛을 모른다』를 출간하신 적이 있는데, 근래에 목사님을 기억하며 이 책을 찾는 후배들과 사람들이 많아졌습니다. 다행스럽게도 아들이신 김성호 목사님을 통해 재출간하게 된 것은 참 감사하고 기쁜 일입니다. 김연호 목사님이 순간순간 경험했던 하나님의 은혜가 다 기록될 수는 없지만, 그분의 사역과 생애를 통해 경험한 하나님의 은혜와 역사의 기록들은 너무나 소중한 신앙의 유산이기 때문입니다. 이 책이, 더 좋은 목회 사역과 성숙한 믿음을 위해 후배 목회자와 믿음의 후손들에게 물려 주고 싶은 신앙의 유산이 되어 꼭 기억해야 할 하나님의 은혜가 되기를 바랍니다.

> "그러나 이 모든 일에 우리를 사랑하시는 이로 말미암아 우리가 넉넉히 이기느니라 내가 확신하노니 사망이나 생명이나 천사들이나 권세자들이나 현재 일이나 장래 일이나 능력이나 높음이나 깊음이나 다른 어떤 피조물이라도 우리를 우리 주 그리스도 예수 안에 있는 하나님의 사랑에서 끊을 수 없으리라"(롬 8:37~39)

추모사

눈물 젖은 빵, 그 은총의 전승

이덕주(감신대 은퇴교수)

이 책은 1979년 간행된 고(故) 김연호 목사님의 자전적 수기 『눈물 젖은 빵을 먹어본 사람이 아니면 그 맛을 모른다』를 그 아들 김성호 목사님이 다시 펴내면서 『눈물 젖은 빵을 먹어본 사람이 아니면』이라고 제목을 약간 바꾸었다. 그러면서 김성호 목사님은 아버님이 처음 책을 내신 후 별세(1981년)하시기까지 2년 간 삶의 이야기를 덧붙였다. 김연호 목사님이 처음 낸 책이나 김성호 목사님이 다시 펴낸 책이나 '눈물 젖은 빵'이란 제목을 붙였다. 풍요와 쾌락의 시대를 사는 요즘 젊은 세대가 그 의미를 알까? 먹방이 대세인 요즘, '눈물 젖은 빵'이라 하면 빵을 맛있게 먹는 새로운 레시피쯤으로 생각할 것 같다. 그만큼 '눈물 젖은 빵'은 요즘 세대에게 낯설고 이해하기 힘든 단어일 것이다.

왜, 김연호 목사님은 자신의 삶과 목회를 회고하는 글을 쓰면서 '눈물 젖은 빵'이란 제목을 붙이셨을까? 목사님이 이 책을 낸 1970년대 말은 부흥과 풍요의 시대가 시작되는 시점으로 '눈물 젖은 빵'이란 표현이 당시 젊은 세대에 그다지 호감을 얻지 못했을 것이다. 그러나 그 무렵 은퇴를 앞둔 김연호 목사님과 같은 세대 분들이라면 누구나 '눈물 젖은 빵'의 철학적 의미를 알고 있었다. 그분들은 "눈물 젖은 빵을 먹어본 사람이 아니면 그 맛을 모른다." 정도가 아니라 "눈물 젖은 빵을 먹어보지 않은 사람과는 인생을 논하지 말라."는 말까지 하셨다. '눈물 젖은 빵'은 민족말살 정책이 극에 달했던 일제말기에 태어나 해방의 감격도 느꼈지만 그것도 잠시, 분단으로 인한 전쟁과 폐허, 빈곤과 독재 시대를 살면서 교회 부흥과 성장을 일궈낸 분들의 삶과 교훈이 농축된 표현이었다.

김연호 목사님 세대 분들에게 목회란 허기와 가난이 일상이요, 짐을 풀기 바쁘게 감독이나 감리사 명으로 짐을 싸서 다음 목회지로 옮겨야하는 파송생활이었다. 교인들에게 대접 받기보다 무시당하고 배척받기 일쑤였고 동료 목회자들로부터 배신과 모함을 당하기도 하였다. 눈물과 땀, 때로는 피까지 흘려야 하는 십자가 목회였다. 그러나 그런 중에도 위기의 순간마다 무지개처럼 나타나는 하늘의 은총, 죽음과 절망의 질곡에서 끌어내시는 하나님의 손길, 능력 이상으로 채워주시는 축복을 경험하는 감동의 목회였다. 다윗의 고백처럼 "눈물이 주야로 음식이 되는"(시 42:3) 시절도 있었지만 "울며 씨를 뿌리러 나가는 자는 반드시 기쁨으로 그 단을 가지고 돌아오리라."(시 126:6) 감격도 누렸던 목회일생이었다. 먼저 울게 하시고 나중에 웃게 하시는 하나님의 은총, 그것이 '눈물 젖은 빵'에 담긴 신앙 메시지였다.

아들 김성호 목사님은 아버지 책을 다시 내면서 제목을 바꾸지 않았다. 아버지가 은퇴를 앞두고 자전적 수기를 쓰기 시작할 즈음 아들은 아버지지가 나온 신학교를 졸업하고 목회를 시작했다. 그리고 어느덧 40년 세월이 지나 아들도 목회를 은퇴하였다. 처음엔 목회가 어떤 것인지도 모르고 뛰어든 목양의 길이었다. 그러다보니 실수도 있었고 아쉬움도 많았다. 아버지 세대만큼 힘든 세월은 아니었지만 목회의 길은 여전히 힘들고 외로웠다. 큰 수술로 죽을 고비를 맞기도 했다. 그래도 가족과 성도들의 기도와 사랑이 있어 목회 여정을 무사히 마칠 수 있었다. 그리고 은퇴할 즈음 낡은 책장에서 아버지 책을 꺼내 읽으면서 40년 시차를 넘어 아버지를 다시 만났다. 아버지가 느꼈던 고독과 고뇌, 슬픔과 아픔, 은총의 감격, 기쁨과 보람을 그도 느꼈다. 그렇게 아버지와 아들은 '눈물 젖은 빵' 으로 하나가 되었다.

그래서 이 책에는 아버지 목사에 대한 아들 목사의 그리움이 잔뜩 배어 있다. 결코 편한 길은 아니지만 세상 무엇과도 바꿀 수 없는 '하늘 사역' 의 가치와 보람을 알아서 말없이 자신을 목회의 길로 이끌어 준 아버지에 대한 고마움도 진하게 배어 있다. 이제 아들은 40년 전 아버지가 이 책을 처음 써서 자기에게 주었던 것처럼, 그것을 다시 펴내 자녀들에게 넘겨주려 한다. 아버지가 자기에게 남긴 유언을 그대로 담아서 말이다.

> "자녀들아. 아비는 비록 부족하지만 하나님을 위해 살고 조국을 위해 살다 죽어야 한다. 이것은 나의 좌우명이요, 너희에 대한 유언도 된다. 하나님을 사랑하라. 그리고 조국을 사랑하라."

역사신학을 공부한 나로서는 이 책을 읽으며 조상의 믿음과 교훈을 후손에게 전하려는 성경 기록자의 의지와 열정을 느낄 수 있었다.

특히 책 제목의 '눈물 젖은 빵'이 담고 있는 신학적 의미가 그러했다. '눈물 젖은 빵.' 그것은 이스라엘 백성이 애굽에서 노예로 생활하면서 먹던 음식이었다. 그런데 민족의 해방자 모세가 나타나 출애굽 전야, 유월절 날에 쓴 나물과 함께 먹으라며 '누룩을 넣지 않는 떡'(무교병)을 먹으라고 하였다.

> "너희는 애굽 곧 종 되었던 집에서 나온 그 날을 기념하여 유교병을 먹지 말라. 여호와께서 그 손의 권능으로 너희를 그 곳에서 인도해 내셨음이니라.... 너는 이레 동안 무교병을 먹고 일곱째 날에는 여호와께 절기를 지키라."(출 13:3-6)

출애굽 후 이스라엘 백성은 물도 없고 음식도 구할 수 없는 광야에서 40년을 지냈다. 그런데도 어느 누구 굶어 죽은 사람이 없었다. 하나님께서 예비해 두신 '하늘의 만나'가 있었기 때문이었다. 가난한 목회자가 맛볼 수 있는 천상의 축복이었다. 먹여주시고 입혀주시는 하나님의 사랑이었다. 그렇게 광야 40년을 끝내고 약속의 땅 가나안으로 들어가기 직전, 모세는 이스라엘 백성에게 다시 한 번 '하늘 만나'의 의미를 깨우쳐 주었다.

> "너를 낮추시며 너를 주리게 하시며 또 너도 알지 못하며 네 조상들도 알지 못하던 만나를 네게 먹이신 것은 사람이 떡으로만 살 것이 아니요 여호와의 입에서 나오는 모든 말씀으로 사는 줄을 네가 알게 하려 하심이니라."(신 8:3)

겸비 외엔 목회를 감당할 요령이 없다. 목회를 통해 그리스도의 겸비를 경험하게 하셨다. 예수님도 목회를 광야에서 40일 금식으로 시작하셨다. 그리고 "돌로 떡을 만들라."는 사탄의 유혹을 이 말씀으로 물리치셨다(마 4:4). 목회자에게 가장 큰 유혹이 물질적 풍요임을 경계하신 것이다. 부자 목사의 타락은 피할 수 없는 재앙이다. 그리고 주님은 지상에서 마지막 유월절을 맞아 제자들과 함께 최후의 만찬을 나누실 때 떡을 나눠주시며 말씀하셨다.

> "이것은 너희를 위하여 주는 내 몸이라. 너희가 이것을 행하여 나를 기념하라."(눅 22:19)

목회는 희생이었다. 자기를 죽이지 않으면 교회가 살 수 없는 십자가의 길이었다. 그렇게 구약에서 누룩 넣지 않은 빵은 광야의 만나로, 다시 그것은 신약에서 하나님의 말씀을 거쳐 성찬 때 나누는 주님의 몸으로 이어졌다. 신앙의 맥이 끊어지지 않고 '전승'(transmission)되는 비결이다. 그런 역사와 신앙의 전승이 이 책을 통해 이루어지고 있음을 느낀다. 김연호 목사님이 '눈물 젖은 빵'을 통해 체득하신 위대한 믿음의 은총과 감격이 목사님 후손 뿐 아니라 이 책을 읽는 모든 이들에게 임할 것은 당연하다. 이 책의 출간을 축하하고 감사하는 이유가 여기에 있다.

차례

1부

눈물젖은 빵

책머리에

40대의 김연호 목사

나의 파란만장한 생애를 엮었다. 누구에게 보이기 위한 것이 아니라 나의 걸어온 과거를 아무도 모르게 묻어 두고 죽는다면 나의 몸이 너무 원통해서 썩지 못할 것 같아, 수기로 적어서 한 권의 책을 만들었다.

이 세상에는 나보다 더 많은 고생과 인생 풍파를 겪은 분들이 많겠지만 나는 단지 신앙으로 위로받고 살아왔다.

인생의 그늘진 면을 소개하는 데 목적이 있지 않고 주님이 어떻게 나의 생애 속에 역사하셨는지를 증언하기 위하여 이 글을 썼다.

이 책을 엮기에 수고해 주신 최계윤 선생님, 그리고 출판사 연규석 사장님께 감사를 드린다.

1979년 5월

김연호 씀

제1장

출생에서 평양으로 공부하러 가기 전

(1920~1939)

어린 시절

내가 태어난 해는 경신년(1920년) 4월 11일이니 기미 독립 만세가 일어난 다음 해였다. 나라는 기울어지고 집안은 패하여 거덜이 난 때 네 번째 아들로 강원도에서도 산골인 횡성군 정곡면(지금의 우천면) 가좌곡리 옥내동에서 출생의 첫울음을 터뜨렸다.

어머니의 말씀을 들어보면 보름달이 유난히 밝은데 검은 줄이 드문드문 박힌 큰 호랑이를 꿈에 보고 출생해서 그런지, 나는 순할 때는 잠든 범같이 순하나 성이 나면 호랑이처럼 덤빈다고 어머니는 늘 걱정하셨다.

조상 때는 벼슬도 더러 했고 아버지 대에는 볏 백이나 착실히 수확하여 근동에서는 부잣집 소리도 들었고, 하인과 종들도 부렸다는데 내가 태어나서부터 나에게 주어진 유산은 배에 달린 배꼽뿐이었다.

나의 부친은 3대 독자요, 한학은 많이 하였는데, 친구를 잘못 사귀어 많은 재산을 술과 도박과 외도로 탕진하였다고 한다.

나는 소년이 될 때까지 아버지의 얼굴을 기억하지 못하고 자라났으나, 나의 부친은 집안이 기울어지자 집을 떠나 부지거처가 된 것이다.

나의 어머니는 원주 원씨로 원 효자의 문중에서 자라나 마음이 어질고 착하며, 정절이 강하고 침선에 빠지는 것이 없었으나, 집안이 기울고 남편이 집을 나가고 보니 살아갈 수 없어 큰아들은 외가에 맡기고, 둘째는 시모에게 맡기고, 셋째는 이모에게 맡기고, 어린 나만을 데리고 홍천읍으로 가서 남의 집 식모살이를 했다.

주인집은 수 천석 부자로 첩이 셋이고, 집이 매우 컸으며, 집주인은 이규환이라는 이였다.

우리 모자는 이 집 윗방에 살면서 어머니는 이 큰 집의 음식과 세탁과 청소를 전부 맡아 하였다.

나는 어려서는 도토리만 먹고 자랐는데도 식성이 까다로워 이 집에서 신주처럼 위하는 단 고추장이 아니면 밥을 먹지 않고, 식사 때마다 눈치 없이 칭얼대고 어머니 치마 끝에 묻어 다녔다.

주인집 상에서 다행히 고추장이 남겨지면 그때서야 밥을 먹었으니, 어머니의 속을 얼마나 태워드렸는지 짐작하고도 남음이 있다.

나의 어머니는 식모살이 몇 해 동안 모은 돈을 가지고, 고향인 횡성읍으로 돌아와 남의 집 셋방을 얻고 여기저기 헤어져 있는 자식들을 불러 모았다.

형들은 나무도 하고, 남의 집 고용살이도 시켰지만, 나는 보통학교에 입학을 시켰다. 아침에도 멀건 죽 한 그릇이었고 저녁에도 멀건 죽(쌀 한 줌에 된장과 나물을 넣어서 훌훌 마시는 죽)이었다.

하루는 집을 나갔던 나의 부친이 돌아왔다. 집안은 화사한 웃음꽃이 피었고, 나의 어머니는 오랫동안 생이별 하였던 남편을 만났으니 그 즐거움은 형용할 길이 없었다.

그런데 나는 어쩐지 아버지가 반갑지 않고 무섭기만 하였다. 큰 갓을 쓰고 텁수염이 많고, 눈이 찢어진 아버지는, 날 귀여워해 주지도 아니하고 용돈 한 번 주는 일 없이 조그만 잘못에도 꾸짖고 야단치며 때

리곤 하였다.

더군다나 집에 오신 부친은 날이 새면 날마다 술이요, 술이 없으면 집안을 들들 볶는 것이 일이며, 어려운 형편에 빚을 얻어서라도 술을 받아다 드리면 잡수시고 그냥 있는 것이 아니라, 주정하면서 낮이나 밤이나 온 식구를 때리고 가구를 부수는 것이 일이었다.

날마다 허구한 세월을 그렇게 보내면서 일을 하나도 하지 않고, 자식들 보고는 효도하고, 아내 보고는 공경만 잘하라고 한다.

집안은 지옥이 되었다. 아버지는 아버지가 아니라 집안 식구들의 원수였다.

나는 어떤 때 이런 생각도 하곤 했다.

"저런 아버지가 왜 들어왔을까?"

죄 없고 착한 어머니를 들볶고, 때리고, 걷어찰 때는 저런 아버지는 죽어 버렸으면 차라리 집안이 편하겠다고 어린 마음에 얼마나 울분했는지 모른다.

나는 어린 마음에 "내가 술을 입에 대면 개새끼다." 예수를 믿으며 술도 안 먹기로 결심하였다.

술은 집안의 원수, 나라의 원수.

부채는 늘어가고 가정의 평화는 깨어졌다. 식구가 모여 살 수 없어 우리 형제는 각기 직업을 구하기 위하여 산지사방으로 헤어졌다.

나의 부친도 집을 나가 버렸다. 그는 한학에 유식하므로 어디 가서 글방을 차리고 글방 선생을 하며 자기 혼자는 편하게 지내는 모양이다. 그는 알코올 중독자이므로 술만 알고 처자도, 부모도 모르는 이성이 마비된 분이었다. 술과 아편은 인류의 적이다.

나는 어려서 피부로 체험했다. 술은 먹어도 죄가 아니라는 기독교인이나 목사를 만날 때마다 나는 언제나 저 사람은 아직 술의 독기를 몰라서 그러는구나 하고 탄식하엿다.

1. 소주와 약주에 침혹한 사람
   이 말씀 자세히 들어 보시오.
   술빛이 붉어서 잔에 넘칠 때
   기쁘게 여기고 잡지 마시오
2. 첫째는 사람이 술을 먹고
   둘째는 술이 술을 먹고
   셋째는 술이 재산을 먹고
   넷째는 술이 나라를 먹고
   다섯째는 술이 사람을 먹네
3. 청년아 노년아 조선(대한) 사람아
   이 말씀 자세히 들어 보시오.
   조국의 흥망이 벽두에 있다.
   새 정신 차려서 두 주먹 쥐고
   조국 독립에 금초석 되자.

나는 어린 시절을 뼈에 사무치는 쓰라림과 눈물 속에서 자라났고, 어머니의 극진한 사랑과 도움으로 다행히 보통학교 과정을 마쳤으니, 이것이 나의 운명을 바꾸어 놓는 인생의 기초가 된 것이다.

보통학교 시절(신문 배달)

위인의 배후에는 현숙한 어머니가 있었듯이 나의 배후에도 훌륭한 어머니가 계셨다. 어머니는 남의 식모살이를 해가면서도 어린 자식을 공부시켜야 하겠다고 나를 9세에 홍천 보통학교에 입학을 시켰다.

어머니의 간곡한 청으로 1년간은 월사금을 물지 않아도 되었고, 남이 배우다 못 쓰게 된 책을 이집 저집에서 빌려오고, 벽지를 사서 실로 꿰맨 공책을 들고 학교로 가게 되었다.

그해 여름 횡성읍으로 이사를 하게 되어 횡성 보통학교에 전학이 되었다.

아직 어머니는 남의 집 식모로 있으면서 공부를 시키는데, 장난꾸러기 주인집 아이가 판자 울타리 호박넝쿨에 앉은 잠자리를 잡아 달라고 성화를 부림으로 잠자리를 잡으려 내리뛰다가, 판자 울타리에 큰 못을 박고 구부려 놓지 않는 곳에 오른쪽 다리가 걸려 떨어지는 바람에, 복숭아뼈 위에서 오금다리까지 밭고랑같이 살가죽이 갈라지고 쇳독이 들어가는 부상을 입었다. 전신이 문둥이처럼 되고 백약이 무효하여 날마다 상처를 침으로 쑤시고 소금물로 닦고 감자떡을 해 부치며 5개월 이상을 누워 있었으니, 어머니 고생은 말할 수 없고 학교 공부는 엉망이 되었다.

65명이 2학년으로 진학하는데 나는 꼴찌에서 둘째가 되었다.

책은 헌책, 도화지, 습자지를 마련할 수 없어 숙제는 못 해가고 연필이 귀하고 공책이 없어 글씨 공부를 못하게 되고, 다리까지 다쳐서 누워 있었으니 꼴찌가 되는 것이 당연했다.

2학년에 진학하니 날마다 월사금 독촉이었다. 월사금을 못 가지고 간 사람은 매일같이 현관으로 내어 쫓고, 손을 위로 들고 무릎은 반을 구부리고 벌을 서야만 했다.

집에 오면 돈 없지, 학교 가면 벌서야 했으니, 운명은 너무 가혹했다.

여름에는 덥기나 하지, 추운 겨울 영하 17도 마루방에서 몇 시간 벌서고 나면 발에 전부 얼음이 박혔다.

3학년에 진학했다. 어머니의 정성은 극진했으나, 헤어진 형제들을 모아 놓고 셋집에 살면서 큰형은 나무를 해오고, 어머니 혼자 벌어서 식구 여럿이 살아가려니 매끼 마다 멀건 죽이요, 내 월사금이나 학용품은 대 줄 수가 없었다.

나는 내 손으로 월사금을 벌기로 결심하였다.

취직자리를 구한 것이 신문 배달인데 나는 너무 어리고 키가 작아서 그것마저 사정해서 월사금 50전을 받기로 했다. 200부가 넘는 신문 그것도 한 가지가 아니었다. 매일신문, 경성일보, 인천일보, 부산일보, 대판신문 등을 밤새도록 우체국에서 기다렸다가 순서대로 접어서 시장 이 골목 저 골목을 뛰어다녀야 했다. 꼭두새벽에 나가 8시까지 돌려주고 급히 돌아와 시래기죽 한 그릇을 얼른먹고 5리나 되는 학교로 허겁지겁 뛰어갔다.

월사금은 해결하여 벌 받는 것은 면했는데 이제는 지각 벌을 가끔

서게 되었고, 숙제하지 못한 벌을 또한 서야만 되었다.

선생은 언 귀를 잡아 쥐고 이리 당기고 저리 당기며,

"이놈아, 왜 날마다 지각이고, 숙제해 오지 않는 거야,"

그러나 20대의 햇병아리 선생들이 나의 사정을 알 리가 없었다.

그들은 부모를 잘 만나서 사범학교라도 졸업해서 훈도를 하고 있으니 나의 찢어지게 가난한 집안 사정을 알 리가 없다.

한 번은 이런 일이 있었다.

"김연호 국어 독본 읽어봐."

나는 일어나서 읽으려 했지만 헌 책이라 책장이 떨어져 나가고 없었다.

선생은 나를 물끄러미 바라보다 쫓아 오더니 "이놈아, 왜 못 읽어."

그리고 나의 책을 보더니,

"책장도 없는 책을 가지고 무슨 공부를 하러 왔나," 하고는 야단을 치셨다.

이렇게 하면서 6학년까지 올라갔다. 우등생은 못되었으나, 10년이나 위인 한문을 읽고 온 아기 아버지들하고 경쟁해서 65명 중 17등을 하였으니, 내 깐에는 장하기 짝이 없는 일이었다.

나는 작문에 솜씨가 있었던지 '나의 연필'이라는 작문에서 나이를 먹으면 먹을수록 점점 작아지는 나의 연필이라고 지어서 적지 않은 칭찬도 받았다.

그런데 나이가 들어 5학년이 되어, 역사 시간에 안중근 의사의 이야기를 듣고 우리나라를 빼앗긴 기막힌 사실을 어렴풋하게 알게 되었다. 역사 부도에 모든 나라의 국기가 다 있는데, 우리나라 국기만 없다는 걸 알게 되었다.

어찌나 서운하고 마음이 아픈지 어른들께 우리나라 국기는 왜 없느냐고 물었더니 향교 정문에 그린 그림이 우리 국기의 모양이라고 한다. 나는 집에서 습자지에 국기를 그려 만들고, 내 또래의 어린 친구들을 모아서 나무총을 만들고 그 끝에 광목태 쇠붙이로 칼을 만들어 꽂고, 방과 후에는 날마다 산에 올라 군사훈련을 하고, 떼를 지어 일본 아이들이 지나가면 두들겨 팼다.

우리 집 지붕과 대문에 태극기가 꽂혔고, 일본인 아들을 두들겨 팼기 때문에 매를 맞은 아이들이 저희 부모에게 일러바쳤다.

대체로 일본인들은 경찰 가족이 많은지라 우리 집에 형사가 와서 조사하고, 우리 학교 교장에게 퇴학시키라는 명령을 내렸다.

그때 나의 나이는 만 13세였고, 배후가 없었기 때문에 경찰서와 학교장에게 단단한 훈시와 책망을 받고 겨우 보통학교를 마쳤다.

그러나 나이가 더해 갈수록 나는 일본놈을 미워하는 증오심이 깊어만 갔고, 경찰에서는 툭탁하면 우리 집에 찾아와 나를 괴롭혔다.

어딜 갔다 오면 오고 가는 것을 신고하라는 것이다.

나는 그때 왜놈도 미워했지만, 그들의 앞잡이 노릇을 하는 조선 순사가 더욱더 얄미웠다.

심상소학교 교장과 나(때가 오면 보자! 저도 선생인가)

나는 어려서 공굴리기(축구)를 좋아했다. 하루는 같은 친구들과 어울려서 일본인 소학교(심상소학교) 운동장으로 들어갔다. 물론 방과 후였다.

우리가 공을 차고 있는데 밖에서 놀던 일본인 아이들이 우리 공을 멀리 차버려 찾을 수 없게 되었다.

옥신각신 언쟁이 벌어졌다. 난데없이 일본인 교장이 유리창을 뛰어 넘어오더니 다짜고짜 나에게 따귀를 올려붙였다. 눈이 번쩍했다.

"왜 남의 학교에 와서 떠드느냐? 어서 나가라"

"선생님! 나도 학생이고 저 아이도 학생인데 두 아이의 사정을 알아보고 타이르든지, 때리든지 하는 게 옳지 무턱대고 때리는 법이 어디 있습니까."

하였더니 일본인 교장은

"조센징와 기다나이(조선 사람 더럽다), 조센징와 미나 도로보다까라 데데이께(조선 사람은 모두 도적놈이니까 나가라)." 하고 소리 질렀다.

저번에도 조선인 아이가 와서 놀다 가면서 화초를 꺾어갔다는 것이다. 나는 더 이상 참을 수가 없었다. 범 같은 성질이 발동하였다. '이 놈의 새끼 죽여버려야 되겠다.' 생각하고 13세 된 작은 내가 키가 큰 장년인 교장 넥타이에 매달리고, 머리를 박고, 물어뜯고, 발길질하였다. 처음에는 교장이 목이 메어 애를 썼으나, 잠시 후에 그 큰 손으로 무척 얻어맞았다. 그때 일본인 아이들까지 수십 명 몰려와서 "조센징와 미나 와루이(조선 사람은 모두 나쁘다)."고 욕설을 퍼부어댔다.

나는 억지로 힘센 손아귀에서 벗어나 뛰어나오면서 그에게 있는 욕을 다 퍼부었다.

"기사마야로 도끼가 기다라 미테미요(망할 놈의 자식 때가 오면 보자)"

나는 분명히 일본은 망하고 조선이 독립될 것을 믿었다. 그러기에 1945년 8월 15일은 그 누구보다도 나에게는 매우 뜻깊은 날이다.

이런 일이 있고 난 뒤에 나는 무사할 수가 없었다. 형사들이 우리 집에 찾아와서 수색하였다. 대문과 지붕에는 태극기를 꽂아 놓았고, 일본인 교장에게는 욕설과 함께 때가 오면 보자고 협박하였으니, 그냥 둘리 만무하였다.

다행히 찾아온 신 형사는 민족 양심이 조금 남아 있는 사람이라 나를 무척 동정하고 "우리가 그래 봐야 무슨 소용이 있니, 너만 손해이고 감옥에 들어가면 네 앞날은 어두워지는 거야." 그리고 좋은 면으로 경찰서에 보고한 모양이다. 그뿐만 아니라 나의 나이가 만 13세요, 우리 집은 가난하고, 우리 부친은 객지에 행방 없이 나가 계시고, 배후가 없다는 것이 참작되어 용서를 많이 받은 편이다.

그러나 심상소학교 교장은 내가 다니는 학교 교장인 일인 교장 야마모도(山本) 씨에게 너희 학교에 부정학생(사상이 나쁜 학생)이 있으니 퇴학시키라는 연락을 해 왔다.

야마모도 교장은 교실로 들어와서 우리 학생 전체에게 이런 일을 하는 것은 불행한 일이라고 타이르고, 나를 교장실로 데리고 갔다. 그러면서 그는 인천과 광주 등의 학생 사건을 들려주면서, 피차에 손해니, 감정을 가라앉히라고 타일렀다. 자기가 대신 심상소학교 교장에게 사과하고 졸업반이니 장래를 생각해서 졸업장을 주겠다고 약속하였다.

뒤에 안 일이지만 내 반 학생들은 12~13세에서 20여 세의 나이 많은 학생까지 있었는데, 내가 만일 퇴학을 당하면 전체가 일어나서 난동을 일으키고 교장실을 때려 부수려고 계획했다고 한다.

게는 가재 편이다.

이런 일이 있고 난 뒤, 나는 언제나 일본 경찰의 감시 대상이 되어서 아무것도 할 수 없었다. 어딜 갔다 오면 꼭 보고해야 했고, 책을 보는 것까지도 조사를 받게 되었다.

나는 죄인이 되었다. 나라를 사랑하는 죄인이 된 것이다. 나라를 사랑하는 것이 애국자이지 왜 죄인인가? 그러나 주권을 잃은 식민지 백성은 나라를 사랑하는 것이 살인강도 죄보다 더 큰 죄가 되었다.

나는 어떻게 하든지 나라를 되찾고 한국의 대통령이 되어서 미국의 에이브러햄 링컨처럼 훌륭한 지도자가 되고, 덴마크의 구룬트비히 같이 이상 사회를 실현해야 하겠다고 마음먹었다.

얌체 족속(일본인들의 만행)

일본인은 정말 얄미운 족속이다. 지금도 일본인은 경제 동물이요, 신의가 없는 민족으로 평가받고 있지만, 지금부터 60여 년 전 한국에 와 있는 일본인은 참으로 얌체 족속들이었다. 들리는 말에 의하면 제일 하류 인간들을 뽑아서 한국 식민지 땅에 내보냈다는 말도 있거니와, 내가 자라날 때 보아 온 일인들은 간악한 인물들이었다.

이른 새벽 어쩌다가 시장을 들어가노라면 나무꾼들이 솔 검불 나무와 삭정이 나무, 장작들을 짊어지고 와서 팔고 있었다.

20리, 30리 밖에서 시래기 죽이나 한술 먹고, 새벽녘에 산을 넘고 내를 건너 나무들을 팔러 온 것이다. 그것을 팔아서 어떤 이는 양식을 보태 사고, 어떤 이는 고무신, 성냥, 비누를 사고, 공부하는 아이들의 학용품도 사고, 옷가지도 장만하는 것이다.

나무 한 짐에 장작은 30전, 솔 검불은 15전, 삭정이는 20전 정도(쌀 소두 한 말에 30전 당시) 인데, 이것을 해서 지고 죽을 힘을 다해서 새벽에 수 십리 길을 걸어 온 것이다.

추운 겨울에 발은 맨발이 되다시피 된 짚신 신발에, 궁둥이가 다 비죽비죽 드러나는 떨어진 옷을 입고, 손을 호호 불고 서 있다가 나무 살 사람을 기다리는 것인데, 한나절이 되어도 팔지 못하면 아는 집에 말겨 놓고 가야 한다.

그럴 때 일본 여편네(옥상)들이 2~3명 몰려와서 나무흥정을 한다.

"장작 한 짐 어루마?"

"옥상, 30전입니다."

"나쁜 사람, 얼른 20전만 해."

"옥상 그렇게는 안 됩니다."

"무시기 아니 돼? 우리 영감 순사야, 비싸면 잡아가." 라고 협박을 한다. 그렇게 되면 어떻게 된 일인지 같은 한국 사람이 25전 준대도 안 팔던 나무를 20전에 팔고 만다.

흉악한 일본년들, 그리고 못나고 무식하고 가난하여 순한 송아지가 도살장으로 끌려가듯 끌려가는 우리 동포를 보고, 나는 생각이 많았다. 간악하고 흉물스러운 일본인과 못나고 무식한 우리 동포, 어떻게 해야 저 일본인을 이 땅에서 몰아내고 우리 동포를 건져 낼까 하는 생각이 가슴에 파도치듯 하였다.

목구멍이 포도청이라 일본인 집에 고용살이를 하는 한국 아낙네들이 불쌍했다.

자기들은 최하 60원에서 100원 이상의 월급을 받으면서(일인은 같은 관리라도 한인보다 월급을 더 주었다), 자기 집에 데려다 일을 시키는 고용인은 월 2원 내지 3원을 주고 아침부터 밤까지 일을 시켜서, 청소하고 밥 짓고, 빨래하고, 매일같이 목욕물(일인은 매일같이 목욕한다) 긷게 하고, 아이 보게 하고, 실로 1인 3역, 4역을 해야만 된다. 그리고도 툭탁하면 도적으로 몰아버린다. 돈이 몇 푼 없어지면 한국인 고용인을 의심한다.

밥이 많이 남아 개를 주라고 하면 너무 아까워서 줄 만큼만 주고 좀 남겨서 치마폭에 싸서 나오면, 그것을 왜 가지고 가느냐고 도적놈 심보라서 그런다고 야단이다.

"옥상, 개가 다 못 먹고 우리 집에는 죽만 먹으니 가져다가 아이들이라도 좀 나누어 주려고 그랬어요."

"개밥 사람 먹으면 아니 돼요." 하며 개 밥통에 넣든지 뜨물 통에 넣어 버린다. 그 밥이 쉰 것도 아니고 하얀 밥이다.

나는 어려서 가난했기에 가난하게 살던 사람들로부터 이런 많은 이야기를 듣고 컸고, 그런 소리를 들을 적마다 가난이 원수고, 무식이 원수라, 나라 없는 설움을 달랠 길 없었다. 그러기에 나는 왜말을 배웠지만 좀처럼 쓰지 않았다. 왜정 말엽에 조선말 폐지령이 내려져 학교에서 일본말만 쓰게 되는 날, 나는 수목 옷에 짚신을 신고 학교에 나갔다. 이것은 반항 의식이었다.

더군다나 일제 말엽에 창씨개명, 신사참배, 그리고 징용, 징병 등 굶주리며 헐벗고 자라난 우리 젊은이들이 일본을 위해 강제로 징용 징병으로 끌려 나갈 때 버스 정류소와 기차 정거장에 도열해 서 있다가 개 끌려가듯 하는 개죽음을 하러 가는 그들을 보고, 나는 얼마나 가슴치고 울었는지 모른다.

어떤 사람은 이왕 나갈 바에는 지원병으로 나간다고 지원해 나가는 사람들도 많았다. 나는 옻나무 진을 발라 옻쟁이가 되더라도 징용징병에 끌려가지 않도록 친지와 이웃에게 권했지만, 그 말을 새겨듣는 사람은 많지 않았다. 나는 일본이 망할 것이라 했지만, 그들은 일본이 기어코 이긴다는 것이다.

동전 두 푼

어머님의 극진한 사랑으로 보통학교를 마치게 되었다. 상급학교로 가고 싶어서 어머님께 의논 드렸다.

“어머니, 이왕 고생하시는 길에 저를 사범학교라도 보내 주세요. 그리해야 훈도라도 해서 어머님의 남은 여생을 편히 모실 것 아닙니까?”

“네 뜻은 알겠다마는, 보통학교도 네 정성을 다해서 졸업했는데 사범학교를 어떻게 해서 간단 말이냐?”

나는 더 묻지 않고 어떻게 해서든지 돈을 벌어서 내가 가난해서 하지 못한 공부를 자식에게 시키고, 부자가 되어 좋은 기와집을 짓고 부모 양친 모시고 멋있게 살아보고, 형제들 모두 집과 땅을 장만해 주고 이웃해 살아 보기로 결심했다,

15세 된 어린 마음에 날마다 밤잠을 이루지 못하고 눈물로 베개를 적시며 부자 될 궁리로 밤을 지새웠다.

그러던 끝에 돈 벌 방법이 생긴 것이다. 주머니에 동전 두 푼이 있었다. 이것으로 부자가 될 궁리를 한 것이다. 달걀 두 개를 사서 이웃집에 안겨달래 가지고 병아리가 되면 두 마리를 잘 길러서 큰 닭을 만들고, 그 낳은 달걀을 또 안겨 봄, 가을로 병아리를 까면 몇 해 되지 않아 큰 양계업자가 되지 않을까 생각하고, 앞집 닭 치는 박 서방네로 물

어보러 갔다.

그 집에서는 한 마디로 반대했다. 알 20개를 안겨서 더 이상 안길 수 없다는 것이다.

나의 희망은 좌절됐다.

또 궁리 끝에 낚시를 사기로 했다. 낚시를 사서 주낙을 놔 뱀장어, 메기, 쏘가리, 자라를 잡으면 부자가 될 것 같았다.

그래서 동전 두 푼으로 낚시 열 개를 사서 실에 매고 개구리 먹이를 해서 남한강 상류 횡성 뒤 강물 핑핑 도는 여울목 한쪽에 돌을 달아 물에 던졌다.

그날 밤에 나는 천지신명과 사해 용왕님과 북두칠성님께 고기가 많이 잡히고 큰 것이 잡히게 해 달라고 수십 번 절하고 기원했다.

다음날 이른 새벽에 고기를 건지러 가니 천우신조라, 첫 낚시에 등이 검고 배가 하얀 큰 메기 한 마리가 물려 있었다. 얼마나 기뻤으랴, 신이 나서 고기를 종다래끼에 넣고 그다음 낚시를 살펴보니 모조리 낚싯밥만 다 먹고 빈 낚시가 아닌가. 그런데 맨 끝 낚시가 바위 밑으로 끌려 들어가 있었다.

그 바위는 물이 핑핑 돌고 수심이 깊은 곳이었다. 몇 번씩 잠수해서 끌어내니 그것은 조그마한 뱀장어 새끼가 낚시를 물고 큰 바위 밑으로 들어가 바위 밑에 고인 돌을 칭칭 감고 있었다. 몇 번씩 잠수하고 물을 먹으면서, 나는 큰 자라나 한 마리 잡힐 줄 알았는데, 조그만 뱀장어 새끼가 잡힌 것이다. 먹으려고 잡은 것은 아니고 팔아 돈을 만들려고 한 것인데.

메기 한 마리를 버드나무 가지에 꿰어서 시내로 팔러 갔다. 온종일 다녀도 살 사람이 없었다. 고기 한 마리를 누가 사는가!

돈을 벌 욕심에 조반도 먹지 못한 몸이 온종일 돌아다니다 보니, 고기는 말라서 마른 명태가 되었다. 온종일 돌아다니니 어떤 사람이

"그 고기는 왜 종일 가지고 다니니?"

"팔려고 그럽니다."

"주는 대로 받겠습니다."

그는 4전(동전 네 잎)을 주었다.

나는 하늘에라도 뛰어오를 기분으로 집에 달려왔다. 낚시를 또 살까 하다가 오늘 아침에 물에 빠져 죽을 뻔한 것을 생각하니 주낙을 놀 마음이 없었다.

그러다가 하루는 장터에 가니 어떤 사람이 살구 장사를 하는데 참 잘 팔리고 있었다. 나는 살구장사가 하고 싶었다. 살구 장사 보고 살구 한 점에 얼마고 어디서 사 왔느냐고 했더니 한 접에 8전이란다.

왕복 40리 길을 가서 살구 반접을 사서 파니 7전이 되었다.

그리하여 또 사서 팔았다. 그다음은 살구, 오얏, 복숭아, 참외 등을 사다 팔았다. 돈도 조금씩 늘어서 10전, 20전, 50전, 1원으로 늘어났다.

참외를 사러 먼 시골로 가서 먹참외가 호박만큼 큰 것을 반 접 사서 어른 지게에 지고, 키가 작은 내가 20~30리 져오고 나면 땀은 비 오듯 하고 어깨와 등은 부어오른다.

길은 험난하고 아침에는 멀건 죽 한 그릇 먹고 떠난 몸이 한나절이 되면 뱃가죽이 등때기에 들러붙는다. 아침에 장에 나가 저녁까지 있노라면 무척 배가 고팠다. 새벽부터 밤 11시까지 종일 굶고 서 있다가

배가 고프면 우물에 가서 냉수를 한 그릇 마시고 참아 넘기었다.

여름에는 과일 장사, 겨울이면 과자 장사 이렇게 애쓴 보람이 있어 1년 만에 돼지 버크셔 한 마리를 사서 교미를 시켰고, 닭 한 마리 80전 하는 것을 12수를 사 놓았다. 닭은 알을 깨우고, 몇 달 후에 돼지는 새끼를 나면 그것을 또 팔아 소를 사고, 소가 여러 마리로 번식되면 그것으로 땅을 사리라는 부푼 가슴에 배고픈 것도, 동창 부끄러운 것도 모르고 장사에 전념했고, 50~60리 장을 따라다니며 장돌뱅이 노릇을 하였다.

학교체육대회 마다 따라다녔다. 이제는 내 물건도 꽤 많았다. 목판으로 열두 목판에 물건이 가득하였다. 호사다마였다.

집을 나가셨던 부친이 오랜만에 들어오셨다. 경사가 난 듯 온 집안은 기뻐했다. 그런데 이 어른은 알코올 중독자였다. 집에 들어오던 날부터 술집에 나가 들어앉으셨고, 술 한 사발에 5전 할 때 25원어치를 마셨다.

하루는 집에 들어와 돼지를 보러 갔더니 돼지가 없어졌다. 뛰어나갔나 하고 살펴보니 나간 것 같지 않았다. 사방으로 불러댔다. 그때 모친이 미안쩍은 태도로 가까이 오더니,

"얘, 돼지 천당 갔다."

"천당 가다니요? 내일모레 새끼 날 돼지인데요."

아버지 술값으로 술집 마누라가 잡아갔다는 것이다. 나는 가슴이 철렁 내려앉고 눈물이 비 오듯 하고 천지가 뒤집히는 것 같았다. 남 같으면 때려나 주지. 아버지가 하신 일 어떻게 하나, 신세타령했다.

남의 집 자식은 팔자 좋아서 부모 잘 만나 호의호식하고 상급학교

에 가서 공부까지 하는데 나는 부모 잘못 만나서 고생도 고생이려니와 이렇게 살아보려고 발버둥 치는 것도 모르고 돼지를 술값으로 잡혀먹다니 참 기가 막혔다.

나는 풀이 죽었다. 마음이 들뜨고 나니 장사도 아니 되고 물건 단속을 아무렇게나 하니 쥐들이 들어가서 과실 과자 다 갉아 놓으니 물건을 팔 수 없게 되었다.

이렇게 되는 것을 왜 그동안 고생만 했을까? 생각하니 세상이 너무 허무해서 죽고만 싶었다.

산에 올라 목도 매어 보고, 물에 빠져도 보았으나 그때마다 사람들의 구조를 받았다.

비관한 나는 장사를 집어치우고 날마다 가족 몰래 죽을 궁리만 했다. 양잿물을 먹으려 했으나 죽지 않고 되살아나면 평생 병신이 될까봐 낫으로 목을 베어 자결하기로 하였다.

생철 낫을 갈아서 내 방으로 들어가서 문을 걸어 잠그고 낫을 목에 얹었다. 그리고 나니 눈물이 강물 흐르듯 한다.

한참 울고 나니 이제는 하직이라 하고 두 손으로 목에 걸친 낫을 힘껏 잡아당겼다. 그런데 우지끈 소리는 났는데 목이 그냥 있다. 이상해서 만져보니 우는 동안 낫이 삐뚤어져서 어깨로 기울어졌고, 저고리 어깨만 베었다. 죽는 것도 임의로 못하는 것 같다.

마침 그날 밤 황혼을 뚫고 예배당 종소리가 뗑그렁뗑그렁 산 너머로 울려오고 있었다. 그때 나는 목사가 설교를 잘한다는데 설교나 한 번 듣고 와서 죽어야 하겠다고 한 5리를 걸어 교회로 나갔다.

교회 목사님은 윤태현 목사님(음성서 돌아가심)이고, 그날 설교 제목은 '고진감래'(苦盡甘來)였다. 그 설교는 꼭 나 들으라고 하는 설교 같았다.

큰 감화를 받고 돌아와서 한 번 더 들어야겠다고 다음 주일 날 또 갔더니, 이번에는 '요셉 성공의 비결' 인데 하나님이 크게 쓰는 인물은 고난 가운데 기른다는 것이다.

그 설교는 나에게 큰 용기와 소망을 불어 넣어 주었다.

죽을힘을 다해서 살아보자. 결심을 새롭게 하고 정신을 가다듬고 장사를 하니 장사도 곧잘 되었다. 주일과 삼일과 새벽 기도회에 열심히 참석하니 믿음은 자라고 기쁨이 넘쳐 기도와 찬송이 입에서 떠나지 아니했다.

그러나 시련은 또 닥쳐왔다. 우리 부친은 완고한 유교 학자라 집안 망하려고 저 자식이 천주학을 한다고 죽여 버리겠다며 낫을 들고 죽인다고 쫓아다니시는 것이다. 이제는 형제들마저 한 편이 되었다.

엊그제까지는 나를 기둥처럼 아껴주던 식구들이 교회에 나간 후부터 원수같이 나를 대한다. 핍박을 견디다 못해 나는 집을 나와 잠은 교회에서 자고 음식은 사 먹던지, 해 먹었다.

여름에는 좋은데 겨울이 되어 영하 17도로 기온이 내려갈 때, 방석 몇 개로 허리와 배를 덮고 자니 고생이 이만저만이 아니었다. 나는 예수 믿는 것도 순탄하지 않았다. 그러나 감사한 것은 하나님이 자살 직전에 나를 부르시고 새 소망을 주신 것이다.

목구멍이 포도청

집을 나와 떠돌아다니니, 나이는 아직 16, 17세 아직 어린 소년이고 마음이 들떠 장사는 안 되었다. 취직하기로 하고 횡성 고을에 처음 개설되는 인쇄소에 취직했다.

이 집에서 1년간 있는 동안 살림집 물을 길어 주고 인쇄소 청소를 하고 일을 배우려 했는데, 기계는 통 만지지도 못 하게 하고 문선, 식자, 활자 줍기만 시켰다. 7호 활자는 잘 보이지도 않거니와 한문자는 획을 알아야 찾지 않는가?

나는 글자를 찾기 위하여 한일선 옥편을 사서 하루아침에 60자씩 한문을 영어 단어 외우듯 하여 3개월에 옥편을 떼었다.

그런데 주인이 경상도 상주 사람인데 얼마나 노랭이인지 어쩌다 조판할 때 주고는 월급을 도무지 주지 않았다. 인쇄 기계는 고장 날까 봐 만져 보지도 못하게 하고 활자 줍기만 시키니 더 있어야 희망이 없을 듯하여 그 집을 나왔다.

그러나 활자 줍는 거 배워 둔 것이 후일 평양 가서 공부할 때 고학에 도움이 되었으니, 평양 애린원 인쇄소에 활자 줍기로 취직되어 오후부터는 노동하고 오전에는 학교에 나가며 공부를 하였다.

하나님의 계획은 멀고 깊은 바가 있었다.

인쇄소를 그만두고 나니 주머니는 무일푼이다.

사람들의 권고로 내가 제일 싫어하는 일본인 학교 급사로 들어가게 되었다. 그전에 나와 충돌한 교장은 전근하여 가고 젊은 새 교장이 왔다. 이 교장도 천하 깍쟁이 교장이었다.

17세의 어린 소년으로 학교의 급사가 되어 학교 청소(교실 3, 사무실 1), 운동장 청소와 눈치기, 겨울이면 난로 피우기, 장작 패기, 변소 치기, 거기에다 교장 사택의 나무 패기, 매일 목욕물 긷기 – 일본인은 매일 목욕하는데 물 5, 6짐을 지어야 하고 학교가 언덕에 있어 물 깊이가 12척이고 바가지가 물 한 초롱씩 푸는 나무바가지인데, 어떨 때는 체중이 적은 내가 물바가지에 딸려 올라갈 때도 있었다. – 그리고 밤이면 도적이 들까 봐 야경을 돌아야 한다.

학교와 넓은 운동장 언덕에는 도살장이 있어서 소귀신이 나온다는 곳이었다.

단칸방에 혼자 기거하며 그 엄청난 일을 해냈다. 그리고 보면 나는 억척빼기다.

평안도 사람이 억척빼기라고 하지만 강원도 억척빼기인 나는 주일 아침에는 교회로 가야 되기 때문에 일찍 일어나서 할 일 다 하고 교장의 승인을 얻어야 되는데, 예수교 이해가 없는 교장은 어떻게 하든지 교회엘 못 가도록 방해를 놓았다. 그럴 때마다 일을 더 해 놓고 교장을 달래서 교회로 갔었다.

그 어려운 환경에서 교회를 나가니 교회 가는 시간은 나에게 천당 가는 길 같이 기뻤다. 내가 원수로 생각하는 일인 밑에 가서 급사 노릇을 하였으니 세상은 알고도 모를 일이다.

월급은 한 달에 8원(쌀 소두 1말에 1원 50전), 그래도 어린 소년에게는 큰 수입이었다. 밤이면 밤을 새워 성경을 읽고 호젓한 숙직실에서 찬송 부르고 기도하는 재미에 살아갔다.

나중에는 교장이 나를 시험하는데 가미다나에 절을 먼저 하고 교회에 가라는 것이다.

처음에는 하는 척하고 방향을 돌려 딴 곳에 절을 했으나, 지켜보고 있다가 막 야단이다. 그렇게 거짓으로 하면 아니 된다고.

나는 사표를 냈다. 일인도 아니꼬운데 일본 신인 가미다나에 절을 하라니 곧 죽어도 할 수 없어 사표를 내고 나왔다. 약간의 밑천으로 빵 장사를 시작했다. 빵과 호떡, 모든 빵 굽는 법을 중국집에 가서 곁눈으로 배워왔다.

첫 번에는 빵도 굽고 호떡도 구웠다. 몇 번 하고 나니 나중에는 기술자가 되었다. 이것도 후일 평양장로회신학교에 가서 공부할 때 고학하는 데 도움이 되었다. 신학교에서는 주일 날 빵을 만들어 배급하는데 할 사람이 없어서 내가 만들어 주었더니 식대가 면제되었다.

빵 장사는 겨울이면 경기가 좋은데 봄부터 여름에는 경기가 없다. 여름에는 아이스크림과 빙수, 사이다. 청량 음료수를 팔았다.

호떡, 빵, 떡 장수를 하니 사람들이 천한 업으로 여겨 동창 친구들은 길에서 만나면 외면을 하고 지나갔다. 그러나 나는 10년 후에 보자, 10년 후에는 내가 횡성읍 거부가 되리라. 그때에는 너희들이 나에게 돈 꾸러 오게 만들 터이다. 이를 악물었다.

이렇게 한 4년을 했더니 수입이 꽤 좋아서 면서기 23원, 군수 100원 할 때 50~100원 수입이 무난했고, 소년 실업가로 소문나서 점원도 5명이 되고 도매상에서는 얼마든지 물건을 외상으로 주는 판이었다.

주일 예배와 삼일 예배는 물론, 새벽 신성 예배에 하루도 빠지는 날이 없었다. 나의 형님 한 분을 모셔다가 같이 장사를 했다. 이 형은 술과 담배와 도박을 좋아하는데 처자가 있는 분이다. 형님께 예수 잘 믿고, 교회 생활 충실하게 잘하시고, 수입은 형님 마음대로 하라고 하였더니 날마다 밤이면 술주정과 도박이다. 몇 번씩 간절하게 바라며 충고했다.

"어려서 고생하고 컸으니 결심하고 잘살아 봅시다. 자식에게만은 가난을 물려주지 맙시다."암만 충고해 드려도 듣지 않고 날이면 날마다 그 지경이다. 교회로 가자면 마지못해 한 달에 한두 번 끌려갔다.

한 번은 술 자시고 와서 가겟방에 누운 분을 문을 닫고 5치 못으로 박아 가두어 버렸다. 날이 새어 술이 깨어 일어났으나 나올 수 없었다. 날 보고 사정도 하고 호령도 했으나 온종일 가두어 놓았더니 나중에는 내게 빌었다.

나는 그때 형님께 "형님은 동생이 잘못 가면 타일러야 할 판인데 동생 앞에서 매일 술 먹고 도박하고 되겠소? 어려서 그렇게 고생을 하고도 큰 생각을 왜 못 하시오?" 그 말에는 형님도 대답할 말이 없었다.

속깨나 썩인 분이지만 지금은 교인이요, 그의 장남은 신학을 나와 서울 남서울장로교회의 교육전도사로 시무 중이다. 나는 이렇게 내 가족들을 하나씩 둘씩 전도해 나갔다. 예수 잘 믿는다는 소문이 나고 돈도 잘 번다는 소문이 나니, 나이 이십도 되기 전에 각처에서 혼담이 들어왔다. 500석씩 하는 부잣집과 충북에서 장로 가정이며 과수원을 하는 집에서 청혼이 들어왔다. 그러나 모두 나이 어리다는 핑계로 물리쳤다. 그것은 더 큰 포부가 내게 있었던 탓이었다.

남궁억 선생

내 나이가 여덟 살쯤 되었을 때 어른들이 수군거리는 말로 훌륭한 애국지사인 남궁억 선생님이 무궁화 사건으로 홍천 경찰서에 잡혀 들어가시고, 그의 서책을 한 트럭이나 실어 갔는데 고문이 어찌나 심한지 모른다는 것이다.

어린 나이에 무엇을 알겠는가만 비분강개한 생각이 들어 견딜 수가 없었다. 어린 마음에 남궁억 선생님의 얼굴이라도 한번 보고 싶어서 홍천 경찰서로 가서 경찰서 주위를 몇 바퀴씩 돌았으나 도저히 만날 수가 없었다. 꿈에라도 한번 뵈옵고 싶었는데 뵐 길이 없었고, 나는 다음 해 9세 때 횡성으로 고향을 찾아 들어오고 그 어른은 기어코 옥고로 순국하시니 다시는 만나 뵐 길이 없었다.

40여 년 만에야 내가 춘천중앙교회 목사로 재직 시 보리울(모곡리) 남궁억 선생 묘비 건립식에 참석하게 되고 기념사를 하게 되니 목이 메고 가슴이 터지는 듯하였다.

다른 애국지사는 모두 동상과 비를 세웠는데 남궁 선생은 나처럼 강원도에서 사셨기에 이제야 묘비 건립을 하니 부끄러움 금할 데 없어, "남궁억 선생은 우리 한국인 형사에게 잡혀 가 그들에게 무수한 매를 맞고 돌아가셨으니 천추의 한이 된다"고 기념사를 하였다.

거기 참석한 김우종 선생, 박경원 지사, 교육감, 홍천 군수 등이 비분한 얼굴로 내 기념사를 들었다.

나는 누구에게 애국하는 법을 배운 일이 없다.

우리 어머님은 현숙하나 무지하고, 가난에 시달렸고, 아버지는 패가하고 객지에 주로 나가 계실 뿐 아니라 알코올 중독자이시다.

나의 애국은 가슴속에서 우러나온 하늘이 주신 애국이다. 그러기에 나에게는 해방 직후에 만든 태극기가 아직 보관되어 있다.

이 태극기는 38선을 넘어왔고, 6·25와 1·4 후퇴에도 짊어지고 나갔다. 모든 책과 기물을 다 내던지고 나가도 성경과 태극기는 짊어지고 38선을 넘고, 6·25전쟁을 하였다.

내가 죽은 다음에 내 머리를 쪼개 보기 바란다. 참 중은 사리가 생기듯이 나의 머리에서는 태극알이 나올 줄로 믿는다.

나는 장관도, 국회의원도 못 한 사람이다. 그러나 애국 애족하는 사람임은 틀림없다.

나의 일평생 생의 표어는 경천애족(敬天愛族)이다.

하나님을 사랑하고, 민족을 사랑하자.

누가 내가 죽은 후에 만일 비석을 세운다면 그 비문에

'여기 누운 김연호는 하나님을 사랑하고 민족을 사랑하다 죽었다'고 써넣어 주기 바란다.

참다운 꿈을 안고

19세가 되자 철도 들어가고 신앙도 자리 잡히고 생활도 좀 펴지기 시작했다. 그러고 나니 배우지 못한 것이 한스러워 견딜 수가 없었다. 누군가에게 물어보니까, 일본 와세다대학 통신 중학 강의록과 조선 고등보통학교 통신 강의록이 있다 해서 두 가지를 모두 주문했다.

한문과 국어(한글)를 배우려면 조선 강의록이 필요해서 모두 주문해서 낮에는 점포에서 장사하고, 밤에는 방 하나를 얻어서 영하 16~17도를 오르내리는 냉방에서 장갑을 끼고 공부를 했다. 6개월 만에 통신 강의록 5년 치를 모두 떼고 박내철 목사님께 테스트해 보니 천재라는 것이다.

박내철 목사님의 지도를 받아 평양 요한학교(그 후에 성화신학교가 됨)가 있다는 말을 듣고(당시 서울 감리교신학교는 폐교) 다음 해(1939년) 20세 때에 행구를 준비하고 교회에서 전별 예배를 드리고, 청운의 꿈을 안고 평양으로 향하였다.

교회에서 떠나면서 성공하지 못하면 돌아오지 않겠다고 다짐을 하고, 횡성읍에서 가족과 성도들의 뜨거운 전송을 받으며 버스에 몸을 실으니 평생에 처음으로 타 보는 버스였다. 그동안 돈 벌기에 정신이

팔려서 버스 한번 못 타 보았다.

원주에 가서 기차도 처음 탔다.(기차도 2년 전에 부설되었다.)

서울에 가서 청량리에서 하차하고, 서울역을 찾아가는데 전차를 타고 동대문까지 가면서 서는 곳마다 여기가 서울역이냐고 차장과 승객에게 물었더니 차장이 신경질을 냈다.

억지로 서울역을 찾아서 내려 기차표를 끊었는데 플랫폼에 나가서는 어느 기차를 타야 평양으로 갈지를 몰라 이 사람 저 사람에게 물어서 간신히 평양행 기차를 탔다. 서울서 평양가는 길은 참 기쁘고 희망에 넘쳤다.

개성, 사리원, 대동강 정거장들을 지날 때마다 전개되는 도시, 산과 내, 자연경관은 참으로 신기하고 아름다웠다.

서울서 평양은 550리, 완행으로 8시간 만에 도착했다. 기차 요금은 5원 20전이었다. 평양역에 내려서 평양 대찰리를 찾아가야 하는데 어떻게 해야 할지 몰랐다. 전차를 타면 5전에 짐까지 대찰리 앞까지 갖다주는데, 이 멍청이는 그것을 몰라 짐꾼을 불러서 이불 짐값 30전을 주어 지우고, 나는 10리나 되는 길을 걸어갔다.

그 이야기를 나중에 친구들에게 했더니 과연 강원도 촌놈이라는 것이다. 입학 정원은 40명이고 지원생은 80명이며, 거의 양복과 구두 차림이고 두루마기에 고무신은 나 하나뿐이다.

장로 지낸 사람, 권사, 속장, 집사, 주로 교사 지낸 사람, 학교 훈도, 순경, 면서기 하던 사람 각계각층이다.

나는 기가 죽었다. 사람도 모두 외양이 잘 생기고 이력도 굉장한데, 나는 강원도 산골 사람이 호떡 장사나 하다 왔으니 기가 죽을 수밖에.

장사해서 근근이 모아둔 돈 200원(땅 한 평에 5전, 10전 할 때)을 가지고 청운의 꿈을 품고 떠났는데 입학은 다 틀린 것 같았다.

밤새도록 뜰에 나가 기도하고, 시험을 치렀다. 그 결과는 40명 낙방, 40명 합격에 2번으로 합격했다. 나는 미칠 듯이 기뻤다. 신수 좋고 양복 입고 훈도, 속장 지낸 사람들도 별것이 아니구나 자부심이 생겼다. 그래서 나의 학창 생활은 이렇게 계속되었고, 평양 요한학교를 출발점으로 하여 평양 장로회 신학교, 서울 감리교신학교 등에서 공부했다.

지금은 목사가 되어 감리사, 총리원 이사, 총대, 일본 단기 선교사, CCC 국제회의에 한국 대표로 참가하여 미국 일주와 캐나다 일부를 다녀왔으니, 참으로 사람의 운명은 알 수가 없나 보다.

그러나 내가 이렇게 된 것은 전부 주님의 은혜이다. 주님이 나를 일찍 부르지 않으셨다면 나는 지하에 묻힌 지 이미 수십 년이 되었을 것이다. 내겐 어떠한 어려움이 있어도 하룻밤만 지나면 해결된다. 하룻밤만 지내면.

"너는 과거에 자살할 몸이 지금 살아 있는데 뭘 그러느냐? 아무리 고생이 되어도 도토리 먹을 때보다는 낫지 않겠느냐?" 하는 생각에 어떤 어려움도 견디어 나갈 수가 있었다. 나는 화가 나면 밥을 더 잘 먹는다. 그러면 소화는 더 잘 된다. 나는 평생에 음식 타령을 할 줄 모른다. 죽이나 밥이나, 쓰나 다나, 시래기나 서양 요리나, 개구리나 소고기나, 무엇이나 먹고 소화시킨다.

하나님은 나를 어떠한 역경에도 처할 수 있는 강인한 체질을 길러 주기 위하여 일찍이 고난 가운데 기르셨는지 모른다. 하늘은 스스로 돕는 자를 반드시 도우셨다.

제2장

평양공부 시절

(1939~1944)

거지 대장

평양 요한학교에 입학하고 나니 하늘에 오른 듯싶다. 평양은 옛날 고구려의 도읍지요, 산수가 아름답고 미인이 많기로 유명하며 한국에서는 서울 다음가는 큰 도시.

낙랑고적과 모란봉과 대동강, 을밀대와 부벽루, 능라도, 두로도 모두가 풍광이 수려하여 자랑할 만한 도시요, 낙랑, 고구려의 도읍지가 될만한 곳이다.

기자묘가 있는 기자림 숲이며 도산 선생이 잠깐 칩거하시던 대보산 산장, 나에게는 모두가 신기롭고 의미 있었다.

북으로 올라가서 묘향산과 동룡굴, 소풍 때면 몇 번이고 가보았다.

평양은 한국의 예루살렘, 골목마다 교회당이고 주일이면 이 골목 저 골목에서 종소리가 온 천지를 뒤덮는다. 화신, 미쯔이, 미라까이 같은 큰 상점이 주일이면 거의 문을 닫았으니 신자 종업원이 많은 탓이고, 음력 정월 명절에는 일인들은 양력설 지키라고 야단법석이지만 기어코 음력설을 지키며 반항심을 표시하고, 냉면집이 유명하고 말고기국집이 유명해서 가끔 평양냉면, 말고기국을 사 먹곤 했다.

조만식 선생, 박현숙 선생, 우호익 선생, 박태성 변호사, 김명선 박사(기독병원 원장) 같으신 어른들과 교분을 하니 혼이 커지고 간이 커졌다.

한 주간 학교와 기숙사에 엎드려 공부만 열심히 하다가 토요일 방과 후면, 나는 전도대를 편성해서 거리로 나가서 전도하였다.

애국심과 신앙심이 함께 되어 불타오르는 심정을 금할 수 없었다.

평양역으로, 동평양으로, 서평양으로 골목 골목을 누볐다.

우선 허사가를 불러서 사람을 모았다.

세상만사 살피니 참 헛되구나.
부귀공명 장수는 무엇하리오?
솔로몬의 큰 영광 옛날이더니
부귀영화 어디가 자랑해 볼까.

그러고 나서 나는 열변을 토하며 전도한다.

"여러분, 우리는 왜 만주까지 달려가야 하나요. 죗값이외다. 우상 섬기고 썩은 족보 타령만 하고, 양반 상놈만 가리고, 술 먹고 도박하고 계집질만 하고 술 먹을 돈은 있는데 자녀 가르칠 돈 없이 모두 눈 뜨고 소경 만들어 놓았으니 옛날이나 지금이나 무식하고 못생기면 종살이하고 남의 노예나 됩니다. 우리 예수 믿어서 내세 천당도 가고 이 세상에서도 저 구라파의 문명한 나라 캐나다, 미국같이 한번 잘살아 봅시다."

어디서 열변이 나오는지 땀을 흘리면서 한바탕 호소하고 나면, 사람들이 몇십 명에서 몇백 명까지 모여들어 넋을 잃고 나의 전도하는 것을 들었다.

어떤 사람은 시비를 걸었다가 나에게 혼이 났다.

나의 혼이 민족애와 신앙에 불타 있었기에 무서운 것이 없었다.

어떤 때는 전찻길에 사람이 늘어서서 나의 전도를 들었기에 교통 방해죄로 끌려도 가고, 어떨 때는 민족사상을 고취했다고 해서 경찰서에 끌려가기도 했다.

끌려가서 고등계실, 서장실에서 심문을 받고 매를 맞고 유치장에 집어넣으면, 그곳이 내 집 아랫목 같아 기뻤다.

주를 위해, 민족을 위해 고난을 받는 것이 기쁘기만 했다. 나는 이미 자살해서 죽었을 몸, 살아 있어 보람된 일을 하니 기쁘고 즐겁기만 했다.

므두셀라 같이 오래 살다가 시시하게 죽지 말고 예수님같이 짧게 살아도 멋있게 살다가 죽자.

유치장에서 너무 좋아 기도하고 찬송을 불렀다. 처음에는 야단치고 때리기도 했으나 그래도 계속 부르니까, '고노야로 우루사이나.(이놈아, 귀찮구나)' 라고 발로 차서 내보내었다.

내가 경찰서에 끌려갔다고 학생들이 학교에 가서 보고하면, 이환신 교장과 교수들은 곤란해서 어쩔 줄 몰라 하시다가 내가 무사히 나오면 함께 기뻐해 주셨다.

최권능 목사는 길거리에서 소리 질러 예수 천당, 주기철 목사는 강단에서 우상숭배하면 망한다고 외치고, 나는 골목골목 누비며 전도에 열을 뿜었다.

주일이 되면 하루종일 예배드렸다. 각 교회 주보를 보면 11시 예배,

14시 예배, 무슨 강연회, 부흥회, 머리만 쓰면 종일 쫓아다니며 설교 듣고, 강연 듣고, 예배할 수 있었다.

어느 날 서문 토성 남쪽으로 전도를 나갔다. 그곳은 보통강 언덕이라 홍수를 막기 위해 높이 쌓아 놓은 토성 위에 다닥다닥 집을 짓고 사는 빈민 지대요, 우범 지대이다. 여기는 전국 13도 사람이 모두 모여 사는데 하루도 조용한 날과 싸움 잦을 날이 없고, 변소가 거의 없어서 강가 저지대는 인분 천지다.

이 빈민굴에서 전도하다가 동포의 가련한 참상에 눈물지었다. 콩깻묵 배급을 타 먹으면서 가난하게 살아가는 그들은 사는 것이 아니라 죽지 못해 목숨을 이어가는 군상들이다.

그 지대를 지나서 보통강 다리를 건너서니, 강 다리 밑에도 사람들이 살고 있었다. 강 다리를 의지해서 움을 파고 가마니, 나무 조각으로 의지해서 사는 참 불쌍한 빈민의 소굴이었다. 이들은 전라도, 충청도에서 만주로 가다가 노자가 모자라 여기 머문 사람들이 많았다.

모두 130세대나 되었고, 인구는 약 700명 정도였다.

길은 인분 천지고 아이들은 대부분 벌거벗고 살고, 여자들도 홑치맛바람이다.

생전 세수도 목욕도 하지 못해서 사람 몸에서는 생선 비린내보다 더 고약한 냄새를 피우는 사람들.

보통강물은 흐린 물이고 하수구에서 구정물이 흘러 들어가는 더러운 물이라 빨래도 할 수 없다.

물이 없어 언덕에 올라가 남의 집에서 물을 조금씩 얻어다 먹으니 어떻게 세수며 빨래를 할 수 있는가? 꼭 짐승 같고 아프리카 열대 지방 원주민 같다.

모두 맨발 부대였고, 매일 아침 눈만 뜨면 여자들은 바가지를 들고 평양 성내로 쉰밥 얻으러 가는 것이 본업이고, 약간의 지게꾼, 식모살이하는 이가 있으나 거의 무직이요, 쓰레기 뒤지는 것이 직업이고, 어린 처녀들은 창녀 노릇을 하여 호구지책을 해나간다.

알코올 중독자, 아편 중독자, 도박 상습자, 소매치기 전과자들도 많았다. 개중에는 유식한 학자도 있었으나 일하기 싫어서 거지가 되어 있다.

나는 목이 터지게 그들에게 전도했다.

"여러분은 예수 아니 믿어 세상에서도 멸시 천대받다가 지옥까지 가서 되겠습니까? 예수 믿어 구원받아 세상에서는 고생하더라도 죽어 천당이라고 갑시다."

나는 이제는 매 토요일 이곳을 전도 장소로 삼았다.

기숙사 식모에게 부탁해서 누룽지를 모아서 한 자루씩 짊어지고 나가서 그들에게 나누어 주고, 우선 노방 주일학교를 했다.

동요, 민요를 부르고 찬송가를 가르쳤다.

거친산 등성이 골짜기로
봄빛은 우리를 찾아오네
아가는 피어나는 조선의 꽃
아가는 피어나는 조선의 꽃.

✧

삼천리 반도 금수강산 하나님 주신 동산
삼천리 반도 금수강산 하나님 주신 동산
이 동산에 할 일 많아 사방에 일꾼을 부르네
곧 이날에 일 가려고 누군가 대답을 할까
일하러 가세 일하러 가 삼천리강산 위해
하나님 명령받았으니 반도 강산에 일하러 가세.

아이들은 하나, 둘 모여들고 청소년도 나오고 어른들도 나왔다. 개중에는 믿던 신자도 있어 반가워하며 이런 빈민굴까지 와서 전도해주느냐고 고마워했다.

나는 나의 옷을 팔아 13원을 만들어 재목을 구하고 흙벽돌을 찍어 방 두 칸에 2층을 지어 아래층에는 주일학교, 위층에는 장년 예배실을 만들었다.

나의 짐 보따리도 빈민굴로 옮겨 갔다. 그들과 침식을 같이하며 학교에 가고 밤에는 야학교 A. B반(A반은 어린이, B반은 청소년) 국어(한글), 산수, 역사 등을 가르치고 아침에는 조기회, M.R.A. 강령인 절대 정직, 절대 순결, 절대 사랑, 절대 무사 등을 외우게 하고 청소년들을 줄을 지어 대동강 강가로 하나, 둘, 하나, 둘 몇 번씩 뛰게 하였다.

그들의 게으른 정신과 무기력한 정신을 개혁하려고 그렇게 한 것이다. 밤에는 보통 12시에 자고 아침에는 4시에 기침하였다.

이렇게 하는 동안 교회에 사람은 늘어나서 장년 50~60명, 어린이가 100여 명, 청년이 20~30명이 되었다.

교회 이름은 신망애, 연회록에는 대광교회라고 하였다.

동냥해서 얻어온 밥은 쉰 것, 비벼 먹다 남은 것, 새 밥, 조밥, 콩밥 별것이 다 있었다. 이것을 함께 버무려 먹는데 맛이 희한하다. 시기도 하고 짜기도 하고 쉰내도 난다.

나는 거지 대장이 되었다.

겨울에는 영하 27도가 넘나드는 때도 있었는데 불을 못 때고 냉방에 자니 몸이 얼어 잠들 수가 없다. 밤새도록 힘을 써 체조를 해야 한다. 어떻게 하다가 잠이 들면 코 밑에는 고드름이 달려 있다.

어린 처녀들은 창녀가 되고 밥을 얻으러 다니는 이 사람들의 직업 문제를 해결해 주기 위하여 일감을 얻으려고, 기림리로 선교리로 공장을 찾아 뛰었다.

군수 양말, 막 장갑 (코 틀어막는 것), 성냥갑 부치는 일들을 맡아다 주었다. 이것도 사장 공장장을 만나려면 한 번에 되는 법이 없다.

명함에만 "빈민굴의 적은 종 김연호"라 새겼지, 허름한 옷에 키는 적어 볼품이 없지, 나이는 21세 어린 청년이 사장을 만나려 하니 만나 주는가? 문턱에 몇 시간 지켜 서 있다가 근사한 사람이 나오면 쫓아가서 당신 사장이 아니냐고, 그렇다면 일거리를 달라고 매달려 사정을 한다.

나는 신학생인데 물건을 신용 있게 만들어 납품할 터이니 꼭 좀 달라고 그렇게 해서 일감을 얻어다 주었다.

이름을 지을 줄 모르니 모두 아들로, 큰아들, 작은아들, 김 서방네 아들, 이 서방네 아들, 그래서 나는 이름도 지어 주었다. 낳아 놓고 출생 신고를 못 해서 호적이 없는 아이가 또 많다.

나는 이 어린이들을 일반 학교에 넣고 싶어 초등학교를 찾아다녔다.

대체로 한인 교장을 찾아가서 사정을 했다. 책과 공책은 얻어 줄 터이니 무료 공부를 시켜 달라고.

처음에는 불응했지만 두 번, 세 번 찾아가니 할 수 없이 내 정성과 억지 바람에 둘, 셋 입학을 시켰는데 120명이 입학을 했고 개중에는 열등아도 있었으나 수재도 있어서 상을 타 오면 나는 가족과 함께 기뻐했다.

이리하여 빈민촌은 날마다 변화되고 새로워져 변화촌이 되었다. 평양 주일학교 연합회도 가입했다. 백선행 기념관에서 음악 경연대회가 있었다.

나는 우리 빈민굴 어린이 100여 명에게 노래를 가르쳐 데리고 입장하니 모두 킬킬 웃는다. 궁둥이가 비죽비죽 드러난 아이들, 맨발 부대를 데리고 들어가니 부잣집 아이들이 모두 웃고 야단이다.

우리 차례가 되어서 노래를 불렀는데 내가 작사하고 박재훈이 작곡한 〈희망가〉를 불렀다. 부르는 동안 우리도 울었고 관중도 모두 울었고, 교만한 부잣집 어린이도 울었다.

내가 간단한 인사말을 하고 노래를 불렀다.

1. 보통강 다리 밑의 우리 동무들
   춤추어라 기뻐하라 노래 불러라

빈민굴이 변하여서 낙원이 되고
죄와 악이 변하여서 천당 되리라.

2. 눈물에 쓰린 곳이 웃음의 동산
주림에 쓰린 곳이 기쁨의 동산
빈민의 소굴에서 영웅이 나고
죄악의 소굴에서 성자가 난다.

3. 세상아 보아라 우리 동무들
부귀와 빈천은 돌고 돈단다.
장래의 우리 희망 빛나겠고
장래의 우리 성공 찬란하리라.

따 딴따 따단따
따 따 따단따
따 따 따단따
따 따 따단다

물난리(홍수)

1941년도로 기억된다. 을축년 장마에 해당하는 엄청난 홍수가 났다. 비가 얼마나 왔던지 보통강이 넘쳐서 대타령 들판이 물바다가 되고 서평양에도 기와집 지붕 위로 배가 다녔으며, 동평양 쪽은 2층 집들이 와르르 무너졌다.

우리 보통강 다리 밑에서만 13명의 인명 피해를 보았고, 물건 하나 못 건지고 빈 몸뚱이만 물을 피해 나왔다.

나는 소위 빈민교회 2층 다락에서 잠들고 있었는데 천둥 번개가 우지끈거리며 비가 오는 것이 아니고 물동이로 내리쏟는 것처럼 폭우가 쏟아졌다.

조금 잠이 들어 있는데 밖에서 '물이야' 라고 소리치는 바람에 창문을 열고 보니 보통강 물이 넘쳐서 언덕 위로 올라와 내가 거처하고 있는 교회 2층 밑까지 다가왔다. 붉은 물은 넘실넘실 춤을 추며 흐르고, 사방에서 사람 살리라는 소리와 폭우 소리가 소란한데 아주 캄캄한 칠흑 같이 어두운 밤이다.

7월 중순으로 기억한다. 나는 헤엄을 쳐서 흙탕물 속을 빠져나가 다리 위에 올라서서 수재민들과 마주쳤다. 우선 빈민굴 교인 사정부터 알아봤더니, 강 언덕 제일 가까운 곳에 집을 짓고 사는 집 김 모 씨네 식구 6~7명이 물속에 떠내려갔다는 것이다. 그중에 큰아이가 떠내려

가다가 다리 목발에 겨우 손이 걸려서 출렁거리는 물속에 운명을 기다리고 있다는 것이다.

나는 밧줄을 구하여 내 허리에 동이고 한쪽은 청년들에게 붙잡게 하고 빗줄기는 폭우같이 쏟아지는 칠흑같이 어두운 밤, 비명이 울리는 곳을 향해 헤엄쳐 나갔다. 물살이 워낙 세차서 그 물살에 내가 밀려간다. 엎치락뒤치락 분투 끝에 한 사람은 들어내고 한 사람은 물속에 떠내려 보냈다.

이 물난리에 내 무릎은 언제 상하였는지 균이 들어가 다리를 쓸 수 없게 되었다. 차후에 기독병원에서 한 달여 간을 치료하고 퇴원했다.

나는 이들 수재민을 이호빈, 박재봉 목사가 담임한 상수구리 선도원 예수교회로 수용했다. 평시에 안면이 있는지라 교회 동의도 없이 그 지하실에 200여 명을 비를 맞으며 끌고 들어갔다. 신성회 나오는 교인들은 상을 찡그리고 싫어했다.

수용해 놓았으나 먹는 것이 문제였다.

나는 팬티 바람으로 부청 사회과, 경찰서 등을 찾아갔다. 긴급 구호대책을 세워 달라고, 이들은 배급 통장마저 못 가지고 나온 형편이다.

2~3일 교섭 끝에 썩은 수수 몇 말을 배급받고 여기저기 동냥을 해서 썩은 미역을 사다가 솥을 얻어 마당에 걸고 간장을 붓고 수수 미역 죽을 쑤었다.

사람을 30명씩 모아 앉히고 반장을 내어 한 사람에 죽 한 그릇씩 배급 주는데 아무리 당부하고 타일러도 약삭빠른 녀석이 두세 번 떠가서 죽은 반도 모자랐다. 천신만고 끝에 얻어온 수수인데.

흙을 파올 수도 없고 참 기막히고 각박한 인심이었다. 3, 4일 굶어

놓으니 염치고 코치고 다 없었다.

나는 그때 모세의 심정을 그려 보았다. 굶주린 수십만 대중이 광야에서 물을 달라, 밥을 달라 외칠 때 가슴이 얼마나 쓰렸을까? 그래서 모세의 심장은 다른 사람이 하나이면 모세는 둘 이상이라고 생각했다.

그다음 날 염치 없이 수수 배급을 또 타러 갔다. 멸시와 구박을 받으며 또 1일분을 타 온다.

그때 여기저기 교인들이 이 소식을 듣고 현금, 쌀, 의복 등을 가져왔는데 그중에 잊지 못하는 것이 남산 감리교회 목사이시던 김종필 목사님이 일금 50원을 가져오신 것이다.

이 돈은 당시 굉장히 큰돈이다. 나는 그분의 은혜를 갚을 길이 없었다.

장마가 끝나니 교회에서는 나가라고 독촉이고 나갈 데는 없고 겨울은 점점 다가오고 있다.

부청에 교섭해서 대타령 쓰레기장(쓰레기 처리장)을 몇십 평 얻고 약간의 구호자금을 가지고 송판지로 벽을 막고 마루를 놓고 삿자리를 깔고 옮겨 나갔다.

가을까지는 괜찮았지만, 겨울이 되니 영하 20도 이하로 수은주는 오르내리는데 오소리 바람이 들어오는 판잣집에 앉은 벌판이고 가마니 한 장 없이 지내려니 도무지 살아낼 수가 없었다. 영양실조에 추위에 병들이 나서 눕기 시작하는데 장질부사가 돌았다.

거지들의 집단이니 왜놈의 관리가 돌아볼 리 없고 같은 동포끼리도 괄시가 이만저만이 아니다. 의사를 불러도 보통강 다리 밑에서 왔다고 하면 오지 않는다.

나는 기독병원에 가서 억지를 써서 약을 구해다가 먹였지만, 효과가 없었다. 기독병원에서는 나만 가면 억지꾼이 왔다고 상을 찡그린다. 60여 명이 장질부사에 걸리고 13명이 죽었는데 묻어 줄 사람과 장례비가 없어서 내 방에 가져다가 차례차례 포개어 쌓아 놓았다. 겨울이니 송장이 금방은 썩지는 않았다. 대체로 남자가 죽고 여자는 살아났다.

어느 날 신학 동문 박맹술(지금 대구 대봉장로교회 목사)이 나를 보러 나왔다가 송장과 같이 사는 나를 보고 깜짝 놀란다. 손수레만 얻어오면 도와주겠다 하여 손수레와 괭이, 삽을 얻어오고 시체를 서너 명씩 싣고 대타령 공동묘지를 가는데 눈은 온 천지에 덮였고 길은 왕돌을 깔아서 손수레를 끌고 갈 때 시체가 댄스를 하여 터져 피가 흘렀다, 썩은 피 냄새가 코를 찌르고 비위가 상했다.

공동묘지에 이르러 땅을 파니 얼음이 얼어 괭이도 삽도 안 들어간다. 장작으로 불을 놓아 녹이고 파야 되는데 우리가 장작 살 돈이 어디 있는가? 그대로 온종일 대강 파고 시체를 묻고 얼음과 눈으로 덮어 버렸다.

이리하여 13구의 가련한 시체를 장사했다. 부자 사람들은 살아 호강, 죽어서도 잘 묻히는데 이들은 천생에 무슨 죄가 커 살아 고생, 죽어도 고이 묻히지 못하는가?

삼동을 지나 봄이 되어 부청(시청)에 교섭하여 대타령 넘어 산언덕 비탈 쪽을 몇백 평 얻어 흙벽돌을 찍어 집을 짓게 하고 수십 세대를 옮겨 갔다.

그리고 흙벽돌 예배당을 짓는데 친일파 동회장이고 대타령 장로교회 소위 장로란 자가 와서 보더니, 자기 교회 구역이라고 예배당을 못 짓게 하는 것이다. 여러 번 담판도 하고 충돌도 하였지만, 그의 세력에 나는 지고 말았다.

설상가상으로 그 동리 부잣집이 하나 있었는데 이 사람이 친일파인데 거지촌이 들어오는 게 싫은지라, 지서의 순사를 구워삶아서 집 짓는 것을 방해하고 예배당은 더군다나 못 짓게 하였다.

하는 수 없이 부청에 자리가 좁다는 핑계를 대고 감북정에 2천 평의 땅을 얻었다. 거기에는 한쪽은 석탄광이 있고 한쪽에는 공동묘지가 있는 곳이다. 바람이 불면 석탄 먼지가 까맣게 나고 날마다 울음소리가 끊이지 않는 공동묘지.

그 밑에 우물을 파서 송장물을 우려 먹는다.

나는 새 희망을 품고 그곳까지 따라온 교우들과 흙벽돌을 찍어 집을 짓고 교회를 세우고 야학을 운영하고 20리 길을 걸어 신학교에 통학했다. 아침에는 콩깻묵밥 한 뭉치 입에 넣고 왕복 40리를 걷고, 밤에는 야학을 밤늦게까지 하였다.

내 몸은 정신만 살아 있지 몸은 뼈와 가죽뿐이다. 살아 있는 것이 기적이었다.

동지사대학 총장과 나

빈민굴에서 한창 고초를 겪고 있을 때 일본 동지사대학 총장이 와서 평양 요한신학교 강당에서 강연을 하게 되었다. 그는 미국 뉴욕의 유니온신학교 출신으로 하천풍언 씨처럼 무산자를 위하여 일하려고 빈민굴에 들어갔으나, 동지사대학 총장에 추대되어 교육계 중견으로 일하고, 일본 왕도 독대하는 인물이었다. 착실한 크리스천 교육가이다.

그의 강연과 간증에서 많은 감명을 받았다. 그는 동지사의 설립자인 나지마 선생의 사상을 많이 닮은 분이었다.

강연이 끝난 후 사무실에서 면회를 하게 되었다. 나의 현재 있는 위치를 말하고 진학 희망을 말했더니 그는 무척 반가워하면서 자기와 나의 사상이 일치되는 점이 있다고 하면서 동지사대학에 오면 특별생으로 받아 주겠다고 허락하였다.

나의 마음은 흔들렸다. 빈민굴이냐, 동지사대학 진학이냐?

큰일을 장차 하려면 진학을 해야 하고, 현재 가련하고, 의지할 곳도 없이 나와 같은 사람을 구세주로 생각하는 빈민굴 형제를 생각하면 잠시라도 이곳을 떠날 수가 없다.

동지사대학은 미국 유니온신학교와 자매대학이다. 나는 동지사대학부를 나오면 미국 유니온대학에 진학할 수 있고, 유니온대학을 마친 다음에는 영국 옥스포드대학, 다음은 백림대학으로 세계 일주를 하면서 견문을 넓히고 돌아와서 대대적으로 사회사업을 하여 양로원, 고아원, 영아원, 탁아소, 맹아학교, 부설기관인 학교, 공장 등을 세워서 불행한 동포를 위하여 더 큰 일을 할 것만 같았다.

그리하여 고향에서 호적등본을 떼다 놓고 모든 서류를 갖추어 일본 동지사로 보내기로 했다.

이환신 감독께서는 그때 우리 학교 교장이시고, 사람은 배울 때가 있고 일할 때가 있으니 너무 일에만 열중하지 말고 학업에 힘쓰라고 격려해 주셨다.

그러나 아무리 생각해도 빈민굴을 버리고 떠나기는 어려웠다. 죄악의 소굴, 모든 불행자의 소굴인 빈민굴이 날마다 새로워지고 있지 않은가? 생활도 나아지고, 정신 자세도 나아지고, 글도 배워서 문맹도 점점 줄어 가고, 욕지거리 대신에 찬송 소리가 빈민굴을 메아리치고 있지 않은가?

여러 날 동안 고민하다가 나는 빈민사업과 운명을 같이하기로 하고 모든 서류를 불살라 버렸다.

그때 마침 나의 동창 송석린 군이 인물도 잘생기고, 공부 잘하고, 일 잘하고, 운동 잘하는 과부의 외아들인데 급성 류머티즘으로 기독병원에서 급사한 것이다.

충격은 컸다.

인생은 언제 죽을지 모른다. 오늘 밤이라도 죽으면 나의 이상은 모두 파멸이 된다. 동지사도 좋고, 세계 일주도 좋지만 공부하다가 죽어 버리면 그 학문은 대체 무엇에 쓴 담 하는 결론으로 대학 진학을 포기

하였다.

전심전력으로 빈민 구제 사업에만 힘과 정성을 쏟았다.

김명선 박사, 우호익 선생 같은 분들이 정신적으로 이해와 격려도 커서 빈민 사업은 점점 궤도로 올라갔다.

동지사여 안녕, 빈민굴은 나의 영주지가 되었다.

평양 헌병대

젊은 사람이 빈민굴에 있고 보니 일본 당국에서는 아무래도 이상해 보였던 모양이다. 처음에는 헌병대 파견대 사람들이 몇 번 다녀갔다. 이것저것 간단한 조사를 해서 책 몇 권(최남선 저 조선 역사를 비롯해)을 압수하여 가더니 이들은 나를 민족주의 전파 사상범으로 몰고 갔다.

하루는 하학(下學) 후 빈민굴 처녀들의 취직 문제로 선교리 어느 공장을 다녀오느라 늦은 시간, 배는 등가죽에 붙었고, 터덜터덜 20리 길을 맥없이 걸어 빈민굴 집으로 들어오고 있었다. 해는 이미 저물어서 밤 9시가 지났고 먼데 사람들은 얼굴이 보이지 않았다. 가까이 다가서니 다리 중간 위에 많은 사람이 서성대고 있었다. 다리 중간에 들어섰을 때 "아이고 선생님 이제 오십니까?" 하며 팔을 붙잡는 사람들은 빈민굴 형제자매들인데 모두 울먹이는 목소리였다.

오늘 낮에 헌병대에서 차를 가지고 선생님을 체포하러 왔다가 아니 계신다니까 호출장만 두고 갔다는 것이다. 나는 그 소리를 들으니 가슴이 철렁 내려앉았다.

주기철 목사, 최권능 목사 등 유명한 목사가 체포되었고, 모든 애국자가 속속 구속이 되는 판국이고, 일본은 만주사변을 일으켜서 북으로 북으로 진군하고 곧 태평양전쟁을 일으켜서 필리핀으로, 뉴기니로 땅을 넓히고 있다.

보통 사상범은 경찰서, 고등 사상범은 도 경찰부, 최고 사상범은 헌병대 주관이다. 헌병대에 들어가면 죽지 않으면 병신이 되어 나온다.

나도 이제는 운명이 눈앞에 다가온 감이 들었다. 호출장을 보니 '내일 아침 9시까지 평양 헌병대 사령부로 출두할 시 약속을 어기면 엄벌에 처함. 7월 22일' 이라 기록되어 있었다.

나는 밤새도록 기도하였다. 찬송하고 또 기도하였다. '삼천리 반도 금수강산 하나님 주신 동산' 밤새도록 빈민 형제들과 찬송을 부르고 기도하였다. 그들에게 내가 죽으면 또 좋은 지도자를 주실 것이라고 유언했다.

밤중이 지나서 나의 마음에는 큰 빛이 왔다. '밀알 한 알이 땅에 떨어져 썩으면 열매가 많으리라. 너는 법관 앞에 설 때 무슨 말을 할까 염려하지 말아라' 성경 말씀이 떠오르며 참 마음이 평안하고 담대해졌다.

내 나이 이제 만 22세, 사람이 한 번 죽지 두 번 죽나, 세상에 태어나 하나님과 민족을 위해 살려고 하다가 헌병대에 끌려가 죽으니 얼마나 보람이 있는 일이냐?

남이 장군은 "남아이십미평국이면 후세수칭대장부랄까?" 하였는데, 나는 지금 젊은 나이에 의롭게 죽는다면 주님 나라의 생명의 면류관이 기다리고 있고, 민족사에 빛날 것이며, 나의 후계자가 열, 스물로 늘어날 것을 생각하니 미칠 듯 기뻤다.

새벽 일찍 조반을 해 먹고 일찍 떠나서 20리 길 되는 유정 헌병사령부에 7시에 도착하니, 헌병대에는 문간에 헌병 보초뿐이요, 거리에는 사람이라고는 없다. 헌병에게 호출장을 제출하니 왜 벌써 왔느냐고 해서, 늦게 오는 것이 잘못이지 일찍 오는 것도 잘못이냐 했더니 나중에 오라고 해서 한참 담장 밑으로 왔다 갔다 하다가 안으로 들어가 있겠다고 했더니 그리하라는 것이다.

안으로 들어가니 헌병대 본관이 있고 또 보초가 서 있다. 호출장을 보였더니 시간 될 때까지 기다리라 했다.

한참 서 있다 보니 응접실이 보인다. 나 저기 들어가 있겠다고 했더니 조용히 앉아 있으라고 했다. 처음에는 나무 의자에 앉았으나 민족 대표자인데 둥근 의자에 앉아야 하겠다는 생각이 들어 둥근 의자에 옮겨 앉았다. 푹신하고 좋았다.

나는 9시에 오라 해 놓고 이들은 10시에 출근하니 가관이다. 칼자루 소리, 구두 소리가 요란하더니 헌병사령관 대좌(대령)를 앞세우고 중좌, 소좌, 대위, 중위 등 계급별로 현관으로 들어와 2층으로 올라갔다.

올라가는 모습을 창문을 통해 곁눈으로 내다보니 그 사람들이 모두 사람으로 보이지 않고 개새끼로 보인다. 계급장을 붙이고 옷을 입혔으니 거들먹거릴 뿐 그들에게 무슨 사상이 있겠는가.

그러나 여기 있는 나는 나이 비록 젊으나 나라와 민족을 사랑하고 하나님과 그 진리를 위해 싸우는 사상가이다. 내 속에는 하나님이 주신 금치 훈장, 민족이 주신 충신 훈장이 빛나고 있지 않은가? 이 훈장들을 가슴 속에 간직했으니 빼앗을 놈도 없을 것이다. 내 마음은 호수같이 조용해지고 편안해졌다.

10시가 지나니 헌병이 내려와 이름을 확인하고 2층으로 가자고 한다. 2층 특무계(정보계)로 들어가니 들어서는 문 앞에 작은 테이블에 헌병이 앉았고, 건너편 큰 테이블에 일인 계장이 앉아 있다.

계장 앞에 나가니 심문이 시작되었다. 기초 질문인 주소, 본적, 성명, 나이, 학업, 스승, 친구 등 그리고 빈민굴에 들어간 동기, 빈민굴 상황 등을 물었다. 이제는 본격적인 질문이었다.

계장 : "임자는 기독교인이라지. 기독교인이면 아마 데라스 이마까미(천조대신)가 높은가, 네가 믿는 예호바(여호와) 하나님이 높은가?

나는 잠깐 눈을 감고 기도했다. 번개같이 지혜가 떠 오른다.

"그것은 대답할 수 없다."

계장 : "왜 대답 못 하는가?"

"그것은 불경이 된다. 성경에 여호와는 거룩하신지라 그 이름을 망령되이 일컫지 말라 하였고, 일본제국 헌법에도 천황은 신성하니 침범하지 못한다고 하지 않았는가? 그런고로 하나님과 천조 대신을 운운하는 것은 하나님과 동시에 천조 대신에게 불경을 범하게 되므로 비교할 수 없다."

완강히 거절했다. 다음은?

"너는 민족주의자 아닌가?"

"그렇다"

"지금도 그런 사상으로 있는가?"

"나는 과격한 민족주의자인데 예수 믿고 지금은 철저한 기독주의자, 박애주의자가 되었다." 나는 미소를 띠며 계장에게 한 번 물어보아도 좋으냐고 했다.

"물어보아라"

"일본이 지금 대동아 전쟁을 하고 있지 않나, 나는 자세히 모르지만 내가 아는 대로는 일본이 침략적 야심을 가지고 싸우는 전쟁이 아니고 아세아 제 민족을 해방하기 위하여 싸우는 전쟁이기에 해방 전이요, 성전이라 하지 않소."

"그렇다."

나는 그때 눈에 불이 번쩍하며 나도 모르게 손이 올라 책상을 쳤다. 계장도 놀랐다.

나는 계속 음성을 가다듬어 낮은 목소리로

"대동아 전쟁이 아시아 제 민족으로 해방하는 정의 전쟁이요, 아시아 공영권을 건설하여 아시아 민족의 공존 공생하는 사회를 만드는데 그 목적과 이념이 있다면 아세아 공영권이 실현되는 아침 조선 민족은 자동으로 독립 민족이 되는 데 그렇지 않은가? 그런데 내가 조선 사람으로 조선 민족의 복리 증진을 위하여 일하는 게 무엇이 죄가 되는가?"

이렇게 되고 나니 나는 열변을 토했지만, 계장이 더 물을 말이 없고 너무 단수가 높게 취급되어 서류는 직접 헌병 사령관실로 넘겨졌다.

얼마 후 나는 헌병 사령관실로 옮겨졌다.

높은 의자에 버티고 앉은 헌병 대좌인 사령관은 감때가 사납게 생겼다. 눈이 째지고 수염은 약간 긴데 더욱 나를 사자가 개 노리듯 한다. 그런데 나는 조금도 무섭지 않다.

이미 일사를 각오했고 현관에 들어설 때 벌써 개새끼로 보아 두었으니 사람이 아닌 개 앞에서 무서울 리 없다. 주님은 나에게 힘을 주셨다. 마음이 평안했다.

사령관은 모든 조사를 훑어보더니,

"이것이 네가 대답한 말이냐?"

"그렇소"

"하다찌 와까모노가 에라이네(스무 살 된 놈으로 굉장하다). 너같이 훌륭한 머리를 가진 사람이 고등 고시 합격을 해서 훌륭한 지도자가 되지, 어째서 빈민굴에 들어가 있는가? 빈민굴에 있기 때문에 불경스런 사회주의자로 볼 수밖에 없다."

나에겐 그때가 좋은 기회였다.

"각하, 일본, 독일, 이태리 삼대 맹방은 세계 삼대 문명국이 아닙니까? 세계 삼대 문명국의 하나인 일본제국 안에 있는 조선 평양 대도시에 빈민굴, 기생충(소매치기, 강도, 매음굴, 아편굴 등) 사회가 있는 것은 일본의 수치가 아닙니까? 나는 학생 신분으로 이 빈민굴의 모든 사회악과 불행을 제거하기 위하여 교회, 야학교, 탁아소를 만들고 무산 아동 100여 명을 초등학교에 입학시키고, 공장에서 일감을 얻어다가 직업을 주는 일들을 하고 있습니다. 그런데 나라에 월급을 달라는 일도 없고, 국법에 저촉된 일도 한 일이 없는데 왜 여기까지 오라고 했는지 모르겠습니다."

나의 열변을 상기된 얼굴로 심각히 듣고 있던 사령관은 내 말이 끝나기를 기다리더니

"요시 데데 이께(됐으니 나가라)."

이것은 기적 중 기적이다. 나는 죽을 각오로 헌병대에 갔는데 그곳에서 매 한 번 맞지 않고 개선장군이 되어 헌병사령부를 나서니 나의 발은 나는 듯이 빈민굴 내 집으로 돌아왔다.

죽어서 시체가 나올 줄 알고 모여 울고 있던 그들은 환성을 질러 나를 맞아 주었고, 대타령 파출소 사람이 대여섯 명 왔다.

그들은 내가 잘못되면 이런 사상범을 체포하지 않았다고 자기네 목이 달아날 것인데 내가 무사히 나왔으니 자기들은 살아났다고 하면서 헌병대에서 나갔다는 전화 연락을 받고 바로 좇아 왔다는 것이다.

내가 헌병대에 잡혀갔다는 이야기를 듣고 모교의 교장이신 이환신 교수님과 모든 교수가 큰 걱정들을 하셨다고 한다.

하나님은 죽고자 하는 자를 기어코 살려서 내보내는 기적을 나에게 베푸셨다.

나의 결혼

수해가 나서 난리를 치를 때 최용문(평양신학교 동창) 동지가 웬 여자 한 분을 모시고 내게로 왔다.

"김 선생, 난 두 분이 결혼하길 원해, 3년간을 기도하고 지금 모시고 왔는데 이야기 좀 해 보시오."

뜻밖의 방문에 나는 크게 당황했다. 아직 결혼할 마음도 없었을뿐더러 빈민굴에서 일생을 살기로 했는지라, 그리고 그동안 일평생 고생을 나와 같이할 여자가 있을 것 같지도 않아, 빈민굴의 불쌍한 여자를 하나 골라서 배우자로 삼을까 하는 참이었다.

그가 데리고 온 여자는 키가 크고 얼굴이 귀족상이다. 아무리 보아도 고생해 줄 것 같지 않았다. 그래서 나는 이렇게 말하였다.

"대단히 미안합니다만 생각을 잘못하셨습니다. 세상에는 돈 많고 권세 있고 예수 잘 믿는 집이 있어 그런 곳으로 시집가면 호강하고, 식모, 침모 두고 교회 나가 대접받고 죽어 천당 갈 길이 있는데 왜 하필 나와 같은 거지 대장한테로 시집오려고 합니까? 나는 밥보다 죽을 더 잘 먹고 죽보다 굶기를 더 잘하고 냉방에 냉수만 마시고 앉아서도 감사 찬송하고, 민족이 울 때 같이 울고 민족이 기뻐할 때 같이 기뻐할 수 있는 사람이라야 나의 배우자가 될 수 있으니 가서 깊이 생각해 보시고 오시기 바랍니다." 하고 돌려보냈다.

홍수로 인해 감북리로 옮겨가서 흙벽돌을 찍어 집을 짓고 있는데 산언덕으로 웬 여자 한 사람이 넘어온다. 누군가 하였더니 전번 최용문 씨와 같이 왔던 여자다. 반갑게 인사하고 흙벽돌장에 마주 앉았다.

"어째 또 오셨나요.".

"식모 취직하러 왔습니다."

"식모요, 단칸방에 거지 대장이 어떻게 식모를 둡니까."

"영원한 식모가 되려고 왔는데 허락해 주시겠습니까?"

"각오만 단단히 했다면 허락하지요. 당장 끼니 간 데가 없어도 불평 없이 살아 갈랍니까?"

"예, 비상한 각오로 찾아왔습니다."

나와 그 처녀의 대화였다. 그래, 나는 허락하기로 하고 벽돌 위에 앉아서 손을 잡고 간절히 기도함으로 성혼이 이루어졌다.

보내 놓고 나니 그 여자의 나이도 모르고 성도 모른다. 이런 맹랑한 일이 어디 있는가?

며칠 후에 최용문 씨에게 물어본 주소로 한번 찾아가 보았다. 대동군 부산면 남궁리 부자 마을이다. 동리 사람들에게 예수 미치광이 별명 가진 여자가 있다는 집을 물어서 찾아가니 집은 기와집에 큰 대문이 달렸다. 대문에서 이리 오너라 불렀더니 처 될 사람이 먼저 알아듣고 놀라며 뛰어나왔다.

이발도 안 하고 떨어진 양말을 신고 갔으니 주제가 가관이다. 장인 장모 될 사람은 입맛을 쩍쩍 다시며 이리 훑어보고 저리 훑어본다. 딸이 고집을 세우고 시집을 간다는데 찾아온 사람을 보니 천하 거지가 아닌가?

나는 싫으면 그만두라는 배짱으로 하룻밤 잠자고 왔다.

처 될 사람은 성은 인(印)가요, 이름은 확현(確賢)이다. 평생에 처음 들어보는 이름이다.

약혼식은 남산교회 부목사이신 박내철 목사댁에서 박재봉 목사 집례로 간단한 예배를 드리며 끝이 났고, 그날이 11월 22일이고 결혼식은 다음 해 3월 26일, 공교롭게도 이승만 대통령 생신날이다.

결혼식은 박내철 목사님을 모시고 토요일 밤에 처가에 통고도 없이 갔다.

잘 아는 목사님인데 처가를 구경시키러 왔다고 하면서 저녁을 먹고 실컷 놀다가, 오늘 밤 9시쯤에 결혼식을 하러 왔다고 하였더니 처가는 발칵 뒤집혔다. 과부를 묶어가도 그렇게 아니하는 법인데 일가친척 이웃이 있는데 어떻게 맏딸을 밤에 도적놈 묶어가듯 하느냐고 절대 반대다.

나는 몇 마디 나의 취지를 설명했다.

첫째, 난 거지 대장이니 거지들이 부러워하는 결혼식은 할 수 없다.

둘째, 조선 사람이 관혼상제에 빚 많이 지고 만주로 빌어먹으러 가니 관혼상제의 폐단을 철폐해야 한다.

셋째, 나는 누구에게 평생 신세를 지기 싫어하는 사람인데 결혼식을 제대로 하려면 나의 고향 부모님과 형제에게 알려야 하는데 나는 부모님께도 알리지 않았고 폐를 끼치지 않으련다.

설득했지만 아니 들었다.

"그러면 나는 가겠습니다. 김연호 장가갈 데 없어 여기 온 것 아닙니다."

일어서니 장모와 처가 붙잡아 앉히고 이왕 이렇게 되었으니 할 수 없다며 가족이 모여 앉아 찬송하고 기도하고 악수함으로 결혼식은 끝났다.

그러나 목사님의 주례로 하였으니 합법적 결혼이다.

지붕에는 참새, 마루 밑에는 쥐들이 우리 혼례를 축하해 주었다.

첫날밤 목사님과 나는 사랑방에서 지내고 아침에 박 목사님은 성내로 들어가고 나는 처가 식구와 남궁리교회에 예배드리러 갔다.

예배를 끝마치고 나오는데 큰 소동이 났다. 처가 심장마비로 갑자기 쓰러져서 목사 주택에 업혀 갔다는 것이다.

들어가 보니 맥박이 약하다. 의사가 오고 오랜 시간 후에 깨어났다. 그동안 부모가 반대하는 결혼을 추진하느라 신경이 극도로 피로하고 심장이 약해졌던 모양이다.

그런데 처는 그날부터 더 했다 덜 했다 하며 10년간을 앓다가 결혼한 지 10년 만인 1952년 7월 22일, 왜정 말, 해방 후 온갖 고생만 하다가 남편의 따뜻한 사랑 한 번 못 받아 보고 인천 박촌교회 사랑방에서 두 돌이 채 안 된 성호를 남기고 영원한 나라로 떠났다. 실로 애처로운 생애요, 한 많은 인생행로였다. 이리하여 나의 인생의 비극은 또 한 번 닥쳐왔다.

나는 그날 밤 교회에 올라가 통곡을 했다.

"하나님 너무 하십니다. 이 세상에는 악을 밥 먹듯 자행하는 사람도 많지만, 그들도 해로하고 잘들 사는데 우리는 의롭지는 못하나 사람답게 살아보려고 애쓰는데 어찌하여 처를 먼저 데려가십니까? 내 나이 이제 33세, 저 어린 첫돌 배기를 장차 어떻게 기르오리까?"

눈물은 비 오듯 하였고 어깨는 내려앉고 가슴은 미어졌다. 삼일장을 지나니 온 교회 온 마을은 눈물의 바다였고, 부고를 받은 형님한테서는 이런 회신이 왔다.

> "제수 씨가 세상 떠나셨다니 문중의 슬픔이 아니라 민족의 슬픔이로다."

그는 나의 아내이기 전에 훌륭한 성도요, 애국자요, 나의 동지였다. 동지는 가고 나만 홀로 남았다.

제3장

방랑시절과 해방 후

(1944~1949)

방랑생활

시국은 점점 험난하고 교회 신도와 애국 사상가들은 변절하거나 투옥되고 있었다.

나는 제2의 체포령을 받고 그나마 빈민사업도 할 수 없게 되어 눈물로 이별하고 처는 처가에 맡기고, 정처 없는 방랑생활(망명생활)을 떠나게 되었다.

우선 고향 근처인 강원도 원주군 간현으로 갔다. 그곳은 나의 이종형이 있는 곳이고, 사귀고 교제할 만한 분이 있는 곳이다. 우선 이종형에게 나의 사정을 말하고 피신술로 이곳 병원에 약제사로 취직했다.

말이 약제사지 실상은 집을 지키는 당직이요, 소사다. 밤에는 병원에서 숙직하고 낮에는 환자들을 조역하며, 병원을 소제하고 지냈다. 월급은 없지만, 식사는 제공받고 병원이라 피신처로는 안성맞춤이었다.

이종형의 집안에 이중구 씨라는 분은 지식과 인격이 원주 고을에서 존경받는 이로 이강공의 사돈이고, 간현은 이만규 씨의 고향이고 그의 아우는 이영규 씨였다. 문막은 윤길중 씨, 양평은 여운형 씨 등의 고향이어서 그 계열에 속하는 많은 사람이 이중구 씨 댁에 내왕하며 나와도 접촉을 하게 되었다.

밤에 병원이 조용해지면 우리들은 병원 숙직실에 모여 앉아서 시국도 논하고 일본은 곧 망할 터인데 우리는 무엇을 할까를 의논도 하였다.

그들은 모두 나의 부형뻘이지만 사상의 동지가 되어 만나면 헤어질 줄 몰랐다. 시간이 있으면 성리학, 병리학, 약학전서, 해부학도 읽었다.

몇 달 동안 잘 지냈는데 하루는 한국인 순경(이분은 순경이나 민족 사상이 있는 사람)이 나를 찾아와서 지서 주임(일본인)의 눈치가 이상하니 속히 이곳을 떠나라는 것이다. 또다시 정처 없는 피신의 길을 떠났다.

우선 평양으로 가서 처가에 들렀더니 처는 첫 딸을 낳았다. 이름은 혈재, 매우 잘 생겼다.

박재봉 목사를 만나서 황해도 장수산으로 둘이 같이 가기로 했는데 며칠 후에 박 목사를 찾으니 사정이 급해서 먼저 강원도로 들어갔다고 한다. 나도 뒤따라 금강산으로 가기로 했다.

말휘리까지 갔으나 금강산이 더 위태하므로 철원군 동송면 장방산으로 갔다. 그곳에 친구 김 상륜 형도 있었고, 그곳엔 70명이 들어갈 수 있는 비밀스러운 굴(대한수도원 자리)이 있어서 망명처로는 좋다는 것이다.

기차로 철원에 내리니 주머니에는 돈 3전뿐이다. 장방산 교회 목사이신 박경용 씨 댁에서 하룻밤을 지내고, 다음날부터 품팔이를 나갔다.

1944년 4월 17일이다. 안 해 보던 일자리이지만, 일손이 모자라는 때라 나 같은 사람도 도움이 되었다. 감자도 심고, 거름도 날라주고, 김도 매고, 처음에는 손에 물집이 생겼다. 모를 심을 때에는 못 줄도 붙잡고, 모도 심고, 모를 심은 날에는 얼굴이 퉁퉁 붓고 손에는 두드러기가 났다. 이럭저럭 쫓아다니니 웬만한 일은 나도 할 수 있었다. 모를 심고 돌아올 때는 남은 모춤을 주워다가 손이 모자라 버린 땅인 천수답에, 이웃집 돼지우리에 꼴을 베어다 주고 돼지 똥 거름을 얻어다 뿌리고 쇠스랑 모를 심었다. 하늘은 나를 도왔다. 가을에 나는 쇠스랑 모를 심은 곳에서 쌀 열두 가마니를 수확했다. 이것은 공출도 없었다.

그것을 밑천으로 삼아, 가을에 벼를 지키는 밤 간수 노릇을 해서 얻은 삯과 함께 논을 샀는데 불이 농장에서 불하하는 땅 7,600평 논을 샀다. 1년 농사를 짓고 나니 벼가 150가마니다. 이제는 부자가 되었다.

추수 후에 경주, 포항 간에 있는 부조교회에서 교역자가 없으니 교역자로 자꾸 와 달라고 교섭이 왔다. 그곳은 조선예수교회(지금의 장로교회)다. 나는 주님의 뜻인 줄 알고 그곳에 부임해 가고, 나의 농토와 추수한 것은 둘째 형을 불러 맡겨 드렸다.

이번 교역은 죽음을 각오하고 가는 길이다. 죽음이 두려워서 일을 안 할 수는 없다. 40일 기도를 하고 죽으면 죽으리라는 각오 끝에 교역을 떠났다. 경주 인동 부조교회로.

부조교회와 B.29

1944년 겨울, 먼저 단신으로 경주 인동 부조교회에 취임하고 봄이 되어 처를 데려왔다.

시골교회요, 50~60명밖에 안 모이는 교회지만 교역자가 없는 교회라 나를 무척 반겨 주었다. 교인들은 주일날이면 교회에 그냥 오는 법이 없이 제각기 무엇이든 하나씩 가져왔다. 시국이 어렵고 식량난이 심하고 물건이 귀한 때라고 하면서 어떤 이는 파 한 단, 어떤 사람은 배추 두어 포기, 달걀 한두 개, 무, 당근, 호박, 오이, 고추, 고등어 등 주일이면 주택 마루는 채소 가게 같이 된다.

정말 사랑의 교회였다.

과수원이 많이 있어서 사과(아사히, 이와이, 국광, 홍옥), 복숭아, 포도, 츄리(서양 자두) 등도 상자로 가져다준다. 식량도 정성껏 성미를 떠서 여름은 보리쌀, 겨울에는 입쌀, 아쉬운 것이 없었다.

나는 교인들 집을 찾아다니며 젊은 아들이나 호주가 징병, 징용을 나가 손이 모자라는 가정에 포도도 심어주고, 보리도 베어 주고, 타작도 해 주고, 김도 매어 주었다. 교인들이 좋아하는 걸 보며 보람을 느꼈다.

철원에서 배워 둔 일솜씨가 이때 한몫을 했다. 사람은 도적질만 말고 모두 배워 두라는 말은 진리 있는 말이다. 나는 동포를 사랑해서 하는 일이지만 주님은 나의 일을 축복해 주었다.

들려오는 말에 의하면 일본인 지서 주임이 나를 칭찬하기를

"이마노 덴도시 에라이 덴도시 기다나(지금 전도사 참 훌륭한 전도사가 왔다)."고 칭찬하며 기독교 박해가 심한 때인데 나의 일을 간섭하지 않았다. 죽고자 하는 자는 하나님이 살리시고 보호하심이 확실했다.

그런데 이 교회는 고질병이 하나 있다. 이 장로파와 정 장로파가 갈라져서 죽으라고 싸우는 것이다. 같이 이웃해 살고 한 교회에 나오면서 피를 흘리고 싸운다.

서로 모략 중상하고 이 틈바구니에 교회는 손해를 보곤 했다. 그렇지만 나의 열심 있는 전도에 교회는 점점 부흥되어 교인이 80, 90명 되었다.

그때 길러낸 사람이 OCU(기독장교회) 총무를 지낸 바 있는 박운세 중령이다. 그때 그는 어린 소년이었지만 이제는 같이 늙어 간다.

아무리 생각해도 시국 형편이 불안했다. 나는 일본이 망한다는 확신이 섰다. 대만으로 가던 일본 군함이 미국 어뢰에 맞아 파선되어 3천 명이 죽었다고 하고, 일본은 마킨다라와에 진군했었는데 이제는 대만 근해까지 밀려왔단다. 일본이 망할 터인데 연합군이 상륙해서 일본과 육박전을 벌이면 반드시 연합군이 포위 작전을 할 것이고 그렇게 되면 상륙 지점은 포항이다.

우리의 망명정부가 연합군에 가세해 있기 때문에 우리 조선 사람을 죽이지는 않지만 상륙해 올 때 유탄이라도 맞을 우려가 있어서, 비밀리에 교회 장로, 집사들, 의사가 통할 사람만을 모아 놓고 한국의 중심지인 철원으로 피난 가자고 하였다.

식량 사 먹기가 문제이니 미역(포항은 미역이 많음)을 많이 사서 철원으로 피난 가기로 하였다.

농사지으러 간다는 핑계를 대고 장거리 기차표를 끊어 40여 명이 1945년 7월 30일 부조역을 떠나 철원으로 향하였다. 기차표는 한 정거장에서 서장이 증명하고 두 장만 살 수 있는데 미리 사과 상자 선물을 많이 하고(과수원 하는 교인들이) 일인들을 매수했다.

우리 일행이 기차를 타고 서울로 들어가려고 영등포역에 머물러 있을 때인데, 비상경보 사이렌이 울리며, B.29 내습, 폭탄 투하, 기차 밑으로 전원 대피 명령이 떨어졌다. 우리 일행은 기차 밑으로 들어가 모두 엎드렸다.

얼마 후에 공습경보 해제로 기차는 다시 떠났는데 B.29는 와서 드럼통을 서울 상공에 떨구어 시위만 벌이고 갔다. 우리 일행이 철원역에 도착했을 때 그 비행기는 서울에서 드럼통을 낙하하고 철원역과 평강역에 가서는 기관총 소사를 하고 우리 가는 길을 앞서갔다.

교인들은 겁이 나서 '우리가 살려 가는가, 죽으러 가는가?' 떠들어댔다.

우리는 철원 장방산에 도착했다. 거기는 내가 잠시 머물러 있던 곳이라 생소하지 않았다. 아는 가정으로 돌아다니며 방을 얻어 모두 수용했다. 어떤 사람은 방이 없어 마루 봉당에 거처하게 되었다.

그런데 해방되던 해, 웬 비가 그렇게도 쏟아지는지 한번 비가 오면 한 달 내내 오니 거처는 마땅치 않고 식사는 불편하여 피난 온 우리 일행은 모두 설사병에 걸렸다.

나는 눈만 뜨면 식량 구하러 다녔다. 공출하고 남은 양식이 없었지만, 미역을 가지고 다니면서 친소 간 사정을 해서 감자, 쌀을 사 드렸다. 감자 한 가마(100~150근)를 억지로 사서 땀 흘리며 지고 오면 40여 명의 한 끼 양식밖에 되지 않았다.

장마는 계속되고 양식 구하기는 어려우니 열흘이 한 달 격이다. 성급한 사람은 도로 경주로 가겠다고 한다.

8월 6일 B.29가 일본에 원자탄 투하.

8월 8일. 소련군 성진항 상륙, 이제는 일본 놈 망할 날이 얼마 남지 않았으니 조금만 참으라고 좋은 날 온다고 설득했다.

아직도 철없는 백성은 일본이 이길 줄 알고 정거장이 미어지게 징병 징용을 전송하고 있었다.

그런데 8월 13일 지하 방송을 청취하니 일본 천황이 미조리 함대에서 맥아더 장군에게 항복 조인을 한다는 소식이 외신 보도로 들어왔다. 나는 기뻐서 어쩔 줄을 몰랐다.

교인과 청년들을 으슥한 한탄강 상류 모래사장으로 데리고 가서 시국 형편을 설명하고 애국가를 봉창하고 대한 독립 만세를 불렀다.

동리 사람들이 깜짝 놀라 쫓아 나와 "김 선생이 우리 동리를 망치려고 그러는가? 기미 독립 만세 때 독립 만세를 부르고 이 동리가 쑥밭이 되었는데"하고 나를 나무란다. 그러면 나는 "예, 조금만 기다려 보십시오."라며 진정시켰다.

8월 15일 오후에 여운형, 안재홍 선생을 통하여 방송이 들려오는데 일본은 항복하고 조선은 해방되었으니 경거망동하지 말고 각자 취업에 종사하며 질서를 지켜 달라는 내용이었다.

나는 얼마나 기뻐했던가? 일본이 꼭 망한다고 장담해 놓았는데 일본이 아니 망했으면 나는 돌에 맞아 죽었을 것이다.

어둡고 괴로워라. 밤이 길더니
삼천리 이 강산에 먼동이 튼다.
동무야 자리 차고 일어나거라.
산 넘어 바다 건너 태평양 건너
아–아 자유의 자유의 종이 울린다.

나는 아내의 치마를 벗겨 태극기를 만들고 끝없이 춤을 추고 만세를 불렀다. 그렇게 내 처의 치마를 가지고 태극기를 만들 정도로 청빈하게 살았다.

자치위원장과 관인 사건

1945년 8월 17일 면 자치위원회를 결성하고 나를 자치 위원장에 추대했다. 전부 친일파고, 그래도 민족주의자라고는 그 면에 나 하나이고 학식도 제일 많았기 때문에 자치위원장에 추대를 받았다. 자치 위원장에 취임하고 나니 우선 세 가지 급한 일을 해야 했다.

1. 동만에서 밀려 나오는 피난민 구제다.

내가 동리마다 돌아다니며 강연하고, 귀환 동포 구제를 위하여 쌀과 감자 등 있는 곡식을 헌물할 것을 호소했더니 그 귀한 양식들을 즐겁게 내놓았다.

철원 정거장에 가마솥을 걸고 밥을 해서 주먹밥을 짓고 감자를 삶아서, 멀리 동만 땅에 살다가 해방되어 기차로 밀려 나오는 동포를 수없이 구제하였다. 전라도, 경상도, 충청도 사람 중에 아직도 살아남은 귀환자들은 그때 고마운 감자 생각을 하고 있을 것이다.

2. 학교를 여는 것이다.

일본인 교장으로 하여금 직접 학교 마당에 있던 신사에 불을 지르게 하고 왜식 교육만을 해 오던 학교 문을 다시 열어 우리말과 역사를 가르치기로 하였다.

3. 치안 확보인데 해방이 되니 저마다 도둑놈들이 되었다. 얼마 동안은 해방 기분에 날뛰고 좋아하더니 며칠 지나니까 무정부 상태인 줄 알고 서로 보복하는 일과 남의 소를 끌어다 잡아먹는 일이 다반사였다.

나는 치안 경비대를 조직하여 일본인에게서 인수한 총과 군도를 가져다 치안 확보에 힘쓰고 ,죄인은 잡아다가 매는 치지 아니하고, 3일씩 단식을 시키고 반성케 하였다.

처음에는 엄포를 놓았다. 이같이 해방되고 즐거울 때에 도둑질하는 놈은 악질 민족 반역자다. 마땅히 없애 버려야 된다. 유치장에 잡아 놓고 3일씩 물 한 모금 주지 않으면 정말 죽이는 줄 알고 벌벌 떨었다.

3. 4일 굶긴 다음에 내 책상 앞에 데려다 놓고 연세 많은 이는 노인장, 형님, 젊은 사람은 자네 하며, "여보세요, 이렇게 좋은 데 좋은 일을 해야지 나쁜 일을 하면 되오? 해방은 되었지만, 아직 독립은 아니 되었소. 정신 차려야 되오." 하고 눈물로 호소하면 그도 울고 나도 울고, "이번은 용서하지만 재범 시는 용서치 않을 것이오" 타일러 보내니 우리 관내에는 죄인이 없고 치안이 확보되고 인심이 평화로웠다.

나는 부지런히 법을 공부하며 기독 정신에 입각한 정치를 펴나갔다.

그러던 어느 날, 그 이웃 면에 있는 자치위원회에서 원병을 청하였다. 사유인즉슨 기미 독립 만세 때 만세에 참가하고 2년간 옥고를 치른 이종덕 씨의 조부가 면민의 추대로 자치위원회 위원장이 되었는데, 친일파와 공산당이 합작해서 인민위원회로 개조하려고 면 유지를 매수하여 비합법적으로 위원회를 조직하고, 자치위원회를 완력으로 접수하러 왔다는 것이다.

나는 민족주의 진영을 친일파와 공산당이 넘어뜨린다는 바람에 분함을 참지 못해 부하 10여 명을 데리고 건너갔다.

면사무소에 양쪽이 팽팽히 맞서 있었다. 나는 가서 중앙에 앉을 자리를 정하고 좌우편 말을 우선 들어보기로 하였다. 분명히 인민위원회 쪽의 불법이었다. 그래서 인민위원회 쪽이 불법이고, 자치위원회 쪽이 합법임을 종용하고 있는데 갑자기 바깥이 소란하여 내다보니까 인민위원회 쪽에서 우리가 앉아 있는 동안 면민을 총동원시켰는데, 동송면 자치 위원회가 관인 위원회를 치러 왔으니 면민은 궐기하라고 선동 하였던 것이었다.

이들은 칼, 도끼, 낫, 쇠스랑, 괭이, 꼬챙이, 창을 들고 면사무소를 포위했다. 삽시간에 인민위원회 쪽 신호에 의해 우리를 때려치우니 속수무책이다. 수백 군중이 동원되었고, 성난 군중이 파도같이 들이 밀려와 우리를 개 패듯 한 것이다.

나는 의자에 조용히 앉은 채로 도끼로 맞고, 괭이로 찔리고, 창에 맞아 유혈이 낭자했다. 쓰러지니 발로 차고 몽둥이로 팼다. 철사로 결박하고 우리 10여 명을 명태 묶듯 해서 면 창고에 끌어다 집어넣었다.

나는 죽었다가 의식이 회복되어 보니 우리 일행이 철삿줄에 매여 창고에 가두어졌고, 밖에는 보초 수십 명이 지키고 있었으며 화광이 충천한 밤중이었다.

밖에서 들려오는 말소리를 창고 안에서 들으니 우리들을 장작더미

불 속에 넣어 그대로 태워 죽이겠다는 것이다. 다시 최후의 기도를 동지들과 함께 드렸다.

"주여, 우리들의 생명을 받으소서."

그런데 갑자기 기관총 소리가 요란하고 콩 볶는 소리가 나고 아우성이 진동해 무슨 일인가 하고 있는데 소련 헌병이 창고 문을 연다. 그 앞에는 통역인과 우리 동지 한 명이 서 있다. 우리 동지 중 한 명이 살아나 포위망을 뚫고 철원읍으로 들어가서 소련 헌병대에다 관인면에 폭동이 일어났다고 신고하여 비상 출동을 한 것이다.

죽음 직전에서 천우신조로 살아났다. 그 당시의 동지 중 한 명은 이영종 목사(영월중앙교회), 또 한 명은 김종철 목사(춘천 남춘천교회)이다.

소련 헌병들은 피마리가 된 우리를 트럭에 태우고 철원에 들어가서 병원에 입원시켰다. 원체 구렁이 패듯 짓이겨놔서 치료도 쉽지 않았다. 살아난 것이 오히려 기적이다.

사람들은 내가 죄가 있으면 죽었을 것인데 죄가 없기 때문에 살아났다고 했다.

병원에서 겨우 거동이 가능하게 되자 재판에 회부되어 우리는 철원 인민 보안대 유치장에 수감되었다. 재판 결과는 불리했다.

인민 위원회와 자치위원회가 대립하였다. 우리 편이 이길 수는 없었다. 친일파는 공산당과 손을 잡고 금전으로 매수까지 해 놓았다. 나는 재판을 수차 받았다.

군정 재판관은 소련 헌병 중좌요, 한국인 2세가 통역을 했다.

그런데 그는 나를 반동분자로 몰아세웠다. 나는 어처구니가 없어서 "이승만, 김구 선생님이 반동분자로 몰리는 판국이니 이 땅에 살면서 창씨개명을 하였고, 일본 배급을 타 먹은 내가 애국자는 될 수 없다. 그러나 나는 13세부터 독립 만세를 불렀고, 스무살 시절에는 평양 빈민굴에 들어가서 거지 대장 노릇도 하였다. 그런데 나를 상을 주지는 못할망정 반동분자로 몰아세우다니, 나는 바로 살기 위하여 지금도 반바지 차림이다."(나는 11월인 그때까지도 반바지를 입고 있었다. 무릎이 드러나서 벌벌 떨었다."

그리고 얼마나 억울하고 분했던지 깔고 앉았던 의지를 번쩍 들어 재판석으로 내 던졌다. 죽고 싶은 마음뿐이었다.

그 찰나 한국인 2세 통역관은 권총을 내 가슴에 대고 쏘려고 했다. "너는 조선 놈 아니야, 쏠 테면 쏘라" 참으로 위험한 순간이었다. 소련 중좌가 소련 말로 권총을 쏘지 말라고 호령을 한 모양이다.

소련 중좌는 껄껄 호탕하게 웃으면서 "김 선생 됐소, 됐소, 김 선생은 영웅이오." 그리고 이제는 나를 매수하려 든다. "여보 김 선생, 우리 인민 정치학교(정보학교)에 교수가 되어 주든지 농업 고등학교에 교장이 되어 달라."는 것이다.

나는 성질을 누그러뜨리고 내가 아직 몸이 완쾌되지 않았고, 마음도 산란하니 생각해 볼 여유를 달라고 했다.

철원 유치장에서 석방되니 눈이 내리고 찬바람이 살을 에웠다. 석방된 다음 반드시 저들이 나를 데리러 올 것이 분명하기 때문에, 유치장에서 석방된 지 만 10일 만인 12월 23일 크리스마스 전에 가족은 평양에 보내고 피난길에 올라, 전곡 앞 마의 38선을 넘어 전곡을 빠져 서울에 도착했다.

참으로 구사일생의 운명이다. 한탄강을 건널 때에는 손발이 어는 것은 고사하고 심장까지 마비되는데, 결사적으로 얼음물 속을 건너온 것이다.

그 강에서 이름 모르게 죽어간 고혼이 무려 몇백인고?

해방은 되었으나 민족의 가시밭길은 멀고도 멀었다. 약소 민족의 설움은 크고도 컸다. 왜정 때는 일본 놈에게, 해방 후에는 38선의 뼈저린 설움을 겪어야 하니, 오- 하나님은 우리 민족을 버린 것인가?

건국준비위원회와 나

1945년 8월 19일, 나는 해방된 직후 38선을 넘어 서울로 올라와 1주간 묵어간 일이 있다. 그때만 해도 38선을 넘기가 쉬워서 전곡 철교로 걸어서 넘었고 소련 군대가 있었으나 저 건너 동리에 일을 보러 간다면 통과되었다.

서울에 올라오니 여운형, 김성수, 송진우, 장덕수, 안재홍 등 여러 민족 지도자들이 모여서 건국 준비에 분주했다. 한쪽에서는 정부를 세우자느니, 한쪽에서는 상해 임시정부를 환영해야 한다느니 하고 의견 대립이 컸다.

미군은 점점 상륙해 들어오고 있었고, 서울 거리는 해방의 기쁨으로 들끓었고, 일인들은 쥐구멍을 찾았으며, 서울 치안은 학생 자위대가 맡고 있었다.

일인 헌병이 술에 만취되어 일본도를 흔들며 종로 거리를 헤매며 아무나 죽인다고 야단이다.

누가 연락했는지 완장을 단 사각모의 학생 치안대 몇 명이 와서 "빠가야로—" 하고 고함을 치니까 당장 경례하며 잘못했다고 빌고 위세를 떨던 일본도를 내 바치는 것을 보았다. 망국 민족은 할 수 없다고 하는 교훈을 실감했다.

나는 다시 38선을 넘어 철원으로 가서 자치 위원장을 하고 관인사건을 치르고, 몇몇 친구들을 데리고 넘어와서 신학교에 입학시켰는데, 그중의 몇 명은 이영종, 김종철, 대구 서문교회 목사 이성헌 씨 등이다.

1945년 12월 23일에 다시 월남하여 정계, 종교계, 지도 인사들을 만났다.

그때의 남한 땅은 공산당 일색이었다. 우리 진영은 안방에 들어앉았고, 좌익은 기세를 올리어 벽보마다 공산당 벽보요, 서울 네거리에서 좌, 우익 충돌이 빈번했고 기차 전복 사건이 자주 있었다.

공산당은 인민 공화국이라는 슬로건 밑에 말단까지 그 세포조직을 강화하고 있었다. 정계 지도자들의 고민도 그렇고 나의 견해도 그러하여 인민 공화국 타도 강연을 나서기로 하고, 무기도 없이 우선 강원도에 들어섰다.

당시 춘천에는 김우종 선생이 강원도 자치 위원장이었다. 나는 춘천, 홍천, 횡성, 원주, 영월, 평창, 강능, 삼척을 다니면서 인민 공화국은 허위 정부임을 폭로하고, 상해 임시 정부를 기다려야 된다 하고 신탁 통치 지지에 반대할 것을 역설하며, 가는 곳마다 인민 청년회를 박살하고 광복 청년회를 강화했다.

당시에 최헌길 씨는 강능 민우회 부회장이었고, 김진만 씨는 삼척 유지 화학의 계장직에 있었다.

김진만 씨의 사촌인 김진구의 요청으로 유지화학에 강연을 하러 갔더니 수천 명의 관중이 모여 있는데, 모두 이마에 수건을 동여매고 빵이 아니면 죽음을 달라는 플래카드를 앞에 내걸고 나를 노려보고 앉아 있었다. 나는 천천히 민족의 수난사와 인민 공화국의 허위성과 신

탁 통치의 지지를 반대할 이유를 말하면서,

"공산당 형제에게 묻노니 그대들이 왜정 때 목숨을 내어놓고 싸운 것이 완전 독립이 아니고 신탁 통치를 위해 싸웠는가? 이것은 혁명 선열에 대한 모욕입니다. 우리는 해방이 되었지만, 아직 독립은 되지 않았습니다. 눈앞에 떨어진 금덩어리를 줍기도 전에 나누어 먹을 싸움부터 해야 하겠습니까? 우리에겐 민족, 공산 진영이 합쳐서 나라를 세우는 것이 급선무입니다.

여러분 소련에 속지 말고 미국을 믿지 말고 일본이 일어납니다. 조선은 조심해야 합니다."

하고 역설했고 "자, 이제 나의 말이 틀렸거나 나를 죽일 사람 나오라." 했더니 한 사람도 나오지 못하고, 좌익은 서리를 맞고 우익은 힘을 얻어 조직을 강화했다.

민우회 북청지부 광복 청년회를 강화했다. 삼척에 왜 공산당 세력이 강한가 했더니, 공산당 재건파 최익환이 삼척 출신이라서 그렇게 되었고, 강릉은 여운형 씨가 왜정 때 있었는데 그가 좌경화되니 강릉 역시 그리되었다.

나는 가는 곳곳마다 선풍적인 인기였고, 김진구(나중에 민주당 국회의원)는 나를 '대부님, 대부님' 하고 따랐고, 대부님은 문교부 장관감이라고 격찬했다.

그때의 내 별명은 김대진인데 강릉에서 발행하는 「동방신문」에는 나의 기사를 특별 기사로 다루었다.

강원도 일대의 순회 강연을 마치고 서울에 돌아오니 임시정부 요원도 많이 귀국하였는데, 정국은 점점 어지러웠다. 정치인마다 오월동

주 격으로 의견이 아니 맞아 저마다 정당 사회단체 하나씩 차리고 앉았고, 젊은이는 계집질, 늙은이는 술주정, 기차에는 의자까지 뜯어가고, 학교의 유리창은 남아나지 않고, 길이 한길씩 패여도 흙 한 삽 넣는 사람 없고, 공동변소는 똥 천지고 마음대로 벌목해서 민대머리 산은 늘어가고, 곳곳에 절도, 강도, 살인범이다.

해방 조국은 한심했다. 서울 복판에서는 날마다 좌우익 돌싸움이다. 나는 깊은 고뇌와 사색에 사로잡혔다. 한민당에서는 선전부 차장으로, 기독교 민주당에서는 선전부장으로 취임 교섭이 왔고, 김구 선생께서도 함께 일하자고 하셨지만 나는 이 나라의 앞날이 한심해 보였다.

도산 안창호 선생 말씀이 자꾸 생각났다. "독립할 자격이 있어야지 독립할 자격이 없으면 독립은 주어도 못 한다. 나이 스물이 되어도 오줌 싸는 놈은 타개 바지를 입혀야 한다."는 말씀이 기억난다. 이 민족의 정신을 바로 잡아야 하겠다고 생각하여 삭발하고 다시금 학생으로 복귀하여 서울 감리교신학교에 입학했다.

감리교신학교와 나

평양에서 신학을 하였기에 감리교신학교에 편입생으로 입학이 허락되었다.

학교는 왜정 때 폐쇄 조치를 당해 일인들이 쓰다 내버리고 간 곳이라 울타리도 수도 시설도 없고 교실엔 유리창도 없었다.

변홍규 박사께서 교장이시고 몇몇 교수들이 계셨으나 교수진도 빈약하고 엉망이었다. 나중에는 홍현설 교수, 신사훈 교수가 보강되었다.

신학교에 들어간 지 몇 달 못 되었을 즈음 하루는 미 군정청 공보실장이라는 사람이 와서 여론 조사를 한다고 칠판에 이승만, 김구, 김규식, 여운형, 박헌영 죽 써놓고 지지하는 사람에 손을 들라는 것이다. 결과는 절대다수가 이승만 씨, 김구 씨이고 세 명이 여운형 씨, 한 명이 박헌영이다.

이러고 보니 교실 안은 발칵 뒤집혔다. 공산당 프락치가 신학교에 들어왔다는 것이다. 그때 학생들은 감정은 풍부했지만 이성은 빈약했다.

당장 교무실로 데려가더니 교무과장 이규갑 목사가 올라와 여운형 지지자 세 명과 박헌영 지지자 한 명을 퇴학 처분한다는 발표를 했다.

나는 일어서서 부당성을 주장했다. "적어도 신학대학에서 자세히

본인의 신분, 사상도 검토해 보지 않고 즉결 퇴학이 어찌 말이 되는가? 나는 민족주의자로 공산당을 누구보다 싫어하는 사람이지만, 우리는 사람 하나를 벌주는데 신중을 기해야지 그렇게 경솔할 수 있느냐?"고 했더니 학생 전원이 일어나서 "김연호, 때려 죽이라."는 것이다. 저놈도 공산당 동정자라는 것이다.

일당백이 되었다. 더군다나 학생 중에는 권투선수 방모 학생이 있었는데 단박 나에게 주먹세례를 먹였다. 교실은 벌집 쑤신 것처럼 되었다.

나는 결연히 일어섰다. 나를 죽일 놈들은 나오라고. 100여 명이 겹겹이 둘러싼 학생들 속을 헤치고 교무실로 가려는데 길을 피해 주지 않아 교실 문을 박찼더니 교실 문이 부서졌다.

교무실로 내려가서 따졌다. 나는 민족주의자라는 점과 "여론 조사를 한 지 두 시간도 아니 되어 그렇게 학생을 퇴학시킬 수 있는가? 그러면 나는 자퇴한다."고 자퇴 원서를 써냈다.

교무 당국에서는 너무 경솔했다고 생각했던지 다시 박헌영 지지한 사람만 퇴학시키고 여운형을 지지한 사람은 다시 복학시켰다. 정반대로 나는 학교 문을 부순 죄로 1개월 정학을 받았다.

사람의 일이 얼마나 경박한가? 그 세 사람 중의 한 사람은 이화여대 교수인 박순경 박사, 또 한 사람은 변홍규 감독의 재취가 되신 김납덕 사모, 또 한 분은 사회사업으로 이름난 위제하 장로이다.

당시 교무과장이었던 이규갑 목사는 그 후 나와 퍽 친해져서 가까이 지냈는데, 그분은 이순신 공의 후손이고, 3·1운동 때에는 전 가족이 만세에 참가하여 수난을 겪었고, 감옥과 유치장에 50여 회를 투옥

된 분인데 내가 비록 연하의 어린 사람이나 민족주의자임을 알고 각별하게 사랑해 주셨다. 그분이 아산 국회의원 출마 시에는 내가 연설문을 작성해 드리기도 하였다. 그분은 역대 대통령의 고문으로 계셨고, 나를 보고 여러 번 국회의원에 출마해서 나라를 바로 잡자고 하셨다.

입학 후 반년이 지나서 나는 기숙사 사생회장에 당선되었다.

학생 중 반은 이남 사람이고, 반은 이북 학생이었는데, 이남 학생은 사비를 냈지만, 이북 학생들은 대부분이 빈주먹이었다. 사비를 낼 형편이 못 된다. 이남 학생들은 왜 이북 학생에게 공짜로 밥을 먹여주느냐는 것이다. 나는 사비를 못 낸다고 같은 동창들인 친구를 내어 쫓을 수도 없었다. 친구들을 찾아가서 무이자로 돈 100만 환을 빌려다가 장작을 트럭으로 사 오고, 통밀 배급을 타고 채소는 저녁 때 남대문시장으로 나가서 파장에 제일 값싼 콩나물, 시금치 등을 사다 죽을 끓이고, 제일 적은 경비로 전체 기숙사생을 살려내는 일을 했다.

수고자 없이 식수를 비롯한 용수는 학교 아래 펌프 있는 집에서 날마다 몇십 짐씩 져서 날랐다.

눈이 오면 눈을 치고, 낙엽이 지면 낙엽을 쓸어내고, 방학 때에는 다른 학생이 모두 헤어져 가버리면 나는 남아서 학교 숙직을 했다. 당시에는 급사도, 숙직원도 없었다.

그 후 나는 학생회장이 되었다. 서울 시내 각 대학에 기독학생회가 조직되었고, 서울시 연합회가 결성되어 내가 제2대 회장이 되었고, 그 당시에 이종환 목사, 곽상수 교수, 박세영(미국 은행) 등이 같이 간부로 일했다.

나는 감신의 명예를 위하여 분신의 노력을 다했다. 학교에 봉사 활동을 하는 동안에 내 친구들은 열심히 면학하여 훌륭한 목회자도 되고 석사, 박사도 여러분 배출되었다. 유동식 박사, 허혁 박사, 박순경 박사, 김용식 박사, 임영빈 박사, 박치순 목사(해방촌장로교회), 이성헌 박사(대구 서문교회) 김지길, 이병설, 최준옥 … 김기동 목사 등 30여 명이 기라성처럼 일하고 계시다.

나는 썩은 밀알이 되었지만, 동창들의 빛나는 생애를 바라볼 때마다 기쁜 마음 금할 길 없다.

양막교회와 나

1946년 초여름, 충남 예산 지방에 있는 양막교회를 담임해서 부임케 되었다. 지 교회가 둘인데 오촌교회, 오가 개척교회였다.

비록 학생의 몸이지만 교역자 수가 태반이나 부족했던 때라 서울의 광림교회와 영등포중앙교회를 담임해 달라는 부탁이 있었다.

그러나 양막 시골교회로 간 것은 양막구역은 나를 목사로 길러 주신 박내철 목사님의 부친이신 삽교교회의 박영석 목사님이 겸직 시무하셨고, 그 어른은 아드님에게서 나에 대한 이야기를 듣고 2년 이상이나 나 있는 곳을 수소문했다는 것이다. 아직 학생의 몸이요, 양막은 학교에서 너무 거리가 멀어 300여 리 길이지만 고마우신 뜻을 받들어 양막교회로 부임했다.

봉급은 2천 환에 쌀 소두 두 말이었다. 봉급은 두 번 다녀오는 여비에 불과했다.

당시는 해방 직후라 질서가 잡히지 않고 교통이 불편하여 기차표를 사는데 7, 8시간 줄을 서서 기다려야 하고 차표를 끊고도 문에 매달리거나 기차 지붕에 타야만 되었다. 기차는 최고 완행이 되어 한 정거장에 멈추어 서면 보통 한 시간이다. 천안 가서 갈아타고 예산까지 가려면 7, 8시간이고, 더디면 10여 시간이 걸린다.

천안에서 차를 갈아타지 못해 밤을 정거장에서 지새웠고, 여관비가 없어서 추운 겨울 정거장에서 발을 구르며 새벽차를 기다렸다. 예산역에 내려서 15리 길 이상을 또 걸어야 했다.

교회가 셋이니만큼 지 교회인 오가개척교회는 방학 때나 나가 보기로 하고 오전에는 양막, 오후에는 오촌교회에서 설교하고 틈틈이 심방도 했다. 교회는 여러 가지 어려운 생활 속에서도 날마다 자라났다.

예산은 박헌영 출생지라 공산당이 많았고 그들이 교회에 적지 않은 방해를 놓았다. 어떤 때는 농악대를 동원하여 꽹과리를 두들기고 피리를 불며 교회를 둘러싸기도 하였고 참 어려움이 많았다.

양막교회는 남자가 여자보다 많은 교회가 되어 전국에서 기형적 교회가 되었다. 동리에서 쓸만한 남자는 모두 교회에 나왔다.

나는 방학 때가 되면 야학을 하여 청년을 계몽시키고, 독서클럽을 만들어서 회원 한 명이 춘추로 쌀 한 말을 대서 책 한 권씩 사 놓고 윤회독서를 하게 하며, 소비조합, 지붕 개량, 우물 개량, 변소 개량 등의 운동을 일으키고 고등공민학교를 세워서 소년들을 가르쳤다. 고등공민학교는 덴마크 하이스쿨을 본받은 것인데 한국에서는 그때 처음 만들어졌다.

나는 1946년에 학교를 세우고 고등공민학교 교육령은 1947년 1월 13일에 공포되었다. 법령이 없어서 학교를 세우는데 애로가 많았다. 당시 미 군정 문교부 성인교육국장은 송홍국 목사였다. 나는 학생 60명을 받기로 했으나 6명이 왔다. 3개월을 가르치다가 가을에 추가 모집을 하여 60명이 되었다.

그 고장의 유지요, 유자격자 교사들이 나의 이상에 공명되어 순전히 희생 봉사해 주었다. 당시 제1회 졸업생 중 한 사람이 서울에서 산업선교를 하는 김기돈 목사요, 이어서 당진의 박홍교 목사, 홍성에 정진구 목사, 인천에 이종수 목사, 서울 종교에 나원용 목사 등이다. 학교 부지는 당국에서 귀속 재산 임야 160정보를 임대받았다.

지금은 예당 수리조합이 생기면서 논과 사과밭이 되었고 이 학교는 후에 임성중학교가 되었다. 나는 6개월 동안 전국 각지를 돌아다니며 전도 집회를 했는데 그 당시 전라도, 경상도에 가서 들은 정보로 서북, 민족, 대동청년단에게 매를 맞은 공산당들이 경비대에 입대하였다는 것이다. 당시는 국군 초창기여서 사상 검토가 불완전하였다.

나는 이 정보를 정극모 장군을 만나서 여행 보고와 국방경비대 대책을 건의했으나 그분은 괜찮을 것이라 말씀하셨는데 얼마 안 가서 여순 반란, 대구 반란 등이 일어나니 나의 의견이 옳았다는 생각이었고 후회막급이었다.

서울 청빈관과 나

1947년 여름이다. 삽교교회에 가서 여름 부흥회를 인도하고 있는데, 수요일에 서울에서 사람이 내려왔다. 이북에 있는 처가 내려왔는데, 어린아이가 38선을 넘던 중 뇌막염에 걸려서 경각을 다투니 속히 올라오라는 것이다.

집회를 그만둘 수가 없어서 겨우 토요일까지 마쳤는데, 그곳 재정부장이 나이 60세에 늦게 아들을 낳아 마침 첫돌이라고 점심 먹고 축복해 주고 가라는 것이다.

내 아내가 일가친척 없는 서울에 와서 앓는 아이를 데리고 눈이 까맣게 기다리고 있을 터라 나는 속이 타고 있는데 그 모든 건 하나님께 맡기고, 자기 귀동자를 축복해 주고 가라는 것이다.

점심을 먹고 차가 없어 밤 7시 차를 타니 새벽 1시에 서울역에 도착했고, 택시도 없어 서울역에서 홍제동을 넘어가는데 발에서 불이 났다. 10리 길을 몇십 분에 날 듯 달려 가보니 아이는 가망이 없다.

해방 전에 태어나 내가 38선을 넘어온 지 3년이 되어, 아버지 소리 한 번 못 들어보고 첫 아이를 잃게 되니 가슴이 찢어지고 천지가 무너지는 듯하다. 망명해 다니고 38선 넘나드느라고 고무신 한 켤레 사주지 못한 못난 아비와 시국을 생각하니 한없이 눈물이 흘렀다.

억지로 밤을 넘겨 아직 숨이 들락거리므로 세브란스로 김명선 박사를 찾아갔더니 페니실린 주사를 구해 맞아야지 가망이 없단다.

김명선 박사님은 평양서부터 안면도 있거니와 남의 일이라면 보따리 싸 가지고 다니면서 도와주는 분이라 세브란스, 적십자, 서울의 병원은 다 알아보았지만 아무 곳에도 페니실린 약은 없었다.

그분은 결국 미국 의무관에 연락해 페니실린 주사약을 얻고 미국 의사와 같이 우리 집으로 와 가망은 없으나 주사를 놓고 돌아갔다.

기적이 일어났다. 주사를 맞은 지 수 시간 후에, 의식을 잃고 머리 척추가 굳고 눈동자가 돌아가던 아이가 엄마— 하고 찾지 않는가? 얼마나 기뻤으랴. 15일 이상을 38선을 넘고 병으로 앓아서 배가 고플 것이라 생각하고 처가 흰죽을 쑤어 넘겨주니 받아먹는다.

나는 위가 약하니까 그만 먹이자 하고 처는 불쌍해서 더 먹이자 하다가 처를 못말려 더 먹였는데 기어코 먹은 것을 소화시키지 못하고 숨을 몰아쉬더니 아이는 숨을 거두어 버렸다.

아이를 잃고 나니 그 슬픔 형용할 길 없었다.

화장하던 날, 나는 시골에 부흥회를 맡아 떠나며 유골을 찾아다 두라고 하였다. 양지쪽에 묻어주고 싶어서였다.

부흥회에서 돌아와 얼마 후 산에 올라 묻으려 했으나 동네 사람들이 덧난다고 하여 기어코 묻지 못하고 공중에 가루를 뿌려 버렸으니, 이 세상에 발붙일 땅이 없었던 모양이다. 영도 가고 육도 자취도 없어졌다.

나는 적산 가옥을 차지할 수도 있었으나 마음 편하게 집을 짓기로 했다. 흙벽돌을 찍어 집 서너 칸을 지었고 스레트 얹어서 집을 명하여 '청빈장' 이라 했다.

이승만 씨 계시는 곳은 이화장, 김구 선생 계시는 곳은 경교장, 나는 자칭 청빈장이다. 그런데 각처에서 공부해 보겠다고 나를 찾아온 사람들이 육칠 명이 넘었다. 어떤 이는 서울대학, 어떤 이는 중앙신학, 우리 식구와 같이 10여 명 식구가 되었다.

나는 생식 동맹을 만들어 생식을 하였다. 생식은 나무 절약, 시간 절약, 돈 절약이 된다. 화식을 하면 적어도 소두 두 말은 먹어야 되는데 생식하면 쌀 한 말만 뽑아다가 소금을 타서 하루 세 공기 물에 타 먹으면 되었다.

그리고도 양식이 부족하면 크로바 풀은 물론 토끼가 먹는 풀이란 풀은 모조리 뜯어다 먹었다. 벗꽃 잎이 제일 썼다.

당시 같이 있던 사람 중에 더러는 중, 고등학교 선생으로 나가고 이병송씨는 서울 답십리교회 목사, 박홍교 씨는 남부연회에서 제일 실력 있는 당진교회 목사가 되었다.

손님이 많아서 매일같이 손님이 찾아왔고, 흙벽돌 집이라 주소가 확실치 않아 찾아오는 사람들이 물어보면 “저기 산 위에 사람이 많이 드나드는 집에 가보시오.” 해서 찾아왔다는 것이다.

하루는 손님이 없어서 일찍 자자고 누었는데 밤 열두 시에 손님이 찾아왔다. 그는 이영종 씨인데 지금 사강교회 목사요, 지기지우다.

비록 흙벽돌 집이라도 찾아오는 손님이 매일 있으니 소크라테스 모양 나는 즐거웠다.

소크라테스는 방이 퍽 작았던 모양인데 친구가 방이 이렇게 작아서 어떻게 하느냐 하니까 이 방이라도 친구로서 채울 수 있다면 그 얼마나 기쁜 일이냐고 했단다.

주문진교회와 나

1949년 무전여행을 마치고 서울로 돌아오니 이규갑 목사께서 주문진교회가 유지파, 복흥파로 나뉘어져 예배를 보는데, 복흥파에는 목사가 있고 유지파에는 목사가 없으니 자꾸 가달라고 하신다.

분열된 교회엔 가고 싶지 않아서 거절을 했지만, 40일 기도 끝에 가서 합동시키고 오겠다는 비상한 각오 밑에 주문진교회에 부임했다.

취임해 보니 꼭 공산당식으로 싸우고 있었다.

입에 못 담을 욕설, 비난, 교회는 재판 관계로 문을 닫고 두 파가 각각 집을 얻어서 예배를 보고 있었다.

여러 명의 목사와 감리사, 연회장이 다녀갔으나 화해를 못시킨 교회다.

당시 주문진읍은 인구 2만여 명에 바로 38선을 20리 앞둔 소도시 항구였다. 포성이 가끔 들리고 남북군사 분규 사건이 자주 있던 때였다.

나는 부임하자 저편 유창동 목사를 찾아 인사하고, 교회를 합치자고 합작 운동을 전개했다. 처음에는 유 목사와 그편이 전혀 불응했지만, 나의 끈질긴 노력으로 10여 차례 회담 끝에 합의 조건이 성립되어 양쪽 같은 수의 합동 위원을 내세워 합동 문서에 서명하고 합동에 성공하니 문서 내용은 대충, 두 목사의 치리권을 동등으로 하고 교단이 합치면 무조건 교단에 들어가고 다른 목사 한 분을 모신다는 것이었다.

크리스마스날 합동 예배를 보고 오전에는 나의 사회에 유 목사가 설교하고, 저녁에는 유 목사 사회로 내가 설교하니 온 교회는 기쁨이 넘쳐흘렀다.

교회 합동 운동을 전개하는 한편, 나는 여자 교육 기관이 없어 여자들은 초등학교를 졸업하면 강릉, 서울로 유학을 가야 되는 형편이므로 신성여자중학교 설립인가를 내었다.

일본인 심상소학교 빈자리를 빌려서 인가원을 내고 아무리 기다려도 허가가 나오지 않았다. 마침 내가 잘 알고 있는 이종현 씨가 도지사로 있어서 사정을 했더니, 재정이 있고 시설이 있어야 한다기에 사람이 일을 하지 돈이 일을 하느냐 했더니, 교육국장을 즉석에서 불러서 허가 지시를 내렸다. 그 후 그 학교를 공립학교로 넘겨주어서 지금 주문진여자중·고등학교가 되었다.

겨울이 지나 1950년 봄 연회에서 교단이 합쳐지고 우리 두 목사는 각기 떠나게 되어 나는 인천 계산구역으로 부임했다.

주문진교회가 합쳐진 것이 분열된 교단을 합치는 데 도움이 되었고, "교단 합하지 못하면 돌아오지 말라."는 나의 처의 전문이 연회원들에게 커다란 감명을 주었다.

그해 여름 5월에 총회가 열리고 김유순 목사님이 감독이 되셨는데 후에 6·25전쟁이 발발되어 납북되시어 소식이 지금도 묘연하니 애닮기 한이 없다.

그 총회에서 나를 일본 선교사로 파송키로 결정이 되어 일본 가는 수속을 하던 중인데 한일 국교가 정상화되지 않아 수속이 까다로웠고 서류 내용도 십여 종류가 되었다.

도일 수속을 하고 있는데 육군에서 38선에 있는 장병들에게 위문 설교도 하고 대북전도 강연을 해달라는 청이 들어왔다. 일본 가기 전에 좋은 기회라 생각하고 내가 대장이 되고, 세브란스 간호원장 이내원 선생과 이진화 전도사, 김치선 목사 사위 되는 이 목사 등 12명이 일행이 되어 개성, 토성, 연안, 백천, 청단, 문개 등을 다니며 군인 전도와 대북전도 방송을 하였다.

송악산 고지에 오르니 적과 200미터 거리에 대치하고 있으며, 아침마다 사병들이 토치카에서 일어나서

"야, 이 새끼들 잘 잤니?"

"그래 이 새끼들아, 너희도 잘 잤니?"

하고 서로 욕지거리를 하는 판이다.

우리 토치카는 불완전해서 비만 오면 비가 새고 빗물이 되어, 카빈총은 녹이 슨 것이 많았고, 1인당 쌀 6홉 배급 준다는 것이 이럭저럭 도중에 없어지고 고지에는 4홉 배급도 되지 않았다. 위문대가 많이 다녀갔지만 최일선 토치카를 방문한 것은 우리 일행뿐이라는 것이다.

군인들은 배가 고파서 돌이 떡으로, 모래가 쌀로 보인다고 한다. 어쩌다 산 밑에 내려가서 목이 말라 어느 집에 가서 물 좀 달라면 개성 인심이 어떻게나 고약한지 떠먹으라 하고 물을 떠 주지 않는다는 것이다.

장교는 주말이 되면 모두 서울로 휴가를 가버리고 사병들은 도무지 의욕이 생기지 않고 울화통이 터져 못 견디겠다는 것이다.

신문 하나 오지 않고 라디오도 없고, 오락 시설도 없어 답답해 죽을 지경이란다. 우리는 여비를 절약해서 찹쌀 인절미를 만들고 쌀을 사다가 주고 위로했다.

어떤 때는 토치카에 같이 자면서 밤이면 이북 사병들에게 군인 마이크를 통해서 대북전도 방송을 했다.

결과는 좋았다. 우리 방송을 듣고 송악산 고지에서 1명이 남하했고, 연안 지구에서 3명이 남하해서, 6월 23일은 연안 군청 광장에서 이 강훈 군수 주례로 귀순병 환영대회를 열고 나는 환영 축사를 했다.

6월 25일은 주일이고, 나는 일본 가는 수속 중이라 너무 오래 있을 수 없고 여권만 나오면 즉시 비행기를 타야했다. 1개월 간의 전도 여행을 대강 끝마치고 주일 한 번이라도 더 지킬 욕심으로 6월 24일 연안 토성을 돌아 개성에 도착해서 백호 부대 대장 막사를 찾았더니 수고도 많이 하시고 성과도 좋아서 귀순병도 생겼으니 하룻밤 연대장 막사에서 쉬어 가라는 것이다.

그러나 나는 주일 대 예배를 담임교회에서 지킬 욕심으로 완행열차에 몸을 싣고 밤새도록 달려 밤중에 인천 계산동 자택에 도착했다.

잠깐 눈을 붙이고 난 후 새벽기도회를 인도하니, 그날이 바로 1950년 6월 25일이다.

조반을 먹고 나자 김홍룡 장로가 달려오더니 오늘 아침 뉴스를 들었냐는 것이다. 못 들었다니까 아침 뉴스를 들었더니 북괴 공산당이 38선 전역에 남침하여 개성이 벌써 함락되었다는 것이다.

나는 별로 대수롭게 생각지 않았다. 어제 38선에서 돌아왔으니까 38선에는 의례히 그런 충돌이 있더라 하고 낮 예배를 드렸다.

예배 후 라디오에 귀를 기울이니, 이것은 소규모 충돌이 아니고 전면전으로 개성, 주문진, 의정부가 차례로 점령되고 있었다.

나는 38선에서 군인들에게 들은 것을 자세히 보고서를 작성하여 이승만 대통령에게 제출하고 군의 대책을 건의하려고 한 것인데, 오호 통재라. 38선에서 전도 여행을 마치고 돌아오는 날, 6·25전쟁이 났으니 이건 또 무슨 운명의 장난이랴!

일본 선교사로 가는 것은 자연 무효화 되고, 나는 피난 길에 오르는 신세가 되고, 귀순병을 많이 있게 한 표창도 받아야 될 사람인데 종이 한 장 받아 보지 못하고 피난민이 되었다.

백범 김구 선생과 나

잠깐 붓대를 멈추고 다시 앞으로 돌아가 김구 선생과 나와의 관계를 조금 쓰려고 한다.

김구 선생님, 내가 지극히 존경하는 분 가운데 한 분이시다. 김구 선생께서 김일성을 만나러 방북하신다는 뉴스를 듣고, 나는 경교장으로 김구 선생님을 찾았다. 그는 너무 서민적이라서 누구든지 찾아가면 시간만 있으면 만나시는 어른이다.

나는 단도직입적으로

"선생님, 방북하신다지요? 방북하시면 아니 됩니다. 방북하여 아무 성과도 거두시기 어렵고 친공파로 몰려서 돌아오시면 입장이 곤란하시고 남쪽에 있는 우익사상에 금이 갑니다."

솔직히 소신을 말씀드렸더니 크신 체격에 눈을 가만히 감고 내 말을 끝까지 들으시더니

"여보, 김 목사. 내가 김일성을 만나러 가는 것은, 군정책임자 하지 장군하고 뜻이 안 통해서 한국 사람끼리 이야기를 해 보자는 것이요. 김일성은 한국 사람이 아닌가? 내가 비록 성공은 못하고 와도 민족통일을 염원하는 나의 애국 충정을 알아주어야 해. 만일 이승만 박사 말대로 남쪽은 남한 정부를 세우고, 북쪽은 북한 정부를 세우면, 언제인가 남북 전쟁을 해야 하고 전쟁하면 우리 동포가 절반은 죽어야 통일

될 것 아닌가, 그러니 내가 평화협상을 한번 해 보려는 거야."

나는 몇 마디 더 말씀을 여쭈어보았지만 그 어른의 뜻을 돌이킬 수는 없었다.

그분은 기어코 방북하셨고 돌아오셔서는 친공파로 몰리시고 이승만 박사와는 견묘지간이 되셨다.

그러던 중 어느 날 밤 꿈을 꾸는데 김구 선생의 혼이 담겼다는 베 홋이불을 뒤집어쓰고 뛰다가 깜짝 놀라 깼다.

"이상한 꿈이로군."

하면서 아내 보고,

"김구 선생의 신변에 무슨 일이 생기려는가 봐, 꿈이 이상한 걸."

하고 얘길 했다.

그러다가 그날 오후에 뉴스가 들려오는데, 김구 선생이 안두희 소위의 총탄을 맞아 서거하셨다는 비보였다.

하늘이 무너지고 땅이 깨어지는 것 같았다. 나는 5일 동안 식음을 전폐하고 울었고, 3년 상을 입어 드렸다.

"웬 거상을 입었느냐?"

누가 물으면 아버지가 돌아가셨다고 대답하곤 했다.

장례식 때 서울은 인파로 들끓었고 그의 묘지로 지정된 효창공원에는 인산인해였다.

경찰이 동원되어 사람들을 묘지 밖으로 내어 몰고, 100명 정도가 하관을 하는데 도인권 목사, 이규갑 목사, 김치선 목사, 나와 같은 목사는 불과 몇 명 되지 않았다.

나는 너무 슬퍼서 자작 추도시를 지어 그의 영전에 바쳤다.

가고저 떠난님을 붙잡은들 있아오리
나도역시 가올몸이 가신님을 붙자오랴
다울어도 쓸데없다 가신님은 고만이다.
낙락장송 쓸어지니 허허탄식 뿐이로다.
만리타향 돌던몸이 금의환향 못하고서
바른길을 보였건만 본뜰길이 없는백성,
사특하고 간사하다 가시오니 우는꼴들
아득하고 막막하다 이민족의 나아갈 길
자주독립 미명밑에 헛된피만 흘렸구나
찬서리 모진바람 이강토를 휩쓸으면
캄캄칠야 어둔밤에 동서분별 못하리니
탄식하며 우는꼴들 지하영을 깨우리.
파란곡절 다한후에 옛님이 그리워서
하회하고 모시려나 님은가고 안계시다
갸륵하고 거룩하다 가시오니 빛나도다.
거인은 가옵나니 복이없는 이사회다.
겨레야 통곡하여 지하영을 깨우라
고성으로 길이울어 지하영을 위로하라
교활하고 간사하다 가시오니 우는꼴들
구만리장천 가신님은 가고오지 않으리라.

김구 선생이 서거한 날이 1949년 6월 26일이다. 나는 불안했다. 민족의 장래가 걱정스러웠다.

왜정 때 수백만 원 현상금이 붙어서 한국, 일본, 중국 모든 나라 스파이가 김구 선생을 잡으려 해도 못 잡고 용케 살아나셔서 조국에 돌아오셨는데, 서울 복판에서 동족의 손에 살해되다니 참으로 비분강개한 일이요, 천인공노할 일이었다. 민족 장래에 어둔 구름이 끼인 것 같고 어딘지 모르게 태풍이 불어올 것만 같은 예감이 들었다.

오호통재라. 만 1년 만에 김구 선생 1주기 하루 전날인 1950년 6월 25일 피비린내 나는 남북전쟁이 발발되고 피난민의 대열은 줄을 이어 남으로 남으로 밀려 내려갔으니 이것을 역사의 우연이라 할까? 하나님의 심판이라고 할까?

민족의 거성을 죽인 죄, 애국지사를 살해한 죄 어찌 무심하랴? 더욱 비분강개한 것은 애국 지도자를 살해한 안두회가 아직 살아있고 활보하고 이 땅에 걸어 다니며 군수물자를 공급하는 공장을 경영하고 있으니 하늘도 무심하고 땅도 무심하다.

이 땅의 양심과 민족정기가 살아 있는지 의심스럽다.

오! 김구 선생님, 이 못난 종을 용서해 주소서.

제4장

6·25전쟁 시기

(1950~1952)

6·25전쟁과 나

6월 26일, 부평역으로 나가서 기차를 타는데, 벌써 서울에서 인천으로 남하하는 기차에는 부상병이 운반되고 있었다. 시국은 험악한 것이 사실이었다.

서울에 올라가서 정계 요인과 국회의원들을 만났더니, 어제 밤새도록 비상 국회를 열고 대책을 논의했고 미국에 구원병을 요청했다는 것이다.

해가 저물어 서울 홍제동에 있는 셋째 형댁에서 하룻밤을 새는데, 파주 쪽에서 들리는 포 소리가 요란하다. 뜬 눈으로 기도하며 밤을 새는 형님, 식구들에게 300리 이남으로 피난 가라는 부탁을 하고, 시내에 몇 곳을 들렀다.

서울 우체국 앞을 지나는데 아직 사람은 활보하고 있었다. 그런데 이상한 비행기가 서울에 나타났다. 아군기인 줄 알았는데 이것이 적기였다. 기관총을 시민을 향하여 난사해 대니 길거리에 활보하던 사람은 갑자기 혼비백산해서 숨을 곳을 찾아 이리 뛰고 저리 뛰고, 플라타나스 가로수를 잡고 이리 돌고 저리 돌고, 심지어 어떤 여자는 내 두 다리 밑으로 기어들었다.

나는 혼비백산하여 어서 집으로 가서 가족들과 교인들을 데리고 피난을 가야 되겠다 생각하고 서울역에 나갔더니 일반인은 승차 거절이다. 부상병 수송으로 열차마다 벌써 만원이다.

나는 마라톤을 하였다. 영등포 가도를 달려 수 시간 만에 계산동 집에 도착하였고, 교회 종을 울려 교인들을 모았다.

라디오에서는 서울 이남은 걱정 없으니 피난을 가지 말라고 하지만 정국을 살필 때 대세는 이미 기울어져 있었다. 지교회 박촌교회를 5리나 걸어가서 종을 치고 갈월 지교회도 연락하여 오늘 밤으로 피난 가기로 하였다. 지서 주임에게 떠날 인사를 하니까 목사님이 경솔하다고 야단이다. 그러나 나중에 보니 그들은 저희끼리만 도망쳐 버렸다. 나는 27일 밤 200여 명의 교인을 거느리고 계산동을 떠나 수원을 목적지로 우선 부평역에 나갔다. 남녀노소를 거느려 잘 걷지 못하고, 방송은 피난 가지 말라고 하니까, 집을 버리고 떠나려니 행여나 해서 자꾸 주춤거렸다. 그러나 재촉을 해서 겨우 부평을 벗어나 10여 리를 더 가서 왜정 때 파놓은 토치카 속에서 교인들과 밤을 새웠다. 그때 나의 처는 성호를 임신하여 만삭이 되었다.

밤새도록 포 소리가 요란했다.

아침에 일어나서 정보를 수집하니 인민군은 벌써 한강을 넘어서서 인천까지 왔다는 것이다.

28일 아침이었다. 나는 벌써 적군 속에 들어 있는 것 같아, 교인들을 급히 몰아 군자봉에 도착했는데 온종일 걸은 것이 20, 30리가량밖에 오질 못했다. 수원에 도착하니 벌써 3일이나 걸렸고 적기와 아군기가 수원 상공에서 공중전을 하고 있었다.

수원을 떠나서 평택에 도착했다. 평택에서 둔포로 가는 길로 접어드니 우물이 있었다. 일행은 목도 마르고 피곤하니까 우물을 보더니 쉬어 가자고 한다.

아이들의 기저귀도 빨고 앉아 있는 동안 기도를 하는데 떠나야 된다는 생각이 든다. 속히 떠나야 한다는 영감이다.

나는 급히 서둘러 15분 만에 그 자리를 뜨니 좀 쉬어 가자는데 재촉을 한다고 모두 불평이다.

한 20분을 걸어서 평택을 2km쯤 벗어났을까 하였는데 미군 폭격기 다섯 대가 날아왔다. 우리는 반가워 환성을 올리고 손을 흔들었다.

아직 평택에는 사람들이 우글거리고 있었다.

그런데 어찌 된 일인가. 이 비행기는 내려갔다 올라갔다 하면서 검은 연기를 뿜더니 기총소사 폭탄 투하를 하지 않는가? 빠지직 쿵쾅, 빠지직 쿵쾅, 삽시간에 평택은 불바다가 되고 소돔, 고모라처럼 되어 버렸다.

우리는 혼비백산하여 도망치다 보니, 가족이 뿔뿔이 헤어지고 어떤 이는 업은 아이까지 빠뜨리고 대성통곡이다.

겨우 목숨을 건져 둔포에 다달아 인원을 점검하니 우리 일행도 상당히 많은 수가 어디로 가버렸다.

사람이 200여 명 되니 밤에는 잠자리를 얻을 수 없고 식사 때는 밥을 얻어먹을 수도 없었다. 할 수 없이 의논 끝에 부산에 가서 만나기로 하고 일단 각자 행동을 취하기로 했다.

도민증을 못 가지고 나온 형제만 나를 따라나섰다.

예산, 청양, 순천, 여수, 다시 올라 하동, 마산, 부산으로 피난 생활을 하였다.

그 어려움, 그 고통스러움은 일평생 잊을 수 없다.

충남 오촌 피난과 공산당

오촌교회는 해방 후 시무하던 교회이기에 우선 찾아갔다. 1950년 7월 초이다. 며칠 있는 동안에 적군은 신례원에 쳐들어왔고, 경찰서에 수감되었던 보도연맹은 경찰이 후퇴하며 풀어 놓았다.

지방 좌익은 때가 왔다고 의기양양했다. 교인들이 나를 보고 오늘 밤이 위태로우니 목사님만이라도 피하라는 것이다.

지방 좌익 유 인채는 나를 잡으려고 밤이 되기만 기다려 나 있는 집 툇마루에 와서 종일 말을 걸고 나를 감시했다. 하나님은 내게 기회를 주셨다. 그 사람이 저녁 먹으러 간다고 갔다.

해는 지고 땅거미가 지는데 중의 적삼 한 벌 얻어 입고, 밀짚모자를 쓰고 농민으로 가장하여 뒷문으로 빠져나가는데, 아내는 만삭에 두 돌 된 아이가 있고 돈 한 푼 못 주고 떠나니 참 마음이 아팠다. 땅에서 만나지 못하면 하늘에서 만나기로 하고 나는 집을 나섰다.

그런데 뒷문을 열고 나서는데 벌써 공산당 한 사람이 굴뚝 옆에 엎드려 있었다. 나는 그를 보았으나 그는 나를 미처 못 보았다. 천우신조다. 내 뒤는 이병송 등이 따랐다.

뒤는 잔솔밭이었다. 솔밭으로 숨어들어 한참 산을 타는데 갑자기 솔밭 속에서 누구냐고 소리를 지른다. 우리는 기절초풍했다.

공산당이 우리가 도망치면 잡으려고 퇴로를 지키고 있었다. 나는 놀랐지만 숨을 죽이고 솔밭둑 밑을 살살 기었다.

날이 새니 참으로 난감했다. 논물 보러 가는 사람처럼 위장하고 논두렁으로 해서 예산에 들어가 청양을 거쳐 부여에 갔다.

피난민은 백마강가에 수만 명이 밀렸는데, 불행히도 오열이 피난 중에 권총을 가지고 있다가 잡히는 바람에 피난민 도강을 일체 중지하라는 유엔군의 지시가 내려진 것이다.

이제는 꼭 죽게 되었다. 뒤에는 포성이 들려오고 백마강은 말없이 흐르고 있는데 다리도, 배도 없다. 할 수 없이 인명은 재천이라 강뚝에 앉아 기도를 하고 고개를 드니 반가운 친구 감신 동창 원 연기 목사가 앞으로 지나갔다.

"여보 원 목사"

"이거 김 목사 아니오."

"나는 어떻게 하면 좋은가?"고 그에게 물었다.

원 목사는 부여교회 목사요, 영어가 능하여 서장과 함께 미군과 이쪽에 있는 보초 순경을 철수시키려 미군 보트를 타고 건너온 사람이다. 원 목사 주선으로 우리 일행은 보트로 백마강을 건넜다.

백마강을 건너니 유엔군이 내도하여 이제부터 반격을 한다고 하면서 대포, 탱크, 곡사포, 기관총을 즐비하게 세워놓았다. 나는 마음이 든든해지고 이제는 되었구나 안도의 한숨을 쉬었다.

부여교회로 가서 친구의 저녁 대접을 잘 받고 나서 피난민 틈에 누워 자다가, 밤중에 기도하고 싶어 일어나 기도하는데 갑자기 떠나고 싶은 영감이 들었다.

그래서 밤중에 일행을 깨워서 떠난다고 원 목사에게 말했더니

"김 목사 돌았나, 저 미군 무기를 보았지. 여기서부터 반격전을 하면 곧 서울을 탈환할텐데, 전쟁 끝나고 집에 돌아갈 때까지 우리 집에 묵으라"면서 붙잡았다.

그러나 나는 간청을 마다하고 영감이 있을 때에는 떠나야 된다고 고집하고 밤새도록 50, 60리를 걸어 밝은 아침에 논산감리교회에 도착했다. 박우희 목사댁을 찾아가니 목사댁은 문을 걸고 벌써 피난을 갔다.

나는 빈집에 들어가서 장을 퍼다가 물을 타 마시고 쉬고 있는데 원연기 목사가 뛰어 들어 온다.

내가 "웬일이오?" 하니까

"김 목사는 과연 영감 받은 사람이야." 한다.

오늘 아침에 갑자기 철수 명령이 내려서 경찰 트럭으로 여기까지 왔는데 공산군이 공주로 입성해서 백마강 상류로 부여를 포위해 온다는 것이다.

어처구니없는 일이다.

논산을 지나서 도복일 목사를 길에서 만났다.

그는 해방 전 만주에 있다가 해방 후 월남한 분인데 겁이 많고, 만주에 있으면서 팔로군을 잘 아는데 무섭다고 하며 우리나라가 가망이 없다는 것이다.

나는 태평양 전쟁 때를 이야기하며

"전쟁은 끝까지 지나 봐야 알지 승패를 누가 아느냐, 하나님만 알고 있는 비밀 아니냐."

신념을 잃은 그는 두고 온 가족이나 만나야 되겠다고 (그때 그의 자제도 건일 목사는 어린 학생이었다.) 피난길을 돌아서서 삽교 집으로 돌아가고, 뒤에 들은 소식은 집으로 오셔서 비명에 가셨다 한다.

나는 지금까지 살아 있다. 인생은 사물에 대한 냉철한 판단과 신념이 운명과 직결된다는 큰 것을 배웠다.

광양의 착한 농민

여수까지 걷다시피 하여 피난을 가니 발은 옴두꺼비가 되고 배는 등에 붙었다. 다른 사람은 과일밭에 들어가 마구 따다 먹고 채소밭에 들어가서 마구 뽑아다 먹지만, 나는 목사라 주는 것이나 받아먹으니, 먹는 날 보다 굶는 날이 더 많았다.

여수까지 가서 해군 수송선에 태워 달라니 막무가내다. 자리가 많이 비어 있는데도 민간인은 못 태운다는 것이다.

할 수 없이 내려간 길을 되돌아 순천까지 왔다. 이제는 걸어서 부산까지 가야 된다.

해는 저물고 배는 고파 일행이 길옆에 쓰러졌는데, 웬 40대의 아주머니가 광양 쪽으로 가면서 트럭에 태워주어 우리는 반갑게 올라탔다.

밤길을 털거덕털거덕 얼마 동안 갔더니 불이 반짝이는 부락이 나온다. 여기가 광양읍이다.

트럭에서 내리니 그 부인이 집으로 가자고 했다. 들어가 보니 안채와 바깥채의 농사군 집이다. 그 집에서 저녁을 잘 얻어먹고 잠까지 잤다.

아침에 길을 떠나려 하니 조반을 먹여주고 점심까지 싸주면서, “나도 전라도 사람이지만 전라도 인심 고약합니다.” 가시다가 물 흐르는 곳에 앉아 보리밥 덩이지만 자시고 가라는 것이다.

나는 너무나 고마워 눈물이 앞을 가렸다. 고마워서 이렇게 울어보기는 생전에 처음이다. 죽지 않고 살아나면 꼭 찾아보리라 결심하고 문패를 기억해 두었다. 변소에 갈 때가 급하지 올 때도 급한가 마는.

우리는 광양을 떠나 하동으로 갔는데 그곳은 적군과 아군이 치열한 전투를 하여 채병덕 장군이 이 하동에서 전사했다.

우리는 사지로 들어간 것이다. 다행히 포위망을 뚫고 마산으로 나가는 데 성공했다.

나는 1·4 후퇴 수복 후 7년 만에 매산 교회에 있을 때 광양 집을 찾아갔다. 기차를 타고 가면서 보니 평택, 천안, 이리, 모두 성한 도시가 없다. 모두 폐허의 도시들이었다.

그런데 광양에 내리니 전재를 하나도 입지 않았다. 단번에 그 집을 찾았고, 군수, 서장을 만나서 6·25전쟁 때 고맙게 해 준 집 인사를 하러 왔고 감사장과 간단한 기념품을 드리겠는데 너무 자랑스러운 일이니 군민을 모아줄 수 있느냐 했더니, 할 수 있다 하여 공회당에 수백 명의 군민을 모아 놓고 취지를 설명하고 감사장과 기념품인 놋그릇을 전했다. 거기는 이렇게 글자를 넣었다.

"피난민 환대 기념, 김연호 증정"

군수, 서장은 축사를 해 주었다. 그곳 손양원 목사의 계씨인 손 목사는 축도를 해 주고 그들은 전부 교회 나가기로 했다.

놀라운 사실은 그들은 가난한 옹기 장사이고, 자녀가 여섯 명인데, 우리를 대접해 보내고 그다음 날 철수령이 내려 피난 나가서 임신이 되었는데 그 육남매 중에 여섯째가 아들이라는 것이다.

하나님은 옛날 아브라함이 부지 중에 천사 대접하다가 이삭을 선물 받았는데, 지금도 무심중에 주의 종을 대접하는 자에게 아들을 주심을 나는 피부로 체험했다.

아마 그 아이가 지금은 자라서 20세 중반이 되었을 것이다. 한 번 더 찾아가 보려고 마음먹고 있다.

광양은 왜 무사했던가? 왜 폭탄이 하나도 안 떨어졌는가? 저렇게 착하고 순박한 농민, 의인이 있는 까닭이었다고 나는 굳게굳게 믿는 바이다. 하나님의 눈은 의인을 향하신다.

마산 피난과 영아원 총무

마산에 도착하여 마산중앙감리교회를 찾았다. 존경하는 김창호 목사님을 만났다. 그는 참으로 현대의 성자시다. 마산으로 모든 피난민이 올 때마다 직원회를 열어서 쌀을 걷고, 옷을 걷고, 돈을 걷고, 이불을 거두어서 떠날 때까지 도우셨다.

밤이면 밤새워 기도하시고 마산 철거령이 내려졌어도 순교하시겠다며 떠나지 않으셨다.

나는 김 목사님의 간청으로 교역자가 비어 있는 신흥교회를 임시 담임하고 설교를 하였다. 교회를 담임하니 조석은 얻어먹었다.

마산에 다시금 철수령이 내려지니 부산으로 갈 수밖에 없었다.

배를 얻어탈까 하고 선창엘 나갔더니 개성에서 피난 온 영아원 단체가 배를 타려고 기다리는데 태워주지 않고, 보모 4, 5명에 영아는 갓난아기에서 3세까지 30여 명이다. 이들은 개성에서 미 선교사가 경영하는 영아원 원아들이다. 원장 선교사는 납북되어 가고 자기들은 다행히 미군의 도움을 받아 기차로 마산까지 왔는데, 마산마저 철수하게 되니 보모 한 사람에 5, 6명씩 어린 것들을 데리고 걸을 수도 없고 걱정이라는 것이다.

나는 이 광경을 보니 비참했다. 그들은 내가 목사인 것을 알고 도와달라고 애원한다. 나는 임시로 총무직을 달라고 했다. 직함이 있어야 누구와도 접촉이 될 수 있었기에.

임시 총무가 되어 해군 책임자를 찾아가서 담판을 하였다. 미군이 여기까지 실어다 주었는데 같은 동포가 폭격 맞아 죽으라고 버리고 갈 수 있는가. 수 십분 타협하는 가운데 내 교섭은 성공되었다.

그러나 배 떠날 시간은 15분밖에 안 남았고 배는 엘에스티 높은 배에 널빤지 하나 놓고 오르내리는데 발 한번 잘못 디디면 물귀신이 되는 판이다.

나는 그 위태로운 널빤지 위를 제비처럼 나르며 한꺼번에 아이들 세, 넷씩 업고 안아 배에 올리고 짐보따리를 실어 올렸다. 그 덕택에 나도 배를 타고 부산에 무사히 도착했다.

부산에 도착하니 피난민을 위하여 시에서 사회과 직원들이 나와서 안내를 하는데 우리 일행은 대청동 새들고아원으로 배치되었다. 마루방이지만 매우 넓었다. 거기는 다른 피난민도 수십 명이 와 있었다.

한 달 동안은 있는 우유로 살아갔는데 얼마 지나자 우유도, 돈도 떨어지고 말았다.

나는 피난정부로 사회부 장관을 찾았다. 마침 친면이 있는 이윤영 장관이라 사정을 말하고 일금 10만 원을 보조받았다. 영아원도 한숨을 돌리게 되었다.

나는 밤마다 영아원 직원과 청년들을 모아 놓고 야학을 시작하였다. 중학교를 졸업하고도 신문을 못 읽는 사람들 십여 명을 모아놓고 신문에 있는 한문자를 가르쳤다. 이것은 매일 매(每), 이것은 날 일(日) 등으로 가르쳤다. 두어 달 가르쳤더니 쉬운 한자는 보게 되었다.

아침에는 일어나 제단에서 운동장까지 싸 부친 똥을 이웃집에 가서 삽과 비를 얻어다가 쓸고 긁어내어 구덩이를 파고 묻었다. 똥을 쌀 줄은 아는데 치울 줄은 모르는 한심한 백성이었다.

시간이 흘러 9·28이 지나고 10월 29일, 피난 생활을 마치고 인천집으로 돌아오려고 하자, 영아원 보모들과 한문 배운 제자들이 날 데리고 나가서 양복 한 벌을 해 주었다.

다른 목사는 구제 물자 옷을 재생해 입은 사람이 대부분인데 나는 새 양복을 얻어 입고 인천 본 교회인 계산동으로 돌아왔다.

하나님은 피난 생활에도 놀지 않으려는 나를 이 모양 저 모양으로 도우시고 축복해 주셨다.

1·4 후퇴와 나

부산의 피난 생활에서 돌아오니 도시마다 황폐해져 있었다. 나는 책 한 권 못 가지고 나가고, 울타리로 변변찮은 집에 덧문도 없는 방에 책 수백 권을 두고 벽에는 경천애족 글씨만 써 붙여놓고, 교인들을 데리고 피난을 갔었는데 이것이 웬 기적일까?

사방 폭격과 총구멍이 났는데 내 방에 들어서니 초가삼간 집이 성할 뿐 아니라 수십 만 명의 피난민이 우리 집 앞을 지나갔는데 만 4개월 만에 주인을 만난 서재에 책 한 권 없어지지 않고 그대로 있지 않은가?

이것은 20세기의 기적이다. 교인을 버리고 나 혼자 살겠다고 도망갔으면 그 책은 모조리 없어졌고 집은 폭격을 맞았을 것인데, 교인을 데리고 나간 정성을 보시고 하나님은 보호하셨다. 서울 도서관, 서울대 도서관, 연세대 도서관, 모두 쑥밭이 되고 도적을 맞았는데 덧문도 없는 건넌방에 놔두고 간 서책이 하나도 없어지지 않았으니 거짓말 같은 사실이다.

나같이 못난 사람의 집을, 남아 있는 동민들이 번갈아 당번을 서며 지켰다는 것이다. 이 고마운 마음 무엇으로 형용하랴?

수복하고 나니 일은 더욱 많아졌다. 신자 중에 부역한 자들이 생겨서 경찰서, 교도소로 쏘다니며 구출 운동을 전개하여 몇 사람을 구하고는 모두 희생되었다. 그들 중에는 적군이 들어오니까 어쩔 수 없이 부역한 사람들도 꽤 많았다.

겨울이 오고 국군은 혜산진까지 진출했다. 일선에서 들려오는 소식은 기쁜 소식보다 마음 아픈 소식이 들려온다. 모두 그런 것은 아니지만 선발대로 군인들과 경찰 전투대가 수복 지구에 들어가면서 물질에 욕심이 생겨, 싸움보다는 곡식과 물건을 집어 나르는 데 여념이 없고, 무고한 청년들을 학살도 하고(숨어 있던 반공 청년들) 부녀자 강간 등이 빈번했다고 한다. 북에서 전해지는 소식을 피난민들을 통해 들을 때마다 내 마음은 또 우울해졌다.

우리 국군과 경찰이 가는 곳은 양심과 도의가 빛나야 하고, 불의가 있으면 망하는 법인데 한없이 걱정이 되었다.

그러다가 중공군이 내밀면서 우리 국군은 파죽지세로 후퇴하여 서울을 또 철수하게 되니 비통한 노릇이다.

대세를 보니 이미 정세는 불리했다. 나는 또 세 교회를 돌아다니며 집합 명령을 내렸다. 그것이 1951년 1월 3일 밤이다. 인천제일장로교회로 일단 모이기로 하고, 젊은이들을 먼저 짐을 지워 보내고 나는 부녀자와 노약자를 모시고 떠났다.

계산동에서 떠나 밤새도록 걸어 석바위(주안동) 고개에 도달했다.

그런데 사람들이 어제만 해도 서울 쪽에서 인천으로 밀렸는데, 오늘은 인천에서 사람들이 물밀듯 올라오고 있다. 그날이 1월 4일 아침이다. 연고를 물으니 오늘 아침 6시에 인천 철수 명령이 내려서 인천으로 내려갔던 사람들이 수원으로 가느라고 주안으로 올라온다는 것이다.

자— 그러니 어찌하나.

교인 한 집단은 인천에 가서 기다리고 있으니.

발을 재촉해서 인천 제일 교회에 가보니, 인천 시내가 아수라장이다. 피난 가는 무리로 아우성이고, 선창에 나가보니 배의 요금을 부르는 것이 함정이다. 목선 하나 얻으려면 100만 환, 200만 환이다. 내 주머니 속에는 1,700환이 있었다. 교인들은 가난하여 나보다 더 어렵다. 평시에는 모주 찌게미로 살던 사람들이 대부분이다. 일단 교인들을 데리고 선창으로 나갔다. 사람들이 발에 밟힐 정도로 많다. 부산까지 걸으려니 노약자들이 걱정이고 배를 얻자니 돈이 없다.

물론 며칠 전에 목사들만은 300명을 피난시키니 인천으로 나오라는 총리원 기별을 받았으나, 어찌 목사가 전란에 교인을 버릴 수 있느냐고 나는 교인들과 생사를 같이 하기로 한 몸이었다.

월미도 선창에 갔더니 사람들이 월미도 잔교에 다닥다닥 붙어 앉아 있다. 연고를 물으니 미국 소송선 6천 톤짜리가 있는데(서해 바다 멀리) 그곳에 제2국민병, 정부 관리, 의사, 간호원을 태우고 자리가 나면 일반인도 약간 태워준다고 하여서 기다린다는 것이다. 배 주인이 미국 사람이란 말을 듣고 나는 용기를 얻었다. 한 번 부딪쳐 보리라고.

그러나 발을 디딜 틈이 없다. 나는 교인 200명을 길에 엎드려 놓고 통성기도를 시켰다. "하나님! 가난하고 의지할 곳 없는 양 떼들, 나 같은 어린 종을 하나님처럼 믿고 따르는 이들을 구원해 주소서."

기도를 드리고 큰 짐은 모두 내 던지기로 하고, 어린이는 어떤 경우에도 빠져나가지 않도록 몸에 결박지게 하고 나를 따르라 하였다. 일렬로 줄을 맞추어 되면 살고 아니 되면 죽는 판이다.

콩나물처럼 들어앉은 무리 쪽으로 "나는 목사요, 좀 비켜 주시오."

하면서 사람을 밟고 넘어갔다. 200명이 줄을 서서 따르니 굉장히 길다. 사람들은 교섭이라도 해서 들어가는 줄 알고 조금씩 비켜 준다.

수만 명을 헤집고 월미도 잔교 절반쯤 들어가니 철조망이 있고 미 헌병이 서서 사람들 신분을 확인하고 공무원, 제2국민병 순으로 받아들이고 있다. 나는 영어가 능하다. 얼마나 능한고 하니 밥 달라는 소리도 못하는 주제다.

"댕큐, 아메리칸 부러더, 아이 엠 미니스터, 올 크리스천, 아이 원트 아메리칸쉽"

요약컨대, "고맙소, 미국 형제, 나는 목사고 이들은 모두 크리스천이요, 미국 배에 좀 태워주시오"라는 소리다.

이것이야말로 천국 방언이다. 그런데 기적이 일어났다. 미 병사는 알아들었는지 단번에 오케이 하더니 우리 200명을 모두 통과시켜 작은 보트에 싣고 바다 복판에 떠 있는 큰 배에 옮겨 태웠다. 보트 한 번에 20명 정도 탈 수 있는 것을 여러 번 옮겨 태웠다. 나는 맨 나중에 상선했다.

1월 4일 밤 9시가 되어 내가 승선하자 배는 고동을 울리며 떠나기 시작했고, 인천 기름 탱크는 화광이 충천하고 함정서 쏘는 대포 소리는 인천과 부평을 향하여 콰르릉 천둥소리를 뱉았다. 우리는 기적같이 배에 올랐으나 인천 부두에 남아 있는 애처로운 동포를 위하여 나는 배 위에서 쉬지 않고 기도를 하였다.

배는 24시간 만에 제주도에 도착했다. 그러나 열사흘이 되어도 우리를 육지에 풀어 놓지 않았다. 연고를 물으니 제주도 수심이 얕아서 베를 댈 수 없어 에레스티(LST)가 올 때까지 기다린다 하였다. 배는 제주도를 싸고 10여 일을 떠돌아다녔다.

6천여 명 군중은 모두 허기가 졌다. 배 안의 나무는 모조리 뜯어서 밥을 지어 먹어 배는 헌 배가 되었다.

갑판 위에는 아침마다 똥 바다가 되었다. 배가 흔들리고 파도가 거세고 수질을 하니까 세수대야 같은 곳에 받아 놓은 대소변이 모두 쏟아져서 배 안은 악취로 가득 찼다. 나는 우리 교회 청년들과 매일 우리가 있는 선실을 청소했다. 대야로 구정물을 퍼서 사다리로 올려서 바다에 던졌다.

며칠 있더니 선장이 각 선실을 조사하러 내려왔다.

통역 한 사람을 데리고 우리 선실에 들어오더니 베리 웰 베리 굿 칭찬이 놀랍더니 "이 방은 어떻게 이렇게 깨끗하냐, 여기는 훌륭한 지도자가 있는 모양인데 누가 있느냐?"고 묻는다.

그 배에 탄 사람들이 모두 나를 지목했다.

선장은 나를 찾아와서 선장실로 가자고 했다. 선장실로 안내한 선장은 나의 직업부터 물었다. 목사라고 했더니 아주 훌륭한 목사라고 한다. 나는 뱃사람들을 대표해서 오히려 사과했다. 배를 전부 파괴해 놓은 것과 똥을 갑판에 싸서 불결하게 한 것을 사과했다. 그는 전란에는 할 수 있느냐 하고 나에게 고마운 답례라 하면서 담배 몇 상자를 내어준다. 낙타 담배, 제일 고급 담배다. 갔다가 팔면 수천 원의 물건이다.

나는 받지 않았다. 배를 태워 준 것만도 고마울뿐더러 나는 목사이기 때문에 담배를 피우지 않으니 사양한다고 하였다. 미국에는 담배 피우는 목사도 있다고 하면서 받으라 했지만 끝내 아니 받았다. 그랬더니 그는 나더러 식사했느냐고 묻는다. 13일간 거의 금식이라 했더니 빵을 주었다.

13일이 얼마나 긴고 하니 배 안에서 사람 여섯이 죽어서 수장을 지냈다. 13일 만에 기다리던 에레스티 2천 톤이 왔다. 우리는 모두 환성을 질렀다.

제주도지사와 사회부 분실장이신 최승만 선생이 배에 올라 인사말을 했다. 제주도는 아직 공비가 있으므로 신분 확인을 하고 상륙시킨다는 것이다. 먼저 정부 요인, 관리, 의사, 간호원, 제2국민병, 그리고 일반인 차례로 상륙시킨다고 한다. 나는 교인이 분산될까 걱정이 되어 최승만 씨를 찾아 인사하고 교인 200명을 데리고 온 목사니 단체로 수용시켜 달라고 하였다.

최승만 선생은 대뜸 "당신 훌륭한 목사요, 여기 제주도에는 7만 명의 교인이 왔는데, 교인을 데리고 단체로 온 목사는 당신뿐이요" 하더니 나가서 도지사하고 의논하더니 우리 교인부터 상륙하라는 것이다.

우리가 도착한 곳은 성산포항이다. 눈이 내리는 밤인데 우리는 조그마한 초등학교로 모두 수용되고 다른 이들은 대부분 노숙을 하였다.

서장 부인이 집사라 우리 소식을 듣고 밤중에 조죽을 쑤어 왔다. 여러 날 굶은 것을 알고 조죽을 쑤어 왔다는 것이다. 13일 만에 대하는 조죽이니 얼마나 맛이 있을까? 꿀맛 같았다.

다음 날은 서장 사모님이 고구마를 쪄 왔다. 그리고 우리는 제주도 한라산이 제일 멀고 공비 출몰이 제일 적다는 표선면으로 배치를 받아 떠났다.

하나님이 옛날 애굽에서 나온 이스라엘을 보호하시듯 우리 일행을 구름기둥 불기둥으로 인도하셨다.

제주도와 나

성산포에서 하룻밤을 지낸 우리 일행은, 서장의 지시를 받아 표선면 표선리로 향했다.

몇 십리 길을 걸어 표선에 도착하고 공회당에 수용됐다. 며칠 전에는 경인 지구 제2 국민병이 지나가면서 행패를 부리고 지나갔기 때문에, 인천에서 간 우리들에 대한 선입 관념이 좋지 않았던 모양이다.

나는 교인들을 모아 놓고 훈시를 하였다. 내가 육지에 있을 때에는 순한 목사였지만 여기 제주도 피난 생활에는 군사령관과 같이 되었으니 누구든지 내 말을 듣지 않으면 아니 된다고 전제하고,

1. 주인 보태는 나그네 없다는 데 우리는 모든 일에 조심하여 우물에 물을 길으러 가도 제일 나중에 물을 길어라.
2. 코, 가래, 침 뱉는 것도 조심하고 대소변까지도 조심하라.
3. 어떤 일이 있어도 원주민과 다투어서는 아니 되고 화목하게 지내야 한다.
4. 우리는 예수교인이요, 육지 사람으로 모든 일에 모범이 되라.

이런 식의 훈시를 내렸다. 공회당에서 하룻밤 자고 나서 면장과 지서 주임을 공식 방문했다. 면장님 말씀이 전번에 경인 지구 제2국민

병에게 혼이 나서 공회당에 그냥 수용하고 집을 아니 빌려주려고 했는데, 당신네 행동이 너무 훌륭해서 어젯밤 리, 반장 회의를 하고 모두 방을 하나씩 내어놓기로 했으니 오늘 오후에는 반장 따라 모두 배치를 받으라는 것이다. 나는 감사하다는 인사를 드리고 앞으로 잘 부탁한다는 인사를 하고 나왔다.

우리는 반장들의 안내로 여러 집에 배치되었는데 어떤 집은 건넌방에, 어떤 집은 안방을 내어주고 자기들은 늙은이라고 건넌방으로 나간 사람도 있었다. 8개월을 지냈는데 화목하게 사고 하나 없이 잘 지냈다. 나만 불의로 장남을 잃었던 것이다.

공비가 있다고 나무도 못하러 가게 하면서 자기들의 나무를 나누어 주었다. 그 고장은 고사리, 달래가 어찌나 많은지 성 밖에 나가면 온통 고사리와 달래로 들판을 이룬 곳이 있었다. 이것은 피난민들의 양식이 되었다. 고사리는 삶고 달래는 지지고 김치도 담구어 반찬으로 먹었다. 해변이라 바다에 나가서 게도 잡고 고동도 건져다가 반찬을 했다.

아이들은 학교에 보내게 되고, 식량 배급도 다른 곳은 배급을 못 타게 되어도, 나는 제주에 들어가서 도지사만 만나면 배에서부터 사귀어 두었기에, 구호미가 미처 못 당도하면 제주민을 위한 비축미를 선대 해 주면서 배급이 나올 때 갚아 주어서, 식량에는 아무런 걱정이 없었다. 다른 곳에서는 식량 배급이 되지 않아 고구마 한 말에 양복저고리 하나씩 주고 바꾸어 먹었다는 이야기를 들었다.

감리교 목사는 제주에 총리원(감리교 본부) 분원이 와 있어 류형기 감독님의 주선과 활동으로 미국에서 구호금을 가져다가 약간의 봉급을 주었고, 그것이 생활에 큰 도움이 되었다. 다른 사람은 다 무엇이라 하던 나는 류형기 감독님에 대해서 평생동안 감사한 마음이 있다. 미국에서 준 돈이지만 거저 준 것이 아니고 그분이 미국에서 좋은 대학을 졸업하고 감리사, 감독 중에 친구가 많음으로 인해서 도움을 많이 받은 것이다. 우리가 배은망덕을 해서는 안 된다고 생각한다.

얼마 후에 표선면은 기독교인만 받게 되어 교인 피난민만 1천여 명이 들어왔고, 주로 장로교인이 많이 왔다. 그중에는 선량한 교인도 있었지만, 또 엉터리 교인도 있어서 상당히 사회적 물의도 자아냈다.

그 당시에 김세진 목사, 한승직 목사 등 목사만도 30여 명이 모였다. 그들은 장로교를 만들어 예배를 보고 나는 데리고 나간 교인이므로 공회당에서 따로 예배를 보았다. 철수해 올 때는 조그만 면 소재지에 장로교, 감리교 두 교회를 세우는 것이 옳지 않다고 생각해서 감리교로 나오던 교인을 모두 장로교회에 인계해 주었다.

그 당시에 고등공민학교에 다니고 있는 소년을 만났다. 얼굴은 잘 생겼는데 가정이 너무 불행하고 가난했다. 아버지는 말을 못하는데 배를 타고, 어머니는 별세하고, 할머니는 앞을 못 보는 불행한 소년이었다.

나는 그 소년을 불러 용기를 불어넣고 앞으로 고등학교를 졸업하면 서울에 와서 감리교 신학을 공부한 후 목사가 되라고 권면했다. 제주도에 30여 명의 목사가 있었지만, 그 소년에게 목사가 되라고 희망을 불어넣은 사람은 나 하나뿐이다.

제주도에서도 제일 두메산골 가난과 불행에 쌓인 15, 16세 소년에게 목사가 되라니 참으로 웃기는 이야기였다. 그러나 27, 28년이 지난 오늘에 그는 내 말대로 고학을 하여 신학을 하고 훌륭한 부흥 목사가 되었으니, 그가 바로 내가 시무하던 춘천중앙교회의 후임자 고달삼

목사이다. 자식은 하나 잃었지만 믿음의 훌륭한 아들을 대신 얻었다.

8개월 피난 생활이 끝이 나고 고향으로 돌아가라는 복귀 명령이 떨어졌다. 총리원에서도 경인지구 교역자는 돌아가라는 지시를 내렸다.

나는 아내의 병이 너무 중하여 시간을 다투고 있으므로 일단 교인들과 제주까지 가족을 데리고 갔다. 제주 이도리 천막에 거처를 정했다. 표선을 떠날 때 우리 일행은 트럭 위에 올랐고, 면장 이하 전 초등학교 아동들이 떠나는 우리를 환송해 주고, 나는 트럭 위에서 표선면민을 위해 축복 기도를 하고, 내가 가지고 다니는 태극기를 흔들어 작별했다. 이 태극기는 38선을 넘어온 30여 년 묵은 태극기인데 우리 집에 보관하고 있다.

제주로 온 나는 아무래도 병이 위중한 환자를 두고 혼자 떠날 수 없어 먼저 돌아가는 현성초 전도사에게 나의 교인들을 부탁했다. 눈물로 제주 부두에서 작별을 했다.

한 달 후 너무 궁금해서 앓는 처와 아기를 천막에 두고 인천 계산동교회로 갔다. 한 달 만에 돌아오니 계산동교회(현 계산중앙교회)에 현성초 전도사가 담임자로 부임을 하고, 그의 부인이 의사인데 그곳에 병원을 개업했고, 야간 고등공민학교를 차려 놓았다.

6·25전쟁과 1·4 후퇴에 데리고 나간 나의 교인들이라 내가 본 교회에 있을 수 있으나 현 전도사 입장을 생각하고, 지 교회 박촌교회는 농가 호수 50, 60호여서 병원을 차릴 수 없으므로 내가 지 교회인 박촌으로 갔다.

나는 정회원 목사이고 그는 서리 전도사였고, 본 교회에는 주택이 있지만 지 교회는 주택마저 없어서, 남의 문간방을 얻어 사는데 폐병

환자라고 모두들 싫어했다.

나는 주님의 정신으로 살기 위해서 모든 것을 희생한 것이다. 나중에 제주로 가서 환자인 아내를 데려왔다. 그 후 반년이 지난 다음에 나의 아내는 기어코 세상을 떠나 하나님 나라로 가고 말았다. 아내가 세상을 떠나니 무척 외롭고 친구들이 기다려졌다.

장례를 치루고 1주일 만에 인천 감리사댁에 인사를 갔더니, 장례를 치루고 1주일이 지나도 오지 않던 현 전도사가 거기 있지 않은가? 그는 하기학교 교사강습회에 갔다가 귀가 보고를 하기 위하여 감리사댁에 간 것이다. 그의 집에서 우리 집은 2km이고 인천은 10km가 넘는데 감리사부터 만나러 갔던 것이다. 나는 너무 섭섭했다. 이 섭섭한 심정은 영원히 잊을 수 없다. 저런 사람을 내가 친구처럼 생각하고 본교회를 맡겼구나 생각하니 어이가 없었다.

다음 날이 되어 현 전도사가 인사차 어슬렁어슬렁 오는 것을 보고 나는 사랑으로 들어가 만나주지 않았다. 그래도 그는 부흥목사요, 서울 일신 큰 교회를 맡았다가 미국으로 이민을 갔다. 미국은 잘난 사람 가는 곳이지만 못난 사람도 가는 쓰레기통이니까, 그런 사람은 다 가라고 하고 싶다. 남의 교인을 빼앗아 부임한 것도 잘못인데 그것은 고사하고라도 감리사 댁에 먼저 가고 5리에 있는 상을 당한 친구는 나중에 만나보다니 세상은 다 이런 것이다.

예수께서 친구는 없나니 세상 친구를 친구라 하지 말라신 말씀은 진리였다. 참 친구는 친구를 위해 목숨을 버린다 하였다. 예수는 우리를 위해 목숨을 버리신 친구시다. 혼인집에 가지 말고 장례 집에 가라는 성경 말씀은 귀한 진리다. 사람은 장례집에 먼저 가야 된다.

나의 처

여편네 자랑하는 놈은 팔불출 가운데 하나라 한다. 그러나 자랑할 수밖에 없는 것을 어찌하랴?

아내는 첫째로 부잣집에 맏딸로 태어나서 고등교육을 받고 믿음으로 살겠다고 부잣집, 대학출신, 모두 제쳐놓고 당시 거지 대장인 나한테 출가해 왔으니 가위 20세기의 평강공주다.

둘째로 공산당 감옥에 갇혔을 때 아내의 나이 24세인데 면회하러 와서 창문 밖에서 엄지손가락으로 신호하면서 절대로 굽히지 말고 집 걱정하지 말라고 나를 격려해 주던 그 장한 모습, 자기는 병약한 몸 쌀 한 톨 집에 없지만 내가 지조 없이 신념을 굽힐까 봐 격려해 주었다.

셋째로 아내는 38선을 넘어 왔다가 이곳에서 성경을 자유자재로 살 수 있는 것을 보고 성경전서 27권을 사달래 가지고—당시는 지질이 나빠 성경이 크고 무거웠다— 쌀 닷 말 무게가 되는 것을 배낭에 짊어지고 평양까지 갖다주고 왔다.

목사도 38선을 넘을 때에는 성경을 내 던지고 와서, 나에게 성경을 얻어간 분이 몇 분 있는 판국에 한 번 넘기도 어려운 무서운 38선을 성경을 가져다주고 왔으니, 이만하면 내 아내는 분명히 죽음과 두려움을 초월한 신앙의 여장부다.

넷째로 아내는 웅변가이다. 집에 있을 때에는 과묵하고 조용한 살림꾼이지만 강단에 세우면 설교를 나보다 잘했거니와, 인천시에서 주최한 건국 1주년 각 동 대항 웅변대회에서 나의 처가 계산동 대표로 나가서 30여 명의 장정들과 겨루어 1등을 해서 신설로와 은수저와 상장을 받아왔는데 은수저는 도적맞고, 신설로는 장남이 가지고 있다.

다섯째로 아내는 처세도 능하였거니와 조반거리가 없어도 걱정이 없고, 평생 비단옷을 걸치지 않고 분을 바르는 법이 없고 머리 가르마도 삐뚜로 타는 법이 없었으니 참으로 어질고 착한 사람이었다. 시대를 초월한 사람이다.

그런데 불행스러운 것은 복이 없었던지 몸이 약하여 심장병, 폐결핵으로 결혼 10년간 고생만 실컷 하다가 세상을 떠났다. 한스럽고 원통하다. 나도 아내를 살려 보려고 어려운 살림에 약은 대접하지 못했지만, 제주도 피난 시는 병이 더해, 병에 좋다고 하여 병아리도 잡을 줄 모르는 내가 날마다 뱀 사냥을 다니며 구렁이, 살모사를 잡아다가 끓이기도 하고, 껍질 벗겨 말려서 가루를 만들어 장복을 시켰으니, 그때 피난 왔던 교역자는 나를 보고 아내 효자라 하였다. 1·4 후퇴에서 돌아올 때 아내는 등에 업고 차남인 성호는 앞에 차고, 두 손에 기저귀, 옷 보따리를 들고 배로 몇 번씩 갈아타며, 제주, 목포, 인천 계산동으로 왔으니 나도 억척빼기인 것은 사실이다.

1952년 7월 22일 아침 아내가 꿈 이야기를 했다. 지난밤 천국 가는 꿈을 꾸었다고 하는데 꿈 이야기를 자세히 들을 새가 없어서 나는 도중에 일이 급해 나갔다. 이유인즉 계산동 본 교회는 현성초 전도사를 주고 지교회 박촌교회에 와서 주택이 없어 집을 짓는 참이었다.

1주일이면 완공되므로 속히 지어서 아내를 편히 모시려고 나는 시간을 다투어 현장 감독으로 나갔다.

한나절이 되어 사람이 와 급히 불러 집에 들어가 보니 이런 변이 있는가? 아내가 각혈을 해서 온 방에 피를 쏟아 놓고도 계속 각혈을 한다. 나는 어쩔 줄을 몰랐다. 목을 어루만지고 가슴을 쓰다듬고 손발을 주물렀지만 아내는 고요히 피를 입에 문 채 잠자듯 숨을 거두고 말았다.

첫돌 배기 어린 것은 어미가 죽은 줄도 모르고 어미 가슴 속을 더듬으니 나도 울고 산도 울고 하늘도 울었다.

그날 밤 나는 교회에 올라가 목 놓아 울었다.

"하나님 너무 하십니다. 아내는 갔지만 저 어린 첫 돌배기를 장차 어떻게 기르리이까?"

사랑하는 아내, 위대했던 아내, 1,500만 여성 가운데서 제일 자랑스러웠던 아내, 어질고 착했던 아내가 가고 말았다.

삼일장을 지내니 주례는 김응태 감리사님이 하였고, 교역자들과 교우들과 온 마을이 모여서 눈물로 장례를 치렀다.

아내의 나이는 불과 31세, 나는 33세

어처구니없는 영원한 이별이 되었다.

나는 아내를 자랑하지 않을 수 없다.

내가 못나서 아내의 빛은 가려지고 있는 것을 나는 못내 슬퍼한다.

나의 재혼

첫 아이는 38선을 넘다가 고생 끝에 뇌막염으로 가고, 둘째 아이는 제주도 피난 생활에 함께 갔다.

제주도 남제주군 표선면 표선리로 피난, 데리고 간 교우들과 한집에 네 세대가 살고 있었다. 아내는 병석에 누웠고 나는 교회 일로 바빴다.

같이 피난 온 자매가 우리 식사 일을 돕고 있었는데 우리 아이가 넘어져서 아침밥을 쏟아 버렸다. 그리고 한나절을 굶었으니 얼마나 배가 고팠을까?

옆 방에 사는 피난민 처녀가 빨래하려고 그릇에 풀어 놓은 양잿물을 처녀가 밖에 나간 사이에 우리 아이가 방에 들어가서 그것이 설탕물인 줄 알고 마셔 버렸으니 콩 튀듯 팥 튀듯 한다.

그날은 주일이라 내가 데리고 온 교인 200명과 예배드리고 오후에 돌아오니 아이는 어쩔 줄을 몰라 한다.

오리 피가 좋다고 하여 오리 기르는 집에 부탁했는데 천금을 주어도 아니 판단다. 제주도 사람은 인정도 없는 것 같았다. 내 친구 의사가 구해보려고 포도당에 빠구능을 깨 넣어서 혈관에 넣으니 주사바늘을 빼자마자 숨을 거두었다.

빠구능 주사는 혈관에 금물이다. 6·25전쟁, 1·4 후퇴를 겪으며 네 살 박이 아들은 애석하게 가고 말았다. 민족이 겪는 수난을 나도 피할 길이 없었다.

셋째로 태어난 아이가 지금의 장남인 성호인데 하나님의 은혜로 길러냈다. 성호는 자라서 재주도 많고, 신학교를 졸업하고 대를 이어 교역자가 되었으니, 그 엄마가 하늘나라에서 내려다볼 때 그 얼마나 기뻐할까?

어렸을 때는 못 기를 것만 같았다. 심방 다녀오면 아이가 맹꽁이배다. 불쌍하다고 서로 먹여놔서 맹꽁이배가 되어서 잠을 이루지 못하고, 너무 먹였다고 하면 다음 날은 굶겨놔서 밤새도록 아이가 배고파 자지 않고 운다. 어떤 때는 소 오줌 독에 빠지기도 하고 닭똥, 흙, 별것을 다 주워 먹는다.

아이만 안고 있을 수도 없었고 어미가 없어 놓으니 엄마를 찾아 울고 보챈다. 친할머니 외할머니나 있었으면 오죽이나 좋으련만 그런 형편도 아니 되니 답답할 뿐이다. 아이를 위해서라도 결혼을 해야 했다.

서울 동대문교회 조화철 목사님과 인천 내리교회 한세홍 목사님 모두 중매를 하고 나섰다. 이화여대 출신들이었다. 그러나 젊은 아내가 와서 자식이나 많이 낳아 제 자식만 사랑하고 전실 자식을 구박하면 아니 되겠기에 나는 수태 못 할 나이 든 사람을 고르기로 하였다.

어미 떨어진 저것 하나만 잘 길러준다면 누구도 좋았다. 그러나 젊은 여성은 걱정이 되었다.

마침 한 교회 여전도사로 계신 지금의 아내가 밤이면 아이를 데리고 가서 재워서 보냈다. 이제는 전도사님과 정이 들었다.

나는 생각했다. 저만큼 정을 붙이려면 새로 들어오는 사람은 어려울 것이라고. 체면불구하고 나는 청혼을 하였다.

그는 한 교회 시무자요, 나이가 퍽 나보다 위였다. 완강히 거절했다. 그러나 끈질긴 나의 간청에 허락을 받아 재혼을 했다.

나는 33세, 그는 39세. 그는 재취로 들어와서 어려운 살림을 도맡아 고생을 많이 했고 어미 없는 전실 소생을 정성을 다해 길러주었다.

하나님의 축복으로 마흔이 넘어 장녀와 차남을 낳아 삼남매가 되었고, 장녀는 대학을 졸업하고 차남은 대학 3학년이다.

후처는 나보다 나이도 위고, 너무 입이 무거워서 어떤 때는 잔재미를 못 느낄 때도 있었으나 큰아이 잘 길러준 고마운 생각에 모든 것 잊어버리고 살아가고 있다.

당신도 축복받아 마흔이 다 되어 출가해 와서 아들, 딸 남매를 얻었으니 시집온 보람이 생긴 것이다. 시련도 컸지만 자녀 삼남매가 모두 잘 자라고 효성 있고 큰 아이는 장가들어 며느리도 착하고 효성스러우니 부러울 것이라곤 없다.

처음 예수 믿을 때엔 핍박과 환란이 꽤나 많았는데 둘째 형의 큰아들이 교역자요, 셋째 형의 큰아들도 교역자요, 내 딸도 신학 졸업하고 교역자의 아내가 되겠다니 그저 즐겁고 감격하고 감사할 따름이다.

우리 집안은 교역자 집안이다.

호떡 장사로 출발한 내 집안에 대학 출신이 12명이고, 내가 담임했던 교회에서 나와 인연이 되어 교역자가 된 사람이 40여 명인데, 나원용, 김용욱, 정도량, 김종국, 고달삼, 김용준, 박홍교, 정진구, 진순항, 김홍태, 이창주, 김진곤, 강주백, 신중균, 최청수, 임홍재, 전명열, 김해

종, 허상길, 김군식(대전) 등등 전국 각처에서 기라성처럼 뒤를 이어 일을 하니, 혈육의 자식은 민족의 수난 속에 둘을 잃었으나 믿음의 아들이 번성하니 할렐루야 아멘이다.

어두운 밤이 지나가면 밝은 아침이 오듯이 나의 생애도 과연 그러했다.

하나님은 나의 눈에서 눈물을 씻겨 주셨다. 주님이 베풀어 주시는 은혜 안에 부족함이 없다.

나의 자녀들

앞에서의 이야기와 중복되는 느낌이지만 하도 가슴이 아프고 서러워서 제목을 붙여 써넣는다.

나는 부끄러우나마 자식들에 대하여 몇 마디 쓴다. 나의 잘못한 것을 자성하고 심판을 받기 위해서다.

나의 큰 아이는 딸이었는데, 이름이 걸작이다. 혈재(血在) 피혈자, 있을 재자다. 아내가 지은 이름인데 아비의 사상과 피를 받고 한 민족의 피와 얼을 받고 예수의 고매하신 피와 정신을 본받으라고 지었다.

왜정 때 망명해 떠돌아다닐 때 내 처 혼자 아이를 낳고 혼자 지은 이름이다. 낳은 지 1년 만에 해방이 되고, 내가 해방되어 철원에서 공산당 감옥에 수감이 되었다가 풀려나, 야밤에 집을 떠나 남하하느라고 뽀뽀 한 번 못 해주고 38선을 넘었다.

월남한 지 한 3년 만에 저의 엄마가 업고 넘어왔지만, 38선에서 10여 일을 비와 이슬을 맞고 고생하느라 뇌막염이 걸려 오자마자 죽었다. 일평생 부녀간에 말 한마디 건네 보지 못하고, 과자 한 개, 고무신 한 켤레 못 사주고 영영 이별했으니, 세월이 갈수록 한스러운 마음 무엇으로 비기랴?

묻어 줄 땅이 없어 홍제동 어느 산골짜기에 화장해서 뼈 가루를 뿌려 놓았으니, 너는 이 땅 위에 그렇게도 발붙일 곳이 없었더냐? 하늘나라에서 영원한 복락을 누리거라.

장남 성산은 어미가 월남해서 약한 몸에 임신이 되어 출생했다. 첫 돌이 되어 6·25를 치루고 예산 가서는 공산당에게 납치되어 한여름 동안 문도 없는 헛간에 가마니를 깔고 지내다가 천명으로 살아났는데, 거듭되는 1·4 후퇴로 제주도 표선리에 가서 양잿물을 먹고 죽었으니 이렇게 애처로울 수가 있으랴?

어미는 앓아 누워서 운명이 경각에 달렸고, 아비 된 나는 교인 200여 명을 데리고 식량 얻어 먹이느라고 동분서주할 때 너는 죽었다.

네가 죽기 이틀 전에 과부인 상진 엄마가(상진은 폐병이 들어 아비도 없고 돈도 없고 해서 내가 서울 각지에서 약을 구해 먹여 살렸기에 제주까지 따라온 사람이다) 누워 있는 아내 대신 밥을 지어 주고 있었다. 너는 네 살이고 상진이는 다섯 살이었는데, 달팽이 삶은 것을 가지고 둘이 싸우고 있었다. 그까짓 것 가지고 싸운다고 너를 때리고 목사 아들놈이 그런다고 전봇대에 매달아서 벌을 주었겠다.

그런지 이틀 만에 네가 아침 밥그릇을 가지고 들어오다가 넘어져서 모두 쏟아버리고 종일 배고파 울다가, 건너방 피난민 처녀가 빨래하려고 풀어놓고 나간 양잿물을 설탕물로 알고 마시고 죽었으니 그것도 너 죽은 다음에 실정을 알았구나. 엄마는 앓아누웠고 아비는 바삐 돌아다니고 얼마나 외롭고 배고팠더냐?

그런데 나는 목사의 명분만 세우려고, 너를 죽기 이틀 전에 때리고 나무에 동여맸으니 네가 그렇게 속히 갈 줄 알았다면야 왜 너를 때리고 구박했겠니?

잘 울지도 않고 억지도 별반 안 쓰고 영특하던 너, 너는 갔지만 간 것이 아니고, 제주도 표선면에 묻힌 것이 아니라 내 가슴에 영원히 묻혀 있구나. 너를 생각하면 오장육부가 갈래갈래 찢어지고 살을 에는 듯 아프기만 하구나. 지금 와서 울어본 들 무슨 소용있으랴?

아비를 용서해라. 땅에서는 네 한 몸뚱이 반겨 줄 곳 없어 먼저 하늘나라로 갔지만, 먼저 가신 엄마 품에서 먼저 간 네 누나와 같이 오순도순 지내라. 나를 용서하라.

그곳은 눈물도 억울함도 없는 곳 아니냐, 이 아비를 용서하고 기도해다오. 나도 60이 되었으니 머지않아 네 뒤를 따라 그립고 애달프던 너희를 만나 보자꾸나.

아이 무덤이라도 한번 찾아보고 싶지만 제주 공동산에 비석 없이 묻어놔서 찾아볼 길 없구나.

하늘나라에서 만나자. 하나님은 나를 위로해 주시려고 6·25전쟁에 예산 오촌 공산당 집에서 둘째 아이 성호를 주셨다. 예수님이 말구유에 나시듯 교인도 무서워 곁을 못 줄 때, 공산당은 볼모로 자기 헛간에 잡아다가 네 엄마를 가두어 놓았을 때, 가마니를 깔고 너를 낳았다고 하더라.

서럽게 살아왔건만 네가 두 돌이 되어가려는 1952년 7월 22일에 네 엄마는 영원히 너 홀로 남겨 둔 채 하늘나라로 가버리고, 핏덩어리 너를 기를 때 할머니도 없어, 심방 갔다 오면 교인들이 어떤 때는 너무 먹여놔서 맹꽁이배가 되고 어떤 때는 굶겨놔서 배고파 밤새도록 울어댔지.

목사의 생활이 왜 그렇게 가난했던지 너에게 과자 한 개 제대로 못 사주고 길렀다. 그래서 그런지 네 체질은 약하고 소화불량증이 있어서 어려서 자주 설사를 했단다. 나는 너를 건강하게 기르려고 심방을 가다가도 뱀을 만나면 돈 안 드는 보약이라 해서, 그놈을 잡아 머리와 꼬리를 붙잡아 매가지고 가방 안에 넣어가지고 종일 꾸물렁거리는 것을 들고 심방 다니다가 저녁에는 고아서 닭이라고 먹였다. 너는 닭고기인 줄 알고 먹었지만 그 모두가 뱀이요, 구렁이였다.

때로는 사랑의 결핍으로 네가 우울증에 걸릴 때면 얼마나 마음 아팠었는지 네가 자식을 길러보면 애비의 심정을 알게 될 것이다.

그러나 네 계모는 고마운 분이다. 가난한 살림에 시집와서 너를 친자식처럼 길러 대학 졸업, 결혼까지 시켰으니 부디 계모를 너를 낳은 친엄마처럼 공경하고 효도해야 한다.

후처는 나이 40이 다 되어 출가했지만 전실 자식을 잘 길러준 축복으로, 딸과 아들 남매를 낳아 현재 딸은 대학 졸업, 아들은 대학 3학년이니 감사할 뿐이다.

자녀들아, 애비는 비록 부족하지만 하나님을 위해 살고 조국을 위해 살다 죽어야 한다. 이것은 나의 좌우명이요, 너희에 대한 유언도 된다.

하나님을 사랑하라. 그리고 조국을 사랑하라.

제5장

교회 순례 여정 (1952~1978)

교회 순례

계산동은 그래서 떠났고 박촌은 처가 죽고 나니 맘 붙일 수가 없었다. 부평사거리교회(부광교회)로 해서 수원 매산교회로 가서 다시 슬항리로, 서산교회로, 목회 순례를 한 것이다. 그동안 시련도 많았고 기쁜 일도 많았다.

부광교회에서는 시가 400만 환 짜리 교회와 대지 200평을 28만 환에 사 드리는 기적을 보았다. 매산교회에서는 개척 교회인데 교인 30여 명을 거느리고 남의 2층 집을 빌려 예배를 드리면서, 120여 평 교회당을 짓는 중에 매도 얻어맞고 천신만고 끝에 교회당을 짓고 교인도 200여 명이 되었다.

매산교회는 내가 수원 농대(서울 농대)에서 공부하며 농촌 목회를 하려고 징검다리 삼아 담임한 교회다. 당시는 대학원이 없는 때라 특별청강생으로 각 과를 공부하고 충남 당진군에 있는 슬항리교회로 부임했다. 교인 100명이 모이는 농촌교회였고, 건축을 하다만 미완성의 교회였다. 봉급은 쌀 한 가마니에 돈 2,000원이었다. 돈은 연보 돈 밖에 안 되었다.

그러나 당진군 내 160개 조나 되는 4H 클럽과 3천 명 회원들의 지도 고문이 되었고, 이 4H가 전국에서 제일 활발한 단체였다. 나는 3천여 명의 젊은이들을 움직이는 사람이 되었다.

우리 교회에서 농촌지도자 강습회를 하였더니 회원 천여 명이 와 운동장에서 노천집회를 하고 온 동리 모든 집을 얻어서 숙식을 제공케 했다.

특별 강사는 이호운 목사이고 그 외에 농업 전문 강사를 모셨는데, 이호운 목사 말씀이 이런 집회는 국내외 처음 보는 집회라 하였다. 농촌에 불이 붙었다.

또한 봄가을에는 노인들과 청년들로 시찰단을 조직하여 시골 할머니들을 인천까지, 기차로 서울까지, 서울 시내에서는 전차, 택시로 모시고 다니며 중앙청, 신문사, 창덕궁, 창경궁, 화신상가 등을 구경시켰다.

숙식은 아는 교회에 들어가 교회에서 재우고 솥을 빌려 밥을 해 먹었다. 다음 날에는 서울서 버스로 오다가 안양 목장, 포도원을 들려 집으로 내려가면, 처음 기차를 타 본 할머니들도 있어서 전도도 되고 청년들에게는 계몽사업도 되었다.

3년 후에는 서산교회로 가서 감리사도 역임하면서 서산, 당진을 합친 호서지방 교회 발전에 이바지하는 중에 당진군에 교회 60여 곳, 서산 군내 30여 곳의 교회 부흥을 위해 힘썼다.

서산교회에서는 3·15를 맞아 부정선거를 규탄하다가 경찰서에 연행도 되었다. 귀신도 모르게 죽여 없애라는 지령도 받았으나, 4·19 후에는 서장, 군수가 내 앞에 와서 빌기도 하고 각계에서 나를 보고 참의원, 국회의원으로 출마해 달라는 청도 받았다.

나는 내 존경하는 지도자 여섯 분을 찾아가서 어찌하오리까 물었더니 세 분은 출마하라 하고 세 분은 극구 반대했다.

출마하라는 편에서는 애국심이 있는 사람이 나가서 나라를 바로 잡으라는 것이고, 반대 측에서는 해방 후 목사들이 정계에 나가서 모두 실패한 폭이니 나가지 말라는 것이다. 교회 직원회에 붙였더니 그것도 반반씩 갈렸다. 하나님의 뜻이 아닌 줄 알고 나는 하나님 사업에만 전심하기로 했다.

당시 3·15 부정선거를 규탄하며 지은 시 한 편을 적는다.

애가(哀歌)

1. 자유당이 집권하니 민성이 높아가고,
   민주당이 집권하면 정쟁이 높으리라
   이래저래 손해 봄은 어진 백성뿐이다.
2. 지사는 벽 뒤에 숨어 그 입을 함봉하고,
   난자는 거리에서 주먹을 휘두르니
   일월이 무심하다. 하늘이나 원망할까?
3. 국운은 또다시 서산에 기울었고,
   민족은 또다시 도탄에 빠졌도다.
   민권은 유린되고, 선열은 통곡하도다.
4. 민족의 이상은 땅 위에 떨어지고,
   국가의 기운은 바람에 흔들리니
   슬프다 겨레들아 땅을 치고 통곡하자.
5. 오호라 내 마음 스스로 애무하자.
   노래를 부르나 춤추지 아니하고
   피리를 불어도 곡하지를 않도다.

6. 차라리 돌아가서 논밭 갈아 풀을 먹고,
나무 심어 열매 먹고 꽃 심어 꽃 보고
일월로 벗을 삼아 바람과 얘기하리.

그리고 혁명위원회에는 건의문을 보내고 감사장도 받았다.

의장 각하와 국가재건위원회

위원 제위의 만복을 축복하오며 금방 성취한 혁명을 심축하오며 혁명과업의 완수를 기원하나이다. 혁명과업이 성스럽게 수행되고 있는 차제에 과업 완수를 위하여 일조가 될까 하여 감히 아래 몇 가지를 건의하오니 참작하시와 다소라도 취할 것이 있으면 다행으로 여기는 바입니다. 불초 민생은 항일운동, 반공운동을 하고, 3·15 부정선거를 반대 투쟁해 오던 사람으로 불초하나마 조국과 민족에 다소의 보필이 될까 하여 적은 소견을 귀 위원회에 상신하는 바입니다.

기(記)

1. 의원 선거법을 제정하고 선거를 하는 경우 참의원을 폐지하고 그 대신 각계각층 원로 유지인사를 망라한 정부 최고 자문 기관을 설치할 것이며, 민의원은 두되 의원 수를 현 의원 수의 반수가 되도록 법규를 제정하여 국가 예산을 감축시킬 것이며, 지방 각급 의원을 상기의 비례에 의하여 역시 감소토록 하여 국가 행정의 기민을 기하고 국가 재정의 손모(損耗)를 방지할 것
2. 정부 공무원은 청렴결백한 인재를 택발(擇拔) 기용할 것이며 공무원 생활 대우를 직위에 구애 되지 말고 직능 직무에 중점을 둘 것.

3. 국토 재건 사업에 있어서 중점주의로 나갈 것이며, 특히 산림녹화의 방안으로 삼림을 개혁 분배하여(매호 3정보 이하) 사유림 제도를 만들고, 산림법을 개정하여 치산을 못하는 산주(山主)를 벌하고 연료를 해결하기 위하여 정부 시책으로 리, 면마다 탄 보급소를 설치하고, 탄 수송을 정부에서 실비 수송을 하여 탄가(炭價)를 염가로 지정하여 전 국민이 탄을 사용토록 하면 자연 산림녹화가 가능할 것이 확실함.
4. 전국 각 부락마다 향토 건설 청년회, 또는 4H 클럽 등을 설립 후원 지도해서 청년들의 애향 애국 사상을 진작고무(振作鼓舞)케 할 것.
5. 암행 순시반을 두어 국민의 여론을 탐지하여 정책에 반영시키고, 비위 공무원을 적발 징계하여 관기를 확립할 것.
6. 정부 내에 선전 보도국을 두어서 유능한 애국 언론인을 기용하여 전국적인 계몽 선전 사업을 적극 추진하고, 민심을 계발하고 양심과 도의 향상 운동을 강화하여 관민 일치의 길을 마련할 것.
7. 언론, 결사, 신앙의 자유를 확보할 것이나 국가 민족에 유해한 언론, 결사, 신앙은 엄중 단속해서 국시(國是)의 손상을 미연에 방지할 것.
8. 교육 행정에 있어서 인문 교육보다 과학 교육, 도의 교육, 실제 기술 교육에 중점을 두어 도시 편중 교육을 지양해서 도시, 농촌의 균형 있는 교육 제도를 실시하여 국민 전체의 질을 향상시키도록 도모할 것이며, 교육세, 사친회비, 후원회비 등의 명목으로 징수되는 폐단을 일소시킬 것.

9. 고급 요정, 호텔, 댄스홀, 카페, 다방, 당구장, 도박장 등을 폐지하고 사치품 방지와 사치 생활 교정에 주력하여 특히 외국인 전용 고급 음식점의 출입을 엄금하는 법규를 제정할 것.
10. 고급 승용차 폐차 처분과 기차의 등급제를 폐지하고 부녀자, 노약자를 보호하는 보호시설을 설치하며, 국산품 애용 운동을 전개시킬 것, 이를 정부 고위 관리부터 솔선수범할 것.
11. 가옥, 정호(井戶), 변소, 도로 개량 등을 연차 계획으로 점진 개량 보수할 것.
12. 극빈자와 빈농가에게 식량 무상, 또는 유상 배급 제도를 실시할 것.
13. 경범을 중히 다스려 준법정신을 일으킬 것.

단기 4294년(1961년) 5월 25일

김연호

3·15 부정선거 때에는 부정선거를 저지하는 것이 이승만 박사를 위한 길이요, 나라를 위하는 길이라고 생각하고 경무대를 찾았으나 거절당하고, 이기붕 씨 댁을 찾았으나 역시 면회가 거절당하고, 한국일보에 규탄문을 내려 했으나 실어주지 않았다. 경무대 앞에 가서 울자고 동지를 모았으나 동지도 없었고, 임영신 박사를 만났으나 역시 이 박사와 통하는 길이 막혀 있었다. 우국 동지회 회장이신 문일민 선생을 만났으나 그도 경찰의 감시 대상이 되어 이 박사를 만날 길이 없다는 것이다.

전화나 편지로 이 박사 면회를 청하면 비서실에서 무슨 핑계든 대면서 만나주지 않는다는 것이다. 나는 실망해 돌아와서 3·15 부정선거를 규탄하는 시조와 애가를 지어서 각처에 발송하였고, 이것을 감신에서 신학생을 통하여 등사하다가 학생들이 학장께 문책도 받았다.

하나님은 무슨 뜻이 계셔서 평양 홍수와 헌병대에서, 그리고 해방 후 소련 군정 재판에서, 6·25전쟁 등에서 여러 번 죽음의 고비에서 나를 보호하시고 구원해 주셨는지 모르겠다. 돌이켜 생각하면 감사할 뿐이다.

나는 경찰과 정보원들에게 여러 번 심문을 받았지만 나의 답변은 이러했다.

"나를 하나님이 이 땅 위에 왜 보내셨는고 하니 바른 말 하다 죽으라고 보낸 줄 안다. 나도 사람이라 판단이 잘못될 때도 있을 것이다. 그러나 뜻만은 나라를 올바로 이끌어 가기 위한 충정에서 취한 행동이요, 말이다. 나는 야당이 아니고 언제나 하나님의 종으로 선지자의 심정으로 국가의 잘한 것은 격려 칭찬하고, 잘못한 것은 채찍질한다." 라고 말해 왔다.

이것이 나의 철학이요, 인생관이다.

춘천중앙교회와 물난리

나는 강원도 토종이다. 우리 조상이 신라 시대부터 살아왔고 명주 군왕 김주원의 37대손이다. 겨울에 옷을 벗겨 놓아도 300리를 뛴다는 맹랑한 사람들이 사는 횡성 출신이다.

왜정 때는 배일사상이 강하여 일인들의 물건은 안 팔아주기로 소문난 곳이고, 한동안은 씨름 장사와 축구와 싸이클 선수로도 소문이 났고, 횡성에는 특히 소가 많아 황소고기로 이름난 곳이다.

3·1운동 때에는 강원도 어느 고을보다도 선두에 서서 만세를 부른 고장이기도 하다.

옛날에는 살기 좋은 곳이라고 소문도 나고, 음식이 좋다고 소문도 난 곳이지만, 이웃 도시인 원주가 급속이 발달되면서 횡성읍은 자연히 인구 이동이 많아지고 큰 진전이 없는 쇠락한 고을이 되었다.

횡성은 특별히 성직자가 많이 나기로 유명한 곳인데, 횡성군 서원면에서는 천주교가 조선시대 때부터 있었다. 신부가 30여 명이 나왔고, 불란서 유학한 신부도 있고, 횡성읍교회를 비롯하여 횡성군의 개신교회에서는 목사가 많이 나와서 유명했다.

나도 그중의 한 사람이다. 나는 20세 시절에 공부를 하러 떠나면서 고향과 발이 멀어졌다.

북마는 북풍에 울고 남조는 남지에 깃들인다는 말과 같이 내가 비록 객지 생활을 할지라도 고향을 잊어 본 적은 없다.

신문 기사를 읽다가도 강원도 소식이 실렸으면 기쁜 일이고 슬픈 일이고 반드시 훑어보고. 기쁜 기사에는 마음이 뭉클해지고 슬픈 기사에는 마음이 어두워진다.

다른 사람은 몰라도 나는 나의 고향과 조국을 잊을 수 없다.

그래서 일본 선교사로 갈 길이 있었어도 나는 조국을 떠나지 못했다. 오줌 한 번을 싸도 이 땅에서 싸고 싶어서이다.

목회를 하면서 하나님이 기회를 주시면, 강원도로 돌아가서 내 뼈가 굵고 조상의 뼈가 묻힌 강원도를 위해서 일하고 싶었다.

하나님의 뜻이었던지 서산읍교회에 있을 때, 나의 인기가 사회적으로 한참 고조될 때인, 1963년 봄에 춘천중앙교회와 서울 홍제동교회에서 취임 초청이 왔었다.

홍제동은 서울이지만 친우 김기동 목사를 소개해 주고, 나는 평소에 소원이던 강원도 춘천으로 가기로 했다.

취임해 보니 교회 내에 파당이 있고 문제가 많은 교회였다. 주택은 왜정 때 지은 낡은 함석집이 6·25전쟁에도 산밑에 남아 있었는데, 비 오는 날은 양동이를 세, 넷씩 들여놓고 물과 흙을 받아내야 되었고, 울타리도 없고 수도 시설도 없었다.

도청 소재지 교회이며 역사가 오래된 교회인데도 엉망이었다. 교회는 연간 60만 원 예산을 세웠는데 부채가 30만 원이었다. 교인은 230명 정도 모였다. 일선이 가까워 포성이 자주 들려왔다.

인구는 8만인데 일선에 있어 인구 증가가 잘되지 않았고, 새집을 짓는 것들을 꺼려했고, 돈 벌면 서울이나 후방으로 이사할 궁리뿐이었다.

감리사가 되어 관할 구역을 시찰하니 두메산골 교회들인 데다가 수복지 교회다. 밀집 인구가 적어서 잘 모이는 교회가 50, 60명이고 보통 10명에서 20여 명 모이고 재정도 더욱 한심하여 춘천, 홍천, 화천, 양구, 인제가 한 지방으로 50여 교회인데, 자립교회가 5, 6곳, 반자립교회가 10여 곳이고 나머지는 미자립교회로 돈 천여 원에 쌀 두 말이 교역자의 봉급이다.

기도하고 최선을 다했더니 교회가 단합되고 부흥되었다. 사정 주택을 양옥으로 먼저 짓고 목사 주택과 부목사 주택을 짓고 600평 대지에 400평을 더 사서 1천 평 대지가 되었다. 아폴로식 최현대식 교회를 250여 평으로 지어서 그전 교회까지 건평 400여 평을 소유하는 큰 교회에 장, 유년 1,000여 명 교인이 되었다. 내가 수원으로 떠나오던 1974년 봄에는 예산 규모 1,500여 만원에 교회 공원묘지까지 설치하여 실로 동부연회에서는 손꼽히는 교회로 성장 발전했다. 동원, 동춘천, 남부교회 등은 중앙교회에서 그동안 살림을 내서 모두 잘 성장하고 지방 각 교회도 5천 원 혹은 1만 원씩 보조하는 중 이제는 미자립교회가 몇 안 되었다. 처음에는 나의 박봉을 털어서 교회 지붕도 덮어주고 농촌교회에 목회자를 위해 자전거도 사주고, 교역자 부임 때에는 취임 여비도 많지는 않지만 대주었다. 나의 월급 1만2천 원 중에 6천 원은 교회 보조에 써 왔다.

지금은 모두 지나간 역사인데, 교회가 자라서 자립을 하고 보니 저절로 자란 줄 알지만 나는 지방을 위해 혼신의 노력을 다했다. 어떤 교회의 빚보증을 내 처가 서고 교역자가 도망치는 바람에 내가 150만 원을 물어 주느라고 머리가 하얗게 희기도 하였다.

부임하던 해인 을축년 춘천에는 엄청난 홍수가 나서 소양강이 범람해 우두 들판은 물론 물이 시내로 밀려 소양강 뚝에 사는 사람 2만 명의 이재민을 내었다. 8만 인구의 4분의 1이었다.

나는 물난리 현장을 보려고 나갔다 중앙국민학교에 들렀더니 집을 잃고 가산을 잃은 수재민 6천 명이 수용되어 있었다. 물론 다른 학교에도 많이 분산 수용되었다. 나는 교회에서 긴급 임원회를 열고 양식과 돈과 의복을 거두고, 학교 뜰에 수십 개의 솥과 냄비를 걸어 주먹밥을 지어서 6천 명을 한차례 구호하는 데 20여 시간이 걸렸다. 10인용, 50인용 이런 적고 큰 솥과 냄비에 밥을 지으니 수십 번 밥을 지어야 6천 명에게 주먹밥 하나씩 줄 수 있었다.

노천에서 우산을 쓰고 비를 맞으며 우리 교인들은 열심히 봉사했다. 하루는 박경원 지사와 시장이 현장 시찰을 나왔다가 이 광경을 보고 감격하였다. 정부에서도 미쳐 손을 못 대어 빵이나 약간 배급해 주고 있는 실정인데, 한 교회 한 목사의 힘으로 장한 일을 한다고 칭찬 감사하고 돌아갔다.

정부에 천거해서 사회부 장관으로부터 감사장도 받았고, 이것이 계기가 되어 나는 강원도 지사의 행정 고문이 되고 모든 기관인 시, 지방 법원, 도 경찰국의 자문 위원이 되고, 강원도 경찰국 경목 위원장 등을 역임하여 명실공히 강원도의 저명인사가 되었다.

그뿐만 아니라 나를 강원도의 교육 양양과 애국심 양양을 위한 특별 강사로 위촉해서 전 강원도 시, 군마다 순회하면서 각급 공무원과 회사원과 리, 반장까지 강연을 듣게 하니 나는 전 강원도의 목사가 되었다.

YMCA 이사장, 춘천성시화운동 위원장 등을 역임하면서, 나는 춘천시를 모범 도시로 승격시키고 강원도를 자랑스러운 도로 만들기 위하여 최선을 다했다. 뿐만 아니라 강원도 내에 있는 모든 군대 각 사단과 군단의 초청을 받아 순회 강연 및 전도를 하였다.

여, 야간에 누구든 나를 괄시하는 사람은 없었다. 도지사와 각급 공무원과 교육자들마저 친분 있게 지냈고, 대통령 각하가 오실 때에는 의례껏 초청의 대상이 되었다. 행정 이동반으로 중앙청이 3일간 춘천에 옮겨 왔을 때에는 각하와 각부 장관과 국회의원과 강원도 산하 각급 기관장이 모인 자리에 특별 초청을 받아 각하와 차를 나누며 건의도 하고, 성경도 전해 드리면서 수행하여 온 각 장관과 국회의원들께 전도하였다. 전도하라고 기회를 주신 줄 믿었기 때문이다.

나는 각하에게 전도하면서 이 성경을 꼭 읽으시고 미국의 조지 워싱턴, 아브라함 링컨 같은 대통령이 되시라고, 사람은 살아서도 큰일을 해야 되지만 죽어서도 큰일을 해야 된다고, 이 성경을 읽으시면 반드시 훌륭하고 축복받는 대통령이 되실 것이라고, 제일 귀한 영국제 금박 성경을 드리고 그 성경 안에는 친필로 경천애족이라고 글자를 써서 드렸다. 대통령께서는 기쁨으로 받으셨다.

춘천 목회는 나의 생애에 있어서 황금 시기였다. 춘천에 재임 중 단기 선교사로 일본에 가서 전도도 하고 왔고, 국제대회에 한국 대표로 미국 댈러스 시티에 갔다가 미국 일주도 하고 왔다. 강원일보사는 나의 일거일동을 신문에 보도해 주었다.

많은 시장, 군수가 나에게 세례를 받았다. 수원 시장으로 오셨던 유기천 시장도 철저한 불교 신자인데 내가 전도해서 크리스천이 되신

분이다.

교회적으로는 5차례에 감리사를 역임했고, 연회 실행위원, 총회의 총대, 총리원의 재단 이사와 대전 목원대의 이사를 역임했다.

그런데 수년 전부터 윤창덕 감독께서 춘천중앙교회는 그만하면 누가 오든지 일할 수 있으나 수원 종로교회가 어려움이 많으니 부임해 달라고 수차 교섭이 왔다. 너무 대접과 영광만 누리는 것이 황송하기도 하고, 어려움을 당하는 교회에 마지막 봉사도 해야 하고, 부목사를 승격시켜 원목을 만들어 주는 것도 선임자로 할만한 일이라고 생각했다. 정들고 땀 흘려 길러 놓은 교회와 지방과 정든 강원도를 떠나기로 하고 1974년 6월 24일에 춘천을 떠나 수원 종로교회에 부임했다.

떠나는 날, 교회 앞은 인파를 이루었고 눈물 바다가 되었으며, 교인과 사회 인사까지 모두 와서 전송을 하여 주었으니, 그 영광 모두 하나님께 돌린다.

나는 내 사진 한 장을 찍고, 그 옆에 이렇게 글씨를 넣었다.

잘 있거라 강원도야
나의 사랑 강원도야
내가 간들 아주 가며
아주 간들 잊을소냐
나의 사랑 강원도야.

일본 단기선교사(1970.4.14~6.15)

일본에 있는 한인교회 총회의 요청으로 한국 모 교회에서는 단기 선교사를 보내어, 일본에 아직도 한인교회가 세워지지 않은 곳에 개척 선교를 하여 교회를 설립 키로 했다. 감리교단에서는 이 강산, 최기석 목사와 내가 추천되었는데, 이강산 목사께서는 여권 수속 관계로 포기하고 최기석 목사가 제1진으로 일본 오카야마에서 개척 선교를 하고 오셨다.

오까야마는 오까야마현(道)의 수부이며 인구 40만 도시로 풍경이 수려하고 한인교포가 1만 명 가량 살고 있으나 아직 한인교회가 없었다. 그곳은 소화 일왕의 딸이 평민에게 시집와서 살면서 유료 동물원을 경영하고 있는 곳이다.

나는 춘천중앙교회의 신축을 시작해서 퍽 바쁜 때였다. 일본 교포 선교의 시급성을 느끼고 제 2진으로 떠나는데 여권 수속이 얼마나 어렵던지 여권 수속에 2년간이나 걸렸다.

일본 가는 것은 미국 가기보다 훨씬 어려웠다. 이유는 일본에는 조총련이 있어서 국교상 어려운 문제가 게재해 있는 까닭이다.

교회의 적극적인 후원을 받아 선교비 20만 원을 송금해 놓고(선교비를 송금하지 않으면 갈 수 없음) 1970년 여름에 김포 비행장에서 가족과 친지와 교우들의 전송을 받으며 대한항공으로 일본 동경 하네다 비행장에 한 시간 반 만에 도착했다.

한두 시간이면 오는 곳에 여권 수속이 2년간이나 걸린 것을 생각하니 기가 찼다.

나는 준비해 가지고 간 태극기를 펴들고 트렁크를 들고 비행기를 내려, 모노레일 기차를 타고 개찰구로 나갔다. 일본에서 환영 나온 선교사 및 제일 교회 대표들과 즐거운 상봉을 하고, 태극기를 손에 들고 비행장 앞에서 포즈를 취하고 도착 기념사진을 찍었다.

원수의 나라, 우리말, 우리 성(姓)도 못쓰게 하던 원수의 나라 수도 동경에서 태극기를 들고 사진을 찍으니 두 눈에서는 감격의 눈물이 솟구쳤다. 감개무량했다.

시대는 변했고 주권을 찾은 것이 이처럼 고맙고 대견했다.

안내원의 인도로 동경 일주를 하며 요소요소를 구경했다. 의사당, 도서관, 식물원, 이름 있는 공원 등이며, 명소를 구경하고 하룻밤을 지내고, 목적지인 오까야마로 갔다.

남의 집 2층을 빌려서 예배 중이며 교인이 10여 명 모이는데 매우 반가웠다. 예배를 드리고 평시에는 부지런히 교포들의 가정을 찾아서 전도했다.

우리 교포들의 일부는 공산화되었고, 일부는 일본화되었고, 극히 적은 일부분만 한국 혼을 가지고 있었다.

2세, 3세는 거의 우리말과 역사를 모르고 있었고, 일본인이 되는 것을 영광으로 생각하고 한국인인 것을 수치로 생각하는 사람들도 있었다. 한국인이 찾아가면 아주 싫어했다. 일본인 유치원, 국민학교를 거쳐서 일본인 고등학교에 진학하는 것이 무리가 아니다.

직업은 천태만상인데 음식점이 가장 많고, 고물상, 여관, 다실, 오락실, 요리업, 잡화상, 각종 사업에 종사하고 공장 노동자에서 막노동자까지 있었다. 소수를 빼놓고는 생활이 풍부하였고, 일본인들을 고용하고 있는 사람도 많고, 일본 여자들을 식모로 데리고 있는 사람도 많고, 웬만한 가정에는 거의 자가용이 있었다. 그들 중엔 몇억 대의 재산가도 있었다. 그곳도 역시 돈 있는 교포는 교만해서 전도하기가 어려웠다.

부자들은 대체로 일본인 여자와 동거하고 있었다. 일본인과 살고 일본 호적을 가져야 기업 허가도 용이하고 외국 출입도 할 수 있고 사업도 잘 된다는 것이다.

우리 교포들은 대체로 부지런하였다. 새벽부터 밤까지 부지런히 손이 쉴 새 없이 일하고 있는 것이 보였다.

이역만리 원수의 나라에서 관리는 될 수 없고 돈 없으면 설움이다. 돈만 있으면 일본인을 부하로 부리고 식모로도 둘 수 있다. 역시 어딜 가나 돈의 힘이 컸다. 우리 동포들은 돈 버는데 모든 정신을 쏟고 있었다.

어떻게 됐던지 가난하게 사는 동포보다는 잘 사는 동포를 만날 때 마음이 무척 기쁘고 대견했다. 차별대우가 심하고 그 악독한 일인 사회에서 이만큼 성공하느라고 얼마나 쓰라린 고생을 했을까 생각하면 천번 만번 칭찬해 주고 싶다. 나는 취임 초 민단 사무실과 한인 유지들과 일본인 관청인 시장, 도지사를 찾아서 선교사로 온 것을 알렸다.

2개월의 짧은 단기 선교로 큰 성과는 기대하기 어려웠다. 그 이상은 일본 정부에서 여권을 내어주지 않는다. 교인은 배가 늘었고 예배당을 사보려고 여기저기 물색을 하러 다녔다. 교회에 저축된 돈이 벌써 기백만 원이 되었다. 나머지는 내가 유지만 찾으면 가능성은 있었다. 여러 곳을 물색해 보다가 마땅한 집이 없고 기한이 되어 귀국 길에 올랐다.

특기할 사실은 오까야마의 제일 갑부인 한인 교포가 조총련 간부요, 도지사와 어깨를 겨루는 인물이고 일본인 30여 명을 부하로 거느린 실업가이며 수억의 재산가요, 사재로 조총련 중학교를 세운 중학교 설립자이다. 일본에서는 수억 재산이 없으면 사립학교를 세울 수 없다. 그는 70세 노인이다.

그의 가족은 모두 전라도 구례에 있고, 소년 시절에 일본에 건너가 일본인 여자와 결혼하고 돈을 벌어 재벌이 된 사람이다. 이 사람이 마침 병으로 병원에 입원했다. 고급병원에 입원하여 면회도 어려웠다. 전도하기로 생각하고 병원으로 찾아갔다. 처음에는 문병을 하고 위로를 하였다. 조총련 사람이라 목사를 좋아할 리 없다.

교인들 중에는 무모한 일이라고 반대하는 이도 있었고, 그러다가 조총련에 납치되어 북송선을 타면 어떻게 하려고 그러느냐는 분도 있었다. 그래서 혼자는 가지 않고 꼭 두 사람 이상씩 짝을 지어 갔다.

수십차 방문하는 가운데 그의 마음은 점점 부드러워졌다. 나는 복음도 전하고 민족 양심에 호소도 했다. 그의 가족이 전라도에 있는 것을 알고, 가족이 그립지 않느냐고 그의 인정에 호소했다. 그는 객지에 와서 성공하였지만 70여 세가 되고 나니 인생의 허무를 느끼는 모양이다. 자기가 죽으면 그 재산 모두가 일본인 아내와 그 자녀들의 소유가 될 것이다.

그는 마침내 나의 전도에 굴복하고 병원에서 퇴원하자 우리 교회에 나왔고, 민단에 같이 가서 가입서를 냈다. 그는 전(全) 선생이다.

이것은 내가 본국에 돌아오니까 벌써 기독교 방송국에서 방송이 되고 있었다.

일본에서는 조총련 세력도 크고 공산당이 합법화되어 있는 나라이기 때문에 민단으로 올 필요를 느끼지 못하고, 돌아서면 불리한 조건이 많다. 그러나 모든 희생을 무릅 쓰고 민단으로 입적하고 교인이 되어서 이번 오까야마 교회당을 사는데 한 몫을 잘 담당했다고, 김덕화 선교사는 귀국 보고를 해 주고 갔다. 일본 선교의 보람을 느꼈다.

나는 틈틈이 일본의 구석구석을 살피기 위하여 남으로 후꾸오까, 북으로 삿뽀로까지, 바다로는 일본의 고도인 쇼또지마까지, 동으로는 히로시마, 나라, 교오또, 나고야, 도오꾜, 오사까 등을 두루 견학했다.

일본은 분명히 잘살고 있고, 산에는 수목이 울창했다. 일본은 일곱 가지가 눈에 띄게 성장하고 있었다.

1. 치산치수가 잘 되어 있다. 산마다 녹음이요, 강마다 소류지 댐이 많다.
2. 식량문제가 해결됐다. 먹는데 걱정이 없었다. 식량이 남아돌아 농지의 6%를 놀리고 있었다.
3. 물이 흔하다. 식수, 허드렛물 할 것 없이 어디 가나 수도요, 사람 모인 곳에는 모두 상수도 설비가 되어 있었다.
4. 불 문제 해결, 도시는 가스, 농촌에는 석유가 주 연료였다.
5. 직업 문제 해결, 직업을 구하는 것이 아닌 사람을 구하러 다닌다.

6. 교통 문제 해결, 신간선은 어찌나 빠른지 천리길을 2시간 반 정도면 돌파하고 자가용이 많다. 4인에 한대 꼴이란다.
7. 인권 문제 해결, 다방 레지 보고 노라고 하지 않고 꼭 네이짱, 누님이라고 불렀다. 취업 장소는 많고 사람이 모자라는 편이니까 사람이 사람대우를 받는 것 같았다.

교통사고가 생겨서 인명 피해를 받으면 보통 천만 원의 보상금을 준다. 공장에서 유독 가스가 누출되어(이다이 이다이) 병이 생긴 환자에게 정부가 500만 원씩 보상해 주고 있었다.

절간도 많고 신사도 아직 있는 우상의 나라, 음란의 나라가 왜 이리 잘 살까? 이유는 간단하다. 그들이 하나님은 잘 모르나 근면하고 정직하게 살려고 하니까 잘 사는 게 분명하다. 거기에다 모든 민족이 예수까지 믿으면 무서운 민족이 될 것이다.

예수는 다행히 우리 민족이 많이 믿으니 이것은 우리 민족의 자본이다.

더욱이 오사까에서 열리는 국제 박람회, 엑스포 70은 굉장했다. 서너 차례 시간을 냈다. 미국, 영국, 캐나다, 불란서, 독일을 위시하여 아세아, 아프리카, 세계 모든 나라가 참가했다. 관람객이 국내외 6천만을 돌파했다고 한다. 일본 왕도 왔었고, 독일 수상도 참가했다.

우리 한국관도 한복판에 자리 잡았다. 바가지, 짚신을 많이 전시한 것은 불쾌했다. 자랑스러운 것이 많은데 왜 그런 것을 전시했는지 모르다. 우리의 민속 무용과 춤은 대인기였다.

원수의 나라 오사까 상공 국제 박람회장에 태극기가 나부끼니 그 통쾌함과 즐거움은 말할 수 없었다. 한국의 날이 있어서 하루종일 한국 프로에 전국에서 모여 온 수십만의 동포들이 물결을 이루고, 고대 무용과 노래로써 그날을 빛냈고, 외국인에게 한국의 고유문화를 자랑하는 기회를 가졌다. 패랭이 줄은 10m나 되는 것을 어찌나 잘 돌리는지 외국인들이 홀딱 반했다.

일본 일정을 마치고 재일교포들의 눈물겨운 전송을 받으며 비행기로 현해탄을 건너 조국에 돌아왔다.

외국엘 나가보니 우리의 할 일이 너무 많았다.

주여, 나의 조국에 복 내려 주소서.

국제대회 참가

1972년 여름이다. C.C.C.(한국대학생선교회) 김준곤 박사의 추천으로 국내 각계를 대표하는 목사들과 학생, 교수, 실업인, 여성 지도자 등이 합하여 40여 명이 C.C.C. 국제대회에 참가하기 위하여 서울 김포공항에서 대한항공으로 미국 여행의 장도에 올랐다.

한 시간 만에 일본 동경 하네다 공항에 착륙해서 잠시 쉬고 4, 5시간 후 하와이에 기착했다. 잠시 쉬는 동안 비행장 근방을 살펴보고 하와이 원주민들을 만나 보고, 거기서 미국 입국의 심사를 받고 다시 비행기를 타고 한국을 떠난 지 11시간 만에 로스앤젤레스 비행장에 도착했다.

한국에서 밤에 떠났는데, 도착하니 거기도 역시 저녁때였다. 태평양을 횡단하는 동안 주야가 바뀌었다.

힐튼 호텔에서 여장을 풀고 시내 구경을 나갔다. 우리 교포들이 자가용을 가지고 와서 친절하게 안내해 주어 이곳저곳을 구경했다.

로스앤젤레스는 세계 제일의 광역도시로 얼마나 큰지 도시 길이가 서울에서 대전 갈 만큼 길고, 전체가 경기도 만한 도시라고 한다. 본래는 사막인데 유전 지대로 개발시켜 콜로라도강에서 물을 끌어다가 개발한 도시로서, 인공으로 하루 세 번씩 물을 주어 나무와 잔디와 화초를 가꾸는 도시다. 1년 내내 가끔 이슬비가 오고는 비가 내리지 않아 선선하여 살기 좋은 곳이라 한다. 인구는 사람마다 달리 이야기하는데 600만에서 800만 정도라 한다.

우리 교포가 제일 많이 사는 곳으로 약 10만이 살고 있으며, 옛날 도산 안창호 선생의 독립운동 무대이기도 하다. 거기는 한인 교포도 많이 살고 있지만, 한인 목사도 많이 살고 있어서 류형기 감독님을 비롯해서 이응균 목사, 최영용 목사, 장시화 목사, 고원용 목사 등 수십 명의 친지 목사들을 만나 보았다. 미국에 온 것이 아니고 한국에 있는 기분이 들었다.

미국 일주를 하고 다시 돌아와서 5, 6일 묵는 동안 상가와 헐리우드와 자연동물원, 공원묘지 등 여러 곳을 관광했다. 흑인 촌에 가서 교회도 들려 보았다. 흑인들의 생활은 역시 초라해 보였다.

좋은 직업을 주지 않고 좋은 교육을 받을 수 없기 때문에 호텔 같은 곳의 종업원이나 잡역에 종사한다. 한국 사람보다 좀 나을지는 몰라도 그 생활이 백인들의 생활에 비하면 무척 초라해 보였다.

그들의 거주지를 찾아가니 매우 반겨주며 사진도 같이 찍게 했다. 유색 인종은 역시 유색 인종과 통하는 것 같았다. 백인 교회에 들렀더니 비서는 백인이고 목사는 흑인이다. 백인 비서에게 왜 흑인 목사를 모셨느냐 물으니까 흑인 목사가 설교를 잘하고 신령해서 모셨단다.

하나님은 공평하사 흑인들에게 피부색이 검은 대신 신령한 은사를 더 하셨다. 흑인들은 신령한 목사만 많은 것이 아니고 흑인 가수가 많으며 운동선수가 많다.

흑인은 현재 미국 내에 2천만 정도 살고 있는데, 북쪽이 차별이 적고 남쪽은 아직도 차별이 심하다고 한다. 아직도 흑인은 백인 호텔과 식당, 백인이 운전하는 택시를 탈 수 없다. 기독교 국가라는 미국이 한심했다.

우리 목적지인 댈러스 시티로 갔다. C.C.C. 국제대회가 댈러스 시티에서 모이기 때문이다. 역시 거리가 멀어서 비행기로 7, 8시간이 걸렸다.

거기는 미국 내에서 제일 큰 감리교회가 있는데 전에는 2만 명 신도가 있었다고 하며 댈러스 대학교가 있다. 그 대학은 신학의 권위 보다 법률의 권위가 커서 일류 변호사가 댈러스 대학교 출신이라고 들었다. 댈러스 그라운드에서 대회가 밤마다 모이는데 오후 7시경에 입장해서 10시까지 집회가 되고, 두어 시간 준비 찬송과 기도를 하면 빌리 그래함이 와서 15분간 설교를 한다.

130여 개국 대표들 8만여 명이 모였는데 개회하던 날은 한국 대표가 태극기를 앞세우고 애국가를 부르며 입장할 때 참으로 감개무량했다. 세계열강에 끼어서 미국 하늘 밑에 태극기를 창공에 높이 달게 되었으니 그 감격, 겪어 본 사람이 아니면 모를 것이다.

낮에는 힐튼호텔에서 분과회의와 강의가 있었다. 대회가 4, 5일 계속되는 동안 오후에는 이곳저곳을 구경 다녔다. 특히 버스로 휴스턴 우주선 발사대가 있는 곳으로 가서 휴스턴대학과 존슨대학을 견학했다. 존슨대학은 존슨이 기념으로 세웠는데 크기도 하거니와 주임 교수 한 명에 부하 교수가 10여 명씩 배치되어 각 교수가 연구한 것을 종합 검토하여 교안을 작성하고 학생을 지도한다니 기가 찰 일이다. 미국의 엘리트만을 기르고 있다.

달라스는 케네디가 총격을 당해 죽은 곳이다. 두어 차례 시간을 내어 현장을 답사했다.

오스왈드라는 청년의 망원 기관총에 맞아, 부인의 팔에 안기어 '오-노' 한 마디를 남기고 프론티어를 부르짖던 젊은 40대의 대통령이 별세한 곳이다.

총을 쏘던 2층 건물에 케네디 기념관을 만들고, 케네디에 관한 유물을 많이 전시해 놓았다.

나도 들어가서 그의 유적을 더듬으며 싸인 명부에 싸인을 했다.

"오- 인생은 무상하다. 한국의 김연호〉라고 썼다.

누구든지 달라스에 가서 기념관에 들리면 내 싸인을 찾아보기 바란다. 나는 세상을 떠날지라도 그 싸인은 미국 역사와 함께 길이길이 남아 있을 것이다.

다음은 경비행기로 라스베가스로 갔다. 라스베가스는 사막에 건설된 현대 도시요, 향락의 도시다. 인구 10만의 도시인데 온통 호텔, 요정, 오락실, 영화관, 음식점, 상점들 뿐이다. 도박의 도시, 죄악의 도성이다.

결혼식만 올려주는 교회, 웨딩 채플이 160여 곳이나 있었다.

돈을 벌어서 라스베가스에 가서 쓰고 와야 세상에 태어난 보람이 있다는 곳이다. 세계 각처에서 돈 많은 부자들이 도박과 향락을 누려보려고 모여든다고 한다.

사막에 물을 끌어다가 나무를 기르고 분수를 만들어 놓았다. 거기는 나무가 많았다. 꽃과 향기가 좋았다.

참새는 우리나라만 있는 줄 알았더니 거기도 참새가 있었다. 옛 친구를 만난 것 같아서 무척 반가웠다.

그랜드 캐니언엘 갔다. 그랜드 캐니언은 미국에서 유명한 관광지다. 콜로라도 상류에 위치했는데, 수백만 년 동안 땅이 점점 패여 내려가서 깊은 계곡이 된 곳으로 기암괴석이 아름다웠다. 사막기후라 기후 따라 풍경이 칠면조처럼 변하는데 아침의 경치, 낮 경치, 날이 맑을 때, 흐릴 때 경치가 달라진다고 한다.

옛날 인디언들이 쌓아 놓은 성곽이 보였다. 굉장한 성곽인데 그런 문화 유적을 가지고 있으면서도 백인들에게 쫓겨나 콜로라도 계곡 지대에서 원시민의 생활을 하고, 모래밭에 옥수수, 감자, 땅콩만 심어 먹고 현대문명을 등지고 살고 있다.

인디안 촌을 방문하고 싶었으나 시간이 없어 포기했는데 아쉬웠다.

샌프란시스코는 소도시이나 기온은 언제나 우리나라의 이른 봄가을 날씨 정도라고 한다. 그곳은 우리나라 여수같이 산과 항구로 구성된 도시이다.

바다를 건너지른 골든 브릿지(황금교)는 참으로 굉장하다. 역학을 이용해서 양끝에 다리받침 없이 수십 킬로 되는 다리를 공중에 달아놓은 곳이다. 우리나라 해남 공중 다리의 몇 배의 길이이다. 나는 20분간 걸어 봤지만 까마득해서 포기했다. 하루에 수천 대의 차량이 그 위를 활주한다고 한다. 미국에서는 골든 브릿지 하나만 보고도 미국의 막강한 힘과 부와 과학의 힘을 짐작할 만하다.

시카고는 미국의 3대 도시 중의 하나다. 로스앤젤레스, 뉴욕과 더불어 미국 3대 도시요, 빌딩의 도시, 상업의 도시였다. 앞에는 큰 호수가 있고 번화한 내륙항구 도시다.

무디 선생이 여기서 은혜를 받고 세계를 무대로 큰 부흥 운동을 일으킨 곳이다. 박물관과 수족관이 유명한데 수족관에서는 길들여진 돌고래가 사람에게 재주를 부리고 있었다.

박물관은 원체 커서 몇 시간을 보아도 끝이 없었고 세계에서 제일 크다고 하는 공만 한 진주도 보았다.

뉴욕으로 갔다. 뉴욕은 인구 1,200만으로 세계에서 인구가 제일 많은 도시며 빌딩의 도시다. 수십 층 빌딩이 소나무 들어서듯 서 있는 곳이다.

바다에는 유명한 자유의 여신상이 바다를 지키고 있고, 도시 중앙에는 메이플라워를 타고 제일 먼저 미국을 건너간 102인을 기념하기 위해 세워진 102층의 거대한 건물, 엠파이어 빌딩이 버티고 서 있다. 참으로 높았다. 승강기를 타고 상층에 올라가니 뉴욕 전 시가지가 보이며 길에 걸어가는 사람들은 개미가 기는 것 같다.

구름이 낀 날은 비행기도 충돌하고 새들이 충돌해서 떨어져 죽는 일이 많다고 한다.

배를 타고 뉴욕시를 한 바퀴 돌기도 하고 걸어서 요소요소를 참관도 했다. 특히 유엔 본부가 있는 곳이라서 유엔 빌딩을 교섭해 들어갔다. 모든 나라 국기가 정문에 꽂혔는데 우리나라 국기가 없는 것이 매우 가슴 아팠다. 아직 유엔 가입이 아니 된 탓이다. 들어가는 데 다행히 한국 여성 한 사람이 비서실에 있다가, 우리 어깨에 단 태극 마크를 보고 반겨주며 유엔 본부 전체를 골고루 안내해 주었다.

객지에선 고향 까마귀만 보아도 반갑다는데 이역만리 땅에서 반갑게도 우리 동포를 만나 안내를 받았으니 감개무량했다. 정치분과, 외

교분과, 경제분과 등등 여러 분과 회의실, 대회의실, 각 나라 사무실이 있었다.

거기서는 YMCA 호텔에 들었는데 건물이 오래되고 우중충했다. 값은 일반 호텔의 절반 값이었다. 여기에서 망신당한 이야기를 해야 되겠다.

밤에 화장실에 갔다가 나오려는데 덧문이 어찌 된 일인지 닫혀 열리지가 않았다. 4층 꼭대기, 사무실은 맨 아래 있고, 집은 수백 평 되는 건물인데 꼭 갇혔으니 다음날 아침까지 꼼짝 못 하고 화장실 안에서 지내게 되었다. 유리창 밖을 내다보고 소리를 지르니 4층이라 지나가는 사람이 알아듣지 못한다. 밤 11시가 넘었다. 마침 흑인 두어 명이 지나가다가 내 소리를 듣고 문이 잠겼다고 했더니 사무실에 연락해서 열어 주었다. 그날 밤 나는 얼마나 애를 썼는지 모른다. 좋은 경험을 했다.

흑인 거리와 영화관이 있는 곳을 가보았다. 뉴욕은 많이 불결했다. 흑인이 많은 도시가 뉴욕인데 거리는 참으로 지저분했다. 휴지 조각 천지다.

뉴욕의 낮은 백인의 세계요, 밤이면 흑인의 세계다. 밤에는 범죄 사건이 많아서 통 나가지를 못하는 곳이다. 살인, 강도, 절도, 강간 사건이 많은 곳이 뉴욕이다.

워싱톤으로 갔다. 워싱톤은 미국의 수도다. 인구는 100만 정도의 적은 도시요, 우리 교포가 1만 명 정도 살고 있는 도시다. 워싱톤은 빌딩은 별반 없고 대체로 단층이나 2, 3층 정도인데 구라파식 석조 건물에 고대식 두툼한 집들이었다. 풍치가 있고 무게가 있어서 수도다운 기분이 들었다. 정원이며 거리며 모두 조화있게 다듬아 놓았다.

조지워싱톤기념관, 링컨기념관 등을 견학하고 국회의사당에 들렀다.

마침 회의 중이어서 회의 진행을 방청석에서 지켜보았는데, 조용하고 엄숙하게 회의를 신사적으로 진행하고 있었다. 우리나라에서 주먹질을 하는 국회의사당을 보다가 미국 회의를 참관하니 부러운 생각이 들었다. 의회 민주주의는 상호 인격을 존중하는 바탕 위에 서야 한다는 것을 느꼈다.

견학이 끝나고 로스앤젤레스 국회의원을 만나 함께 의사당 재단에 포즈를 취하고 사진을 찍었다.

대통령 관저인 백악관에 들어갔다. 줄을 맞춰 서기만 하면 수색도 없이 차례로 들여보내 주었다. 장사진을 이루었다. 나도 그들 틈에 끼여서 대통령 관저에 들어가서 이 구석 저 구석을 살피고 역대 대통령의 사진과 그들의 유물을 볼 수 있었다. 이것은 나의 미국 여행에 있어서 큰 수확이었다.

다음은 나이아가라로 갔다. 미국 쪽에서 보았는데 캐나다 쪽에서 보는 것이 더 장엄하다고 하는 바람에 캐나다로 건너갔다.

국경 초소의 양해를 받고 국경을 넘었다. 다리 복판에 U.S.A, CANADA 라고 국경이 명시되어 있었다.

국경을 넘으면서 내 마음은 몹시 슬퍼졌다. 여기는 국경도 이렇게 쉽사리 건너는데 우리나라는 동족끼리 휴전선을 만들어 놓고 30여 년간 이산가족을 못 만나고 있으니 이 애달픔을 어디다 호소할까 하는 생각에, 눈시울이 뜨거워지고 가슴이 뭉클해졌다.

캐나다 검문소에서는 약간 조사가 심했다. 목사 신분으로 C.C.C. 대회에 왔다가 하니까 이해하고 통과시켰다. 캐나다 쪽에서 나이아가라를 보니 과연 멋있고 장관이다. 물이 높은 바위를 수 킬로미터 떨어지고 있으니 장관이 아닐 수 없다. 거기다 전등을 비추어서 일곱 색으로 찬란케 해 놓아, 흰 구슬처럼 내리쏟는 물에 일곱 색이 영롱하니 금상첨화였다.

캐나다 쪽에 있는 도시의 갖가지 풍물과 전망대를 올라 보고 쇼핑도 하고 밤늦게 미국지역으로 돌아왔다.

미국 달러는 캐나다에서도 사용하는데 캐나다 돈은 미국에서 못 쓰고 있었다.

다시금 비행기로 눈이 하얗게 덮인 록키산맥을 넘어 로스앤젤레스에 왔다.

고원용 목사는 지기지우다. 그는 박사 코스를 밟으며 국제선교회에 선교사로 근무하고 있었다. 그는 며칠 후에 선교사, 목사, 유력한 평신도 천여 명이 모이는 집회에 가서 같이 참석하고 간증도 하고, 그쪽 지대를 구경시켜 주겠다고 가방을 가져다 집에 두었으나, 20일 후에 춘천에서 모일 춘천성시화운동 전국 대회를 위하여 사정 사정을 해서 가방을 찾았다. 미국 친우들의 따뜻한 전송을 받으며 고국에 돌아오는 비행기에 올랐다.

한달정도 여행을 마치고 김포에 들어오니 내 어깨는 사명 의식에 더욱 무거워졌다. 남의 나라 잘 사는 모습을 보고 돌아오는 나는 나의 조국을 어떻게 잘 살게 할까 하는 고민으로 꽉 차 있었다.

공항에 내려 출구로 나오는데 공항 직원이

"선생님은 짐이 없읍니까?"

없다고 했더니 일착으로 내보내 주었다.

나는 미국에 가서 살 것이 없었다. 케네디기념관에서 기념볼펜과 넥타이핀 한 개, 케네디 기념주화 1달라 짜리 하나 사고 막내아들 선물로 뉴욕 YMCA 회관 판매점에서 4달라 짜리 시계(제일 싼 것) 하나 사고 코닥 필림(사진 촬영 위해) 몇 개 산 것뿐이다.

돈 들이지 않는 그림으로 만든 안내서만 수십 장 모아 가지고 왔다. 그것은 앞으로 건축하는데 혹 정원을 만드는 데 참고가 될까 해서였다. 어깨에 맨 조그만 가방 속에는 카메라 하나, 세면도구 일체, 와이샤츠 2매, 바지 1매, 양말 두어 켤레 뿐이었다.

우리나라 물건이 미국 것보다 좋은 것이 많았다. 양복지는 세계에서 제일간다고 한다. 미국 가서 돈을 물 쓰듯 하는 친구들은 정신 빠진 친구들이다. 돈 한 푼을 써도 조국에 이익이 되게 하자.

춘천성시화운동

나는 비상한 각오와 불타는 사명감에서 춘천중앙교회에 목사로 부임한 사람이다. 조상 대대의 뼈가 묻힌 곳, 그리고 내가 철들 때까지 길러준 곳, 온갖 시련 속에 자라난 곳, 나는 강원도를 꿈에도 잊을 수가 없다.

1963년 봄에 44세의 장년으로 큰 꿈을 가지고 춘천중앙교회에 부임했다. 이렇게 하는 것이 나의 조상과 나를 길러준 강원도에 만분의 일이라도 보답하는 길이라고 생각했다.

나는 춘천을 기점으로 해서 강원도 전체를 양심이 지배하는 강원도, 문맹이 없고 지식수준이 높은 강원도, 가난이 없고 부요하게 사는 강원도, 가장 아름다운 강원도, 자랑스러운 강원도를 만들겠다는 각오로 일해 왔던 것이다.

1972년 춘천성시화운동을 일으켰다. 기독교인을 중심으로 한 기도회를 비롯하여 성시화 운동의 바람을 불어 넣었다. 이 기도 회원들은 목사, 장로, 교육계 인사, 언론인, 정계인사, 각계 인사들의 집단이었다.

C.C.C.의 후원을 받고 강원도 지사와 시장과 제2 군수지원단의 지원을 받아 전국적인 전도 집회를 갖게 되었고, 전국 각처에서 지원대로 오신 분들이 2,500명 정도, 본 춘천에서 모인 성도가 7천여 명, 춘

천에 있는 춘천 체육관에 수용했다. 밤에는 특별 집회, 낮에는 분과 공부를 하고, 각 학교를 얻어서 수용하고 100명씩 먹을 수 있는 밥솥 50개를 만들어 소양강 강변에 걸고, 군대 트럭으로 각 학교에 날라서 2,500여 명의 식사와 식수를 제공하며 4박 5일의 성회를 가졌다.

모인 회원들은 불이 붙어 오후에는 밖으로 나가서 전 시가지에 퍼져 인구 10만의 춘천시를 뒤덮고 전도했다. 거리 요소요소에는 춘천 성시화운동의 플래카드가 펄렁거렸다. 춘천은 일주일간 완전히 그리스도의 이름으로 덮이게 되었다. 언론기관인 강원일보사, 춘천 방송국은 우리의 진행을 잘 보도해 주었다. 수천 명의 결신자를 내었고, 교회마다 생기를 얻게 되고 사회 일반의 교회에 대한 관심도는 높아졌다.

"모든 시민을 그리스도에게로, 모든 민족을 그리스도에게로"

구호는 전 시가지를 메아리쳤다. 대회가 끝난 다음에도 한 주 한 번씩 초교파적으로 성시화 운동 추진 기도회가 있었다.

불행스러운 것은 주요 인물인 내가 수원으로 오게 되어 그 운동에 차질이 생길까. 그게 걱정이었다. 나는 보람을 느꼈다. 춘천은 완전히 그리스도의 물결이 사회를 이끌어 가고 있었다.

그곳은 미처 교회에 못 나오는 이들을 위하여 따로 특수 교회를 만들어서 다락방 교회를 운영하는데 의사, 교수, 변호사, 판검사, 언론인, 사회 유지, 공무원들이 모이고 있다. 그들은 주일 오전만 대체로 모이는데 매우 화기애애하다. 기성교회에는 나가지 않지만 자기 분야에서 착실히 그리스도의 향기를 드러내고 있다.

그 교회의 담임목사는 젊은 방지각 목사인데 참으로 박력 있고 성실한 지도자이다. 춘천은 반드시 밝은 전망이 보인다.

인구 불과 180만의 강원도, 휴전선과 댐 건설 관계로 이동 인구가 많아서 취약점이 많아 전국 체육대회 등에서는 비록 우승을 못해 감자바위 소리를 듣고 있으나, 머지않아 양심의 도시, 문화의 도시, 윤택한 도시, 아름다운 도시, 자랑스러운 도시 강원도가 될 것을 믿는다.

강원도는 이제 여명기에 들어섰다. 강원도는 현대 공업 문명의 근원지다. 석탄, 시멘트, 물, 전기, 목재, 석재, 한강 모래, 동해의 물고기, 그리고 중석, 수정석, 금, 은, 동, 철광 등 무한의 자원 공급지다. 강원도 없이는 서울도 살 수 없고 전 한국이 타격을 받는다. 강원도는 반공사상이 투철하고 순진하고 정직하고 모든 일에 협력적이다. 협력은 민주 국가 건설의 바탕이다. 강원도야, 자라거라, 힘차게 자라거라, 하나님의 축복의 땅으로 길이길이 자라거라.

남은 여생과 금식기도

정든 강원도 땅을 등지고 윤창덕 감독의 3년간 끈질긴 권고와 수원종로교회의 초청으로, 가장 교단 내에서 문제가 많고 어려움이 많은 교회에 십자가를 지는 마음으로 나의 여생을 바쳐 힘껏 일을 하려고 부임했다.

깊은 이야기는 생략하고 언제인가 속편으로 적기로 하겠다. 어쨌든 내 일평생에 가장 어려운 시련의 시기요, 캄캄한 터널을 통과하는 심정이다. 나의 과거 일생의 탑이 다 무너져 버리는 것 같은 심정이 현재의 심정인 것이다.

나는 나의 남은 여생을 정리하기 위해 기도원을 찾았다. 교회 장로회에서 15일간의 여유를 얻어서 떠났지만 입산하고 보니 그것 가지고는 되지 않겠다고 느꼈다.

100일간의 기도를 정했으나 처가 와서 너무 길다고 간청하므로 70일 기도에 40일간 금식 기도를 포함시켰다. 예비기도 19일에 금식 기도 40일을 시작했다.

나이가 60의 문턱에 서고 보니 일주일이라면 몰라도, 40일이면 너무 길다. 그러나 성령의 힘을 간구하며, 죽으면 죽으리라는 각오 밑에 달라붙었다.

처음 삼일에는 빈혈로 머리가 굳어졌다. 머리가 딱딱해졌다. 4일

만에 심장이 약화되어 호흡이 곤란했다. 본래 심장의 협심증이 있는 사람이다. 5일 만에 다리 대퇴골이 말을 듣지 않아 행보가 부자유했다. 5~6일에는 배가 쓰라리고 고파서 견딜 수 없었다. 잠도 잘 수 없었다. 10여 일이 되니 여름이라 그런지 사타구니에 습진이 생겼는데 보통이 아니었다. 병원에 꼭 가야 할 형편이었다. 꼭 문둥병 같았다. 그러나 내 손을 얹고 기도했다. 주님이 치료해 주셨다.

20일 만에 변소에 처음 갔더니 너무 힘들어서 항문이 빠져나왔다. 종일 쓰리고 아파서 앉지도 드러눕지도 못했다. 그리고 허리가 끊어지는 것 같았다. 배는 비었는데, 종일 앉아서 기도하고 성경 보고 성경 연구하고 설교집을 쓰고 수기를 써대니 견딜 장사가 있겠는가?

새벽부터 저물 때까지 연구와 독서와 명상과 원고를 썼다. 다른 때 1년간 할 수 있는 일을 했다. 견디는 힘을 주시는 하나님께 감사한다.

정신은 더욱 맑고 종일 글을 써도 피곤치 않다. 이는 성령의 도우시는 힘이다. 내 여생의 전환점을 달라고 기도하고 있다.

2부

김연호 목사의 설교모음

도전받는 기독교

벧전 5:8~9 상반절

역사가 토인비는 "인류는 지금 위기 앞에 서 있다"라고 말하였거니와 오늘 기독교도 새로운 위기 앞에 놓여 있다. 모든 세력으로부터 도전받는 새로운 국면에 처해 있다. 싸움에는 이기면 살고 지면 죽는다는 것은 너무도 분명한 사실이다.

1. 공산주의의 도전

공산주의는 본래 무신론적 유물사관에 기초한 주의로 하나님뿐 아니라 모든 신 관념을 부정하고 모든 종교를 부인하고 있다. 혹이 공산 일부 사회에서 종교를 시인한다고 하면 그는 기만술이다. 그들의 야망은 공산주의로 세계를 정복하는 날 유물주의에 입각한 국제 정부를 수립하고 유물주의 세력에 반대되는 모든 세력은 모두 제거해 버리자고 하는 것이다.

그런데 반기독교적이고 적그리스도인 공산주의는 놀라리만큼 세계로 뻗어나가고 세계를 침식하고 있다. 공산 세력이 가는 곳에 모든 종교는 말살되고 있다. 심지어 인간의 존엄성까지 말살되고 있다. 월남해 귀순한 이들의 말에 의하면 북한은 지금 교회도 없고 교인도 없다는 것이다. 교회는 전부 징발해서 공장 사무실, 학교 등으로 사용하고 있으며 기독교인은 학살, 또는 탄광 지대로 보내며 강제노역에 시달리고 있다고 한다. 그들은 교회가 발전하거나 사람들이 신앙을 가질 수 있는 소지(素地)를 완전히 박탈해 버렸다고 한다. 이들은 기독교인들을 학살할 때 이런 수법을 썼다. 국민학교 어린이에게 "너희 정직한 사람에게 상을 주고 상급학교, 즉 중학교나 대학교에 보내주겠다. 너희 부모가 집에서 성경을 보거나 찬송하거나 기도하는 것 본 사람은 손을 들라." 하면 어떤 아이들은 사실이 아닌데도 상 받을 욕심에 손을 들었다. 공산당들은 그 아이들의 부모를 비밀조사해서 추방형을 내리고 살해했다. 공산주의는 세계 도처에서 염병과 같이 세력을 펴고 기독교에 도전하고 있다.

2. 쾌락주의, 향락주의의 도전

자유진영에서는 종교신앙의 자유를 인정해 주는 반면 쾌락주의, 향락주의 간판을 친다. 기독교에 정면 도전하고 있다. 빌리 그래함 박사가 얼마전 영국 런던에서 옥스퍼드가를 산책하고 있었다. 앞을 보니 여배우 차림의 한 여자가 자동차를 막 타려는데 사람들이 모여들고 몇 명의 사진기사가 모여들어 더 좋은 사진을 찍도록 자동차 앞으로 나오라는 것이다. 그랬더니 모든 관중은 드레스 자락을(치맛자락) 더 올리라고 그렇지 않으면 편집자들이 써주지 않는다고 아우성을 치더라는 것이다. 즉 여자의 허벅다리가 드러난 사진을 찍으려고 사진사는 모여들고 군중은 그것을 보려고 모여들고 대중은 그런 사진이 찍혀 있는 것을 보기 좋아한다는 말이다. 이제 세계는 하나같이 쾌락주의, 향락주의에 빠져가고 있다. 죄를 아니 지을래야 아니 지을 수 없을 만큼 인간은 노골화되었다. 이제는 정조니, 지조니 하는 것은 전근대적인 용어요, 사고방식으로 생각하리만큼 되었다.

빌리 그래함, "우리 서구 사회는 섹스에 사로잡힌 바 되어 우리 사회 어느 구석에서나 섹스의 물줄기가 흘러나오고 있다. 옛날에는 소설가들이나 이것을 인생의 일면으로 작품 속에 교묘히 짜 넣었는데 이제는 소설, 시, 조각, 회화(繪畵), 방송, 신문, 잡지, 어디나 이것을 빼놓은 곳이 없다. 정치, 경제까지 이 물줄기를 타고 있다. 정치는 요정에서, 경제계획은 댄스파티에서 이루어지고 있다. 이런 세대에 돈과 권력만 있으면 마음대로 쾌락할 수 있다. 옛날에는 못된 병이 무섭거나 임신이 무서워서 약간 주저했으나 지금은 예방약이 있어서 마음대로 쾌락하고 죄짓게 되었다. 이런 사회에서 향락의 거리를 떠나서 교회로 발을 들여놓기란 극히 어려운 일이다. 이제는 교회도 포크 댄스를 도입하고 손뼉을 치고 춤을 추어서 흥분제를 써야 부흥되게 되었다. 눈을 감고 고요히 명상하고 생각하는 종교에서 떠들고 설레고 춤추고 안찰 기도도 하고 떠들석한 동적이고 율동적인 교회로 변질해가고 있다.

3. 과학의 도전

오늘 이 시대는 과학이 신앙을 의심케 하고 있다. 젊은이들과 지식인들은 과학을 신앙하려고 한다. 과학은 못 할 것 없다고 소리친다.

석탄에서 옷감을, 석유에서 식량을 만들어 내니 바위 돌로써 떡을 만드는 시대에 봉착했다. 남녀가 결혼하지 않고서도 인공수정으로 아이를 낳게 되고 우주를 마음대로 여행케 되었으니 현대 종교는 과학의 도전 앞에 서 있는 것이다.

4. 지나친 신비주의의 도전

오늘의 교회는 지나친 신비주의의 도전을 당하고 있다. 기독교 안에 신비가 있다. 그러나 신비가 기독교의 전부가 아니다. 오늘의 교회는 너무 냉정한 나머지 한 개의 신앙의 기형아를 낳아 놓고 있다.

오늘의 사회는 환상, 입신, 방언, 예언, 기사, 이적의 홍수시대이다. 이런 것을 행하여야 성신 받은 사람이요, 성신 받아야 구원 얻는다고 한다. 이들에게 있어서는 법도, 질서도 필요 없다. 성신 받으면 그만이다. 어떤 이는 신학도 하지 않고 목사가 되고 부흥사가 된다. 일류 부흥사가 된다. 내가 아는 모 씨는 가는 곳마다 남녀 사건을 일으킨 제7계 범법자인데 그가 입신을 시키고 방언을 터뜨리고 병자를 고친다 하여 그 사람만 가면 연보가 쏟아지고 교인이 늘어나고 그 사람 집회에 가야 성신 받는다고 야단이다. 자기 교회에서는 푼전 한 푼 안 바치는 이들이 이들의 집단에 가서는 반지, 돈뭉치를 쏟아 놓는다. 그곳이 은혜 있고 그 강사가 은혜 충만해서 그리한다는 것이다. 그리하여 산으로 수도원으로 몰려들고 있다. 삼각산에도 유명, 무명, 진실, 거짓의 무려 70처에 기도원, 수도원이 있고 내 기도원이 제일 신령하고 은혜 있다고 선전에 부심하고 있다. 어떤 수도원은 천막 몇 개로 시작해서 지금은 몇백, 몇천만 원짜리 재산이 되었다. 이것이 사실이라면 거리

교회는 전부 철수하고 산으로 올라가야겠고 교회 대신 수도원이나 만들고 목사, 신학교는 전부 폐지하고 수도사만 길러내면 될 것이다. 불교는 산의 종교에서 거리의 종교로 내려오고 있는데 기독교는 거리의 종교에서 산으로 도피해가고 있다. 오늘의 교회는 모든 세력으로부터 도전받고 있다. 오늘 교역자는 고민에 빠지고 있다.

교역자는 끝없는 지식의 공급자가 되어야 하고 대인 생활에 능란해야 하고 그러면서도 거룩다 해야 하니 그 누가 교역을 할 것이며 어려운 세대를 감당할 것인가? 오늘 양 떼들은 모두 자유사상과 신앙의 교만으로 목사의 지도를 거절하고 있다. 이것은 분명히 교회의 위기를 의미한다.

이제는 천사나 마술사나 변사가 와서 교회를 지키지 아니하면 이 교회를 보장하기 어렵게 되었다.

그러나 교회는 필요하다. 아무리 공산주의, 쾌락주의, 과학, 신비주의의 도전 앞에 서 있다고 하여도 주님의 교회는 여전히 필요하고 주의 복음은 간절히 요청되고 있다.

비행기 사고로 별세한 유엔총회 사무총장 함마슐드는 "나는 영원한 세계평화에 대한 어떠한 희망도 발견하지 못했다. 우리는 그렇게 애써 노력했지만, 그 결과는 비참하게 실패했을 뿐이다. 다음 몇 해 동안에 세계가 영적으로 거듭나지 않는다면 세계 문명의 앞길은 암담하다." 이 말은 이러니저러니 해도 그리스도의 복음으로 세계인의 영적 중생을 얻어야 살 것인즉, 도전받는 세대에 있어서 참 교회는 여전히 인류의 희망이요, 인류 구제와 구속의 사닥다리가 되고 있다. 기독교는 여러 가지 세력으로부터 도전받아 바람이 세고 난관이 많으나, 참 기독교를 이 인류가 참으로 요망하고 있다.

세상에 빛을 발산하는 기독교, 크리스천이 절실히 요구된다. 예수가 너희는 세상의 빛이라 하였다.

빛을 가린 교회에서 빛을 발산하는 기독교로 새 장비를 갖춰야 할 것이다. 그러면 너희는 교회의 빛이 되라 한 말씀은 무슨 말씀인가? 이는 한 마디로 세상의 사표가 되라는 말이다. 본이 되라는 말이다.

1. 양심 사회, 양심 생활의 사표가 되라.

2. 윤리·도덕 생활의 사표가 되라.

3. 사회 생활, 대인 생활의 사표가 되라.

4. 준법 생활의 사표가 되라.

우리의 선한 빛을 보고 우리를 비방하고 조롱하며 약하다고 욕설하는 사람들이 우리의 하는 일을 보고 하나님께 영광을 돌리는 생활, 교회가 도전받는 세대에 가장 요망된다.

기독교인의 2대 직무

고전 15:57-58

오늘은 고전 15장 본문에 의지하여 기독교인의 2대 직무(책임)에 대하여 말하고자 한다.

교인의 1대 직무는 58절 상반절에 있는 말씀 "내 사랑하는 형제들아 견고하며 흔들리지 말며…" 하는 말씀에 의하여 견고하며 흔들리지 않는 믿음의 생활을 가질 것에 대하여 말씀코자 한다. 기독교인은 먼저 자기 신앙이 확립되어야 한다. 자기 믿음이 흔들려 가지고는 남을 구원할 수 없다. 물에 빠진 사람을 건져 주려면 자기부터 신앙 위에 굳게 자리 잡아 흔들리지 않아야 한다. 그런 믿음은 어떤 믿음인가? 그것은 예수 위에 터를 잡고 세운 믿음이다. 예수 없는 믿음은 아무리 지식과 세상 경험이 많고 인물이 잘생겼어도 소용없다. 우리는 베드로의 신앙을 상기하자, 예수님이 하루는 제자들에게 이렇게 물으셨다. 세상 사람이 나를 누구라 하드냐?

제자들이 대답하기를 더러는 엘리야라 하고 더러는 예레미야라 하고 더러는 세례 요한이 죽었다가 다시 살아난 사람이라 하더이다.

그러면 너희는 나를 누구라 하느냐?

시몬 베드로가 대답하기를 주는 "그리스도시요 살아 계신 하나님의 아들이시니이다"

예수가 대답하시기를 "시몬아 네가 복이 있도다 이를 네게 알게 한 이는 혈육이 아니요 하늘에 계신 내 아버지시니라 또 내가 네게 이르노니 너는 베드로라 내가 이 반석 위에 내 교회를 세우리니 음부의 권세가 이기지 못하리라 내가 천국 열쇠를 네게 주리니 네가 땅에서 무엇이든지 매면 하늘에서도 매일 것이요 네가 땅에서 무엇이든지 풀면 하늘에서도 풀리리라."(마 16:17~19) 굉장한 축복이다.

이 말씀은 무엇인가? 주님 교회는 그리스도를 하나님의 아들로 믿고 또한 그리스도로 믿는 터 위에 세우는 것이다. 참된 신자는 무엇인가? 주는 그리스도시요, 살아 계신 하나님의 아들로 믿는 자이다. 이런 신자만이 땅에서도 풀리는 기도의 응답을 받는 참 신자인 것이다. 이 말은 다른 말로 이야기하면, 즉 그리스도 위에 기초한 신앙이란 성경 말씀에 기초하고 그 말씀대로 사는 생활을 의미한다. 주의 말씀을 듣고 그대로 행하는 자는 지혜 있는 사람이 집을 반석 위에 터 닦고 지은 것 같아 바람이 불고 창수가 나도 무너지지 아니하고 주의 말씀을 듣고 행치 않는 사람은 미련한 사람이 모래 위에 터 닦고 집을 지은 것 같아 비가 내리고 바람이 불고 창수가 나면 무너져 그 무너짐이 대단하다 하셨다. 하나님의 말씀에 기초를 두고 그대로 생활하는 성도는 결코 실패가 없다. 그러한 나라도 실패가 없다. 나라에 말씀이 핍절하면 그 나라는 최후다. 주의 말씀을 등지고 사는 개인, 나라는 겉으로는 번영하는 것 같아도 언젠가는 무너지고 크게 무너질 운명이 깃들여 있는 것이다. 나는 어떤 교회의 직분자를 알고 있다. 교회를 잘 섬기고 주의 종을 잘 섬기던 직원으로 주의 축복을 받는 것을 보았고 반대로 교회를 불성실하게 섬기어 예배도 잘 참석치 않고 십일조나 자급도 바치지 않고 범사에 불평이고 교역자가 오기만 하면 가슴에 못을 박아주는 불성실한 직원을 보았는데 그가 처음에는 돈도 있고 사회적 세력도 있더니 그 재산과 지위가 바람 앞에 겨 날리듯 하는 것을 보았다. 신명기 28장에 보면 여호와를 공경하고 그 말씀대로 행하여 살 것 같으면 모든 민족 위에 뛰어난 축복을 주어 남의 머리가 될지언정 꼬리가 되지 아니하고 모든 민족에 꾸어 줄지라도 꾸임을 받지 않으리라. 반대로 여호와를 공경치 않고 그 말씀대로 행치 않는 자는 저주를 받으리라 하였다. 야고보서에 남의 스승 된 자는 더욱 심판이 중하리라 고로 교인 된 책임과 더욱 직분자의 책임이 무거운 것을 알아야 한다.

교인의 2대 직무는 고린도전서 15장 58절 중반절에 "항상 주의 일에 더욱 힘쓰는 자들이 되라" 하는 말씀에 의하여 기독교인은 항상 주의 일에 더욱 힘쓰는 자들이 되어야 한다. 주의 일을 하되 어느 기간만 하는 것이 아니라 항상 일평생 해야 된다. 일평생 꾸준하게 괴로울 때나 즐거울 때나 사업이 형통할 때나 사업이 어려움을 당할 때나 생활이 넉넉할 때나 건강할 때나 병들었을 때나 항상 쉬지 않고 주의 일을 하라는 것이다.

예) 영국의 어떤 소녀

병상에서 주의 일을 하고 싶어서 침상에 누워 종이쪽지에 성경 구절을 써서 창문 밖으로 떨구었다. 이것을 받아보고 예수 믿은 사람이 있다. 헬렌 켈러는 눈이 멀고 벙어리 귀머거리 되었지만 주의 일을 더욱 많이 했다.

예) 평양 유비 선생

항상 힘쓸 뿐만 아니라 더욱 힘쓰라 하였다. 우리는 농사, 장사를 열심히 해야 된다. 관청, 공장에 열심히 복무하여야 한다. 가정의 살림도 남보다 더 잘해 나가야 한다. 그러나 주의 일에 더욱 힘써야 한다. 주의 일에 힘쓰지 않는 손과 몸은 무엇 하는가? 그 손은 화투, 도박, 술, 담배, 춤, 오락 범죄에 도구가 된다. 주의 일을 항상, 또한 더욱 힘쓰는 자는 주의 손이 그를 붙들어 거룩케 해 주기 때문에 범죄치 않으며 범죄치 못하게 된다. 더욱 선한 일을 하게 한다. 항상 더욱 일하는 하나님의 종들은 죄를 짓지 않고 죄를 이기는 권세를 주신다. 뿐만 아니라 주의 일에 항상 힘쓰고 더욱 힘쓰는 자는 주 안에서 그의 수고가 헛되지 않겠다 말씀했다.

예) 미국의 훌륭한 지도자는 그 조상을 연구해 보니까 그 조상들은 그렇게 훌륭하고 명성 있는 사람들은 아니었으나 주를 잘 믿고 전도에 힘쓰고 선한 마음을 가지고 선한 일에 힘쓰는 자들이었다는 것이다.

어떤 이가 말하기를 케네디는 왜, 쓰러졌느냐 그는 한 때 미국과 전세계의 젊은 지도자로 주목을 받다가 하루아침에 흉탄에 아깝게 쓰러졌는데 왜, 그렇게 되었느냐, 그리고 그가 죽은 지 2, 3년이 못되어 그의 부인은 케네디가(家)를 떠나서 저 희랍의 선박왕하고 결혼했는데 그 이유가 무엇인가? 케네디는 미국의 손꼽는 재벌로 억만장자며 그들이 그를 대학까지 가르쳤고, 그 자금이 대통령이 되는 선거자금이 되었다. 돈, 그런데 그 돈이 어디서 생겼느냐? 그의 조부가 술장사로 모은 돈이었다. 영국에서 노동자로 미국에 이민해 가지고 양주소를 해서 미국의 수많은 시민을 정신적으로, 육체적으로 병들게 하고 타락시켜 번 돈으로 억만장자가 되어 아들들을 국회의 상하의원이 되게 하고 대통령이 되게 했다. 케네디가는 케네디 대통령을 정점으로 천 길, 만 길, 내리막길로 달리고 있다. 케네디는 피살되고 그의 부인은 개가하고 그의 동생은 상원 국회의원인데 비서와 벼랑에 떨어져 죽어 미국에 큰 추문(醜聞)을 불러일으켰다. 하나님의 엄청난 심판을 보라! 술장사로 모은 돈과 불의의 재물로 출세하고 향락가를 달리던 그 집안의 최후의 가는 길을….

우리는 형통한 날에 하나님께 감사하고 곤고한 날에 깊이 생각하라신 주님의 교훈을 항상 잊지 말고 우리의 생활이 항상 그리스도 위에 굳게 세워서 흔들리지 말게 할 것이며 가난한 때나 부요한 때나 언제나 주의 일에 항상, 그리고 더욱 힘써서 우리도 축복받고 우리의 자손이 대대손손 축복을 이어 가도록 하자.

죽은 자여 일어나라

요 11:32-44

예수께서 베다니 촌으로 가셨다. 거기에는 예수께서 사랑하고 있는 마르다와 마리아 형제가 있었고 그의 오라비가 죽어 있는 곳이다. 그의 오라비 나사로는 예수께서 사랑하셔서 친구로 삼으신 분이다. 그런데 그가 병들어 죽은 것이다. 예수께서는 마리아의 집에 이르시니 나사로는 이미 장사되어 있고 죽은 지 나흘이나 되어 있었다. 예수님은 마리아의 인도를 받아 나사로의 무덤을 찾으셨다. 따르는 무리들은 예수께서 곡 하려고 무덤에 가시는 줄 알았다.

예수께서 나사로의 무덤 앞에 서서 눈물을 흘리셨다. 예수님은 생전에 웃으셨다는 말은 없고 우셨다는 말은 여러 차례 기록되어 있다. 예수께서 나사로의 무덤 앞에서는 소리 없이 눈물만 흘리셨다고 하며 감람산에서 예루살렘을 바라보고 예루살렘아, 예루살렘아, 하면서 네가 암탉이 병아리를 날개 아래 품듯 품으려 하나 원치 않는구나 하면서 장차 예루살렘이 멸망하여 돌 하나도 돌 위에 첩 놓이지 않고 무너질 것을 내어다 보고 우셨는데 이 울음은 소리 내서 울었다는 것이다. 그리고 마지막 겟세마네에서 세계의 구속을 위하여 죽음의 십자가를 지시려고 비장한 결심을 하고 기도하면서 우셨는데 이때는 세계 인류를 위하여 대성통곡하면서 우셨다는 것이다.

예수는 이와 같이 친구를 위해 우시고 세계인류를 위해 우신 것이다. 나사로의 무덤 앞에서 울음을 우시고 명하여 무덤 문을 막아 놓은 돌을 옮겨 놓게 하시고 기도하기를 "아버지여 내 말을 들으신 것을 감사하나이다. 항상 내 말을 들으시는 줄을 내가 알았나이다. 그러나 이 말씀 하옵는 것은 둘러선 무리를 위함이니 곧 아버지께서 나를 보내신 것을 그들로 믿게 하려 함이니이다. 이 말씀을 하시고 큰 소리로 나사로야 나오라 부르시니 죽은 자가 수족을 베로 동인 채로 나오는데" 라고 하였다.

① 이 사건을 통하여 주님은 그가 생명의 주(主)이심을 나타내 보이셨다.

② 주님은 절망의 인간에게 소망으로 오신 분이심을 깨닫게 해 주셨다.

죽은 사람은 아무 소용이 없다. 속담에 죽은 자가 산 강아지만 못하다고 하였다. 생명이 죽은 인간, 혼이 죽은 민족은 아무 소용이 없다.

옛날 신라, 백제가 전쟁하고 있을 때 신라가 열세에 몰리게 되었다. 그때 소년 관창은 의분을 가지고 창을 휘두르고 적진인 백제에 뛰어들었다. 백제의 군사가 사로잡고 보니 어린 소년이라 용기를 가상히 여겨 살려 신라진으로 돌려보냈다. 그런데 관창은 다시금 창을 휘두르고 적진에 뛰어들었다.

한번은 용서했지만, 또 용서할 수 없어서 백제군은 소년 관창의 목을 베어 타고 온 말에 달아 신라진으로 돌려보냈다. 이를 바라보던 신라 군사는 의분이 솟구쳐 올라 모든 군사가 일치단결하여 전쟁에 임하니 백제군은 무너지고 신라는 대승리를 거두었다.

16세기 기독교는 생명을 잃고 죽은 종교가 되었다. 세계를 지배하게 된 팽창한 교회 세력을 가지고 교회는 부패 타락하여 의식화, 형식화되었고 속죄부(贖罪符)를 발행하여 믿음 없어도 속죄부만 돈을 많이 내고 사면 구원받는다고 하여 많은 재정을 긁어모아 승려(侶僧)나 신부나 수녀는 호화 생활에 빠지게 되었다. 여기에 갱신의 필요를 느끼었고 루터, 칼빈, 웨슬레들은 과감한 종교개혁을 일으켰다.

기독교는 본래

① 사람의 영혼을 건지기 위하여 쉬지 않고 전도와 선교 사명을 감당해야 하며

② 올바른 신자 양성을 위하여 쉬지 않고 교인의 훈련과 교육을 실시해야 하며

③ 불행한 이웃에 항상 구원의 손을 펴서 희생 봉사를 해야 한다.

전도, 교육, 봉사는 교회 3대 사명이라 할 수 있다.

선교하지 않는 교회는 사해 같아서 받기만 하고, 주지 않는 바다가 죽어서 사해가 된 것처럼 그런 교회는 죽은 교회가 되는 것이다. 옛날 소아시아 사데교회는 살았다 하는 이름은 가졌으나 실상은 죽은 교회라고 성신의 책망을 받았다. 교육하지 않는 교회는 방치해 둔 양무리 같아서 위험한 길로 갈 수 있다. 오늘날 이단, 사설, 사이비 종교가 발

동하는 때 교육은 참으로 필요하다. 또한 오늘의 전도는 말의 전도보다 생활의 전도가 필요하다. 희생 봉사만이 이 세대에 감화를 줄 수 있다. 15세기의 종교개혁이 필요했던 것 같이 오늘 한국교회에도 개혁의 소리는 높아가고 있다. 오늘 한국교회도 세속화, 무력화, 시체화되고 있는 상황에서 활기 있는 교회로 소생시켜야 된다는 소리가 높아가고 있다. 오늘 한국교회의 문제점은

1. 교역자의 우유부단이 지적되고 있다.

교역자가 영력과 패기가 없다는 것이다. 너무 타성에 흐르고 있다는 것이다.

2. 교회 중직들이 너무 콧대가 높아졌다는 것이다.

배에는 선장이 어른인데 기관사들이 어른 노릇을 하여 선장의 소원대로 배가 움직이지 않고 기관사와 조수의 마음대로 배가 움직이듯이 교회가 목사의 프로그램대로 움직여지지 않고 소수의 고집쟁이 중직들의 의견대로 이리 휘둘리고 저리 휘둘리어 교회마다 인화단결이 어렵고 활기가 잃어 가고 있다는 것이다.

3. 평신도들의 협력 부족

교회의 프로그램에 대하여 협력이 부족하다는 것이다. 초대 교회는 목사가 손을 들면 신자가 따라갔다. 제직회나 당회에서 결의하는 일이면 평신도는 무조건 따라갔다. 지금은 당회는 고사하고 총회의 결의도 순종치 않고 있다.

머리와 지체 비유

교회는 분명히 새로워야 한다. 사멸된 상태에서 살아나야 하겠다.

구라파의 교회가 쇠퇴하고 있는 중요 원인은 교회가 활기를 잃은 탓이다.

〈구약 성서에 보면〉

에스겔의 묵시 가운데 에스겔이 하나님의 신에 인도를 받아서 한 골짜기에 이르니 거기는 사망의 골짜기라. 사람의 죽은 뼈가 가득하였다. 여호와의 생기를 불어넣으니 그 뼈들이 서로 맞붙고 힘줄이 생기고 일어나서 걷게 되고 족히 큰 군대가 되었다고 했다. 죽은 뼈, 소용없는 뼈들이 족히 큰 군대가 되었다. 오늘 한국교회도 하나님의 생기를 받고 일어나야 하겠다. 그리고 세상 죄를 멸하는 군대가 되어야 하겠다. 기독자는 신령한 군대다. 군대가 사기가 죽어지면 전쟁에는 파멸한다. 기독자가 영적 군대의 사명을 다하지 않으면 그 사회는 도덕의 타락과 정신의 나약으로 허물어지고 더군다나 공산주의의 거센 도전을 막아 낼 수 없다.

우리는 나사로의 무덤 앞에 서 있는 예수님의 심정을 이해하자. 오늘의 교회는 시체들이 들어 있는 무덤이 되지는 않고 있는지? 주님의 음성을 듣자. 죽은 자여, 일어나라, 해골들아, 일어나라, 그리고 힘찬 군대가 되라는 음성을 듣자. 입이 부정한 백성에게 누가 갈꼬, 하실 때 주여, 내가 여기 있으니 나를 보내소서 하고 응답하고 나서는 자가 되라. 주의 음성을 듣고 무덤에서 일어난 나사로 같이 또한 에스겔 골짜기의 해골같이 생기를 얻어서 일어나야 한다.

민족과 종교

행 17:22-27

3월에는 3·1절이 있어서 일 년 중 그 어느 달보다 의미 깊은 달이다. 우리 민족이 빼앗겼던 국가 주권을 되찾으려고 몸부림쳐 일어났던 민족 봉기의 성스러운 달이다. 전번에 경기도 화성군 사강교회에 성회를 인도하러 갔다가 나는 기미독립 만세 때 우리 조상들의 피 묻은 투쟁을 다시 되새겨 보게 되었다. 사강면 소재지 서남 지역에는 너무 초라한 집들이 집단을 이루고 있었다.

이유를 알아보니 3·1운동 당시 그 부락 사람들이 제일 열렬하게 독립만세를 불렀고 발포하는 일본인 지서 주임을 때려죽였으므로 일본 헌병이 출두해서 온 부락에 불을 질러 놓고 인민을 살해하고 구속해 가서 동네 전체가 쑥밭이 되었으며 하루아침에 그 부락 사람들이 집을 잃고 세간과 양식을 잃고 거리에 나앉아서 노숙을 했으며 이웃 부락에서는 성미를 거두어다 연명을 시키고 부역을 하고 나뭇가지를 몇 개씩 가져다가 집을 지어 주었기 때문에 초라한 집이 되었고 그때 그 수난의 때를 아직 벗지 못해서 아직 제일 가난하게 산다고 한다. 일제에 협력한 사람들과 그 후예는 지금 잘살고 있는데 그 당시 복역을 하고 희생된 유족들이 남아 있어서 정부에 피해 상황 보고를 했으나 상패나 위로금 한 푼이 아직 없다는 것이다. 정부가 다른 것은 다 못하여도 애국자의 피해 가족인 유족들을 우선으로 돌봐 주어야 하였을 것이다. 정권욕에 눈이 어둔 사람은 많지만, 애국 유족들을 돌봐 주는 실제적 애국 지도자가 적은 것을 몹시 슬퍼하는 바이다. 이런 피맺힌 설화가 담겨져 있는 3월을 맞아 민족과 종교에 대해서 생각해 보련다.

1. 민족에 대해 생각해 보련다

이 세계에는 여러 족속이 살고 있다. 황인종, 백인종, 흑인종, 홍인종 등. 황인종 중에도 여러 종족이 있어 세계에는 수백 종의 족속이 살고 있다. 오늘을 사는 우리는 모든 족속의 특유한 언어와 문화와 습속을 널리 깊이 이해하고 상호 존중해야 될 줄 안다. 어떤 민족은 기계를 잘 만들고 기계를 잘 부릴 줄 아는가 하면, 어떤 민족은 악기를 잘 만들고 노래를 잘 부르고 춤을 잘 추는 수가 있고, 어떤 민족은 짚이나 나무나 대나 돌 같은 것으로 조각과 미술, 공예품을 잘 만드는 민족도 있다. 우리는 다른 민족의 문화와 풍속이 우리 것과 같지 않다고 해서 멸시하고 무시하고 야만시하는 그릇된 생각을 버려야 하겠다. 내 것이 소중한 줄 알면 남의 것도 소중한 줄 알아야 한다. 나의 인격이 소중한 줄 알면 남의 인격도 소중한 줄 알아야 한다. 민족적 우월감이나 편견은 민족과 민족, 국가와 국가 사이에 불씨를 일으키고 세계의 전쟁을 초래케 할 뿐이다. 독일 민족적 우월주의가 세계의 제1, 제2의 피비린내 나는 대전을 불러일으키고 일본의 민족적 우월감이 근대 아세아에 있어서 온갖 풍운을 몰아 왔던 것이다.

요즘 민주주의의 토착화 문제가 제기되고 있듯이 민족주의의 근대화 작업이 필요하다. 백색 인종들의 유색 인종을 멸시하는 생각은 참으로 개탄스러운 일이다. 민족적 편견과 우월감은 모두 인류에 도전하는 생각이며 반역 사상이며 전쟁 도발자라고 규정지음이 옳다고 본다. 성서를 보면 하나님이 "인류의 모든 족속을 한 혈통으로 만드사 온 땅에 살게 하시고 그들의 연대를 정하시며 거주의 경계를 한정하셨으니"(행 17:26)라고 하였다.

하나님이 한 혈통으로 모든 족속을 지었다는 것이다. 이 말씀은 세계 인류는 모두 하나님의 한 자녀라는 것이다. 하나님이 태초에 아담과 하와를 지으셨고 이들의 후손이 창성하고 번성하여 온 세계 땅 위에 편만해졌고 오랜 세월, 기후, 풍토, 환경에 따라서 얼굴의 모습, 피부, 키의 장단이 생겼다고 본다. 사람에게는 어느 종족이나 영혼이 있고 언어가 있고 희로애락이 있고 문화가 있다. 고로 종족을 미워하고 종족을 따라 인간의 차별 대우를 하는 것은 반성서적 행위이다. 더군다나 기독교는 세계가 한 가정이요, 인류는 모두 동포요, 형제자매라는 사상을 가진다.

그리스도를 중심으로 하여 크리스천은 세계 모든 나라, 모든 인종과 형제같이 지낼 수 있다. 미국 댈러스의 한 감리교회에 가서 보았더니 그곳은 흑백의 대립이 심한 곳인데 백인 교회에 흑인 목사가 있고 그의 비서는 백인이었다. 흑백의 대립 감정이 강한 곳에도 그리스도인은 함께 대화하며 공존하는 것을 보고 크게 감동된 바가 있다. 옛날 일본의 가가와(賀川)는 일본의 군국주의를 반대하고 항상 한국 민족을 두둔하고 한국 민족은 흰옷을 좋아하고 순결한 백성이라고 격찬했다. 참된 종교는 인종과 계급의 차별을 타고 넘는다.

2. 나의 조국

우리는 세계인이며 동시에 한국인이다. 우리는 조국이 있으므로 나의 피, 나의 얼, 나의 존재를 있게 하여 준 나의 조국의 번영과 안정을 위해 온몸과 온 재주를 다 바쳐서 충성을 다해야 되겠다. 자기의 가정의 번영과 발전을 위해 일하는 것이 악이 아니고 선인 것 같이 자기의 조국을 위해 일하는 것은 가장 보람찬 일이다. 조국의 명예와 지위를 끌어올리기 위해 피와 땀을 흘리는 것은 가장 신성한 일이다. 그러니 좁은 민족주의에 사로잡히지 말고 민족의 울타리를 넘어서서 이웃과 세계를 위해 생각하고 봉사하는 긍지 있는 민족이 되어야 할 것이다. 이웃 없이 나 혼자 살 수 없듯이 이웃 나라의 번영과 평화 없이 우리 민족만 잘살 수는 없다.

6·25 때 덜레스 장관은 미(국) 국회에서 유엔군이 한국을 지원해야 될 이유 몇 가지 중에서 오늘 한국을 돌아보지 않으면 명일 미국이 어려움을 당할 때 우리를 도와줄 친구가 없을 것이라고 했다. 우리는 나의 조국도 모르고 세계도 모르는 몰상식한 사람이 되지 말고 철저한 조국애와 인류애를 가지고 우리 생을 엮어가야 할 것이다. 원수에게도 사랑의 복수를 해야 되겠다. 우리는 일본에 무기를 겨눌 것이 아니라 사랑의 복음을 수출해야 될 것이다. 우리 민족은 금과 은은 남과 같이 가지고 있지 못하나 예수 그리스도의 이름을 만방에 전파해야 되겠다. 복음을 전하는 것은 내가 살고 인류가 함께 사는 길이다. 다른

종족에게 복음을 주는 것은 가장 위대한 선물이다. 재작년 일본 단기 선교자로 북해도에 갔더니 그 지방 일본인 교회 교구장을 만났는데 3.8선을 넘어오는데 온갖 고생을 다했고 대구 수용소에서 어떤 자매에게 친절한 대접을 받았고 전도를 받았는데 그 후에 본국에 돌아와서 신학을 하였고 목사가 되었는데 그 한국인 자매의 이름과 주소를 모르나 자기는 지금까지 고마움을 잊지 않고 있노라 하며 한국인에 대한 감정을 좋게 가지고 있는 것을 보았다. 복음을 주는 것은 가장 위대한 자선이고 사랑의 복수다.

주님은 선한 목자

요 10:1-18

인류 역사상에 많은 영웅, 호걸, 철인, 사상가들이 있었다. 그들의 대부분이 자기 일신의 영달에 급급하였지 인류를 위하여 수고하고 몸 바친 사람이 그 몇 분이나 있었든가? 오늘 말씀드리고자 하는 예수님은 인류를 위하여 모든 것을 다 바치었기에 나는 서슴지 않고 그를 인류의 선한 목자라고 호칭해 마지 않는다. 선한 목자의 자격을 생각해 보자.

1. 선한 목자는 양을 일일이 기억한다.

양은 목자의 음성을 알고, 목자, 또한 자기 양의 이름을 일일이 기억하여 부른다. 참 목자와 참 양은 서로 소통하는 것이 있다. 참 주인이 아닌 가짜 목자는 양이 따르지 아니하고 그 목자도 양의 개성을 모른다. 참 지도자는 그 백성의 사정에 통달해야 한다. 가령 위정자가 자기 백성의 배고프고 쓰라린 사정을 모르고 주지육림에 빠져 있으면 그를 어찌 참 지도자라고 할 것인가?

미국의 에이브러햄 링컨을 훌륭한 대통령이라 함은 그 국민의 쓰라린 사정을 깊이 알았고 특히 가난한 자, 노동자, 흑인 노예들의 사정을 알고 그들을 구출하기 위하여 전쟁까지 불사한 데 있다. 우리나라 세종대왕을 높이 추존하는 까닭은 평민을 위하여 한글을 창제하고 암행순시를 하여 백성의 고락을 바로 진단하여 정치에 반영한 데 있다. 백성은 굶주리고 있는데 자기들은 고량진미만 먹고 있고 수만금의 재산을 축적했다 하면 그러한 사람은 모리배요, 민족 반역자요, 거짓 지도자이다. 우리나라 장관, 지도자들 가운데 청렴결백한 지도자들도 많겠지만 높은 자리 하나 차지하면 평생 놀고 돈을 물 쓰듯 하리만큼 큰 돈을 벌어서 나온다. 미국에 가 있는 전 중앙정보부장 모 씨는 재임 시에 얼마나 돈을 끌어모았는지 지금 미국에서 수십만 불의 호화 주택에, 갖은 호강을 하고 무슨 염치에 반한운동까지 하고 있는지 모르겠다. 그의 말에 일리가 있다손 치더라도 나는 그의 말을 믿고 싶지 않다. 그가 높은 자리에 있으면서 그만큼 재산을 축적한 한 사건만 가지고도 그는 비양심의 사람이요, 탐심의 사람이다. 그런 사람이 이 땅에 최고의 권력 기구에 앉아 있었던 것을 생각하면 이 땅은 확실히 인물의 가난이 든 나라라고 할 수 있다. 지도자는 백성 속에 들어 와야 하고 백성을 기억하고 고락을 같이하고 탐심과 욕심이 없는 자라야 참 지도자요, 참 목자이다.

2. 참 목자는 언제나 양보다 앞서 가야 된다.

양무리의 앞에서 가며 길을 인도할 뿐만 아니라 독사나 지네 등 해충을 없애고 양을 해치는 승냥이나 맹수를 물리쳐야 하며 좋은 초장을 빨리 발견하여 그 양을 그 초장으로 인도하고 잔잔한 시내, 샘물을 발견하여 때를 따라 물을 마시게 하며 그들을 찾아 쉬게 해야 된다. 참 목자는 민감하고 동작이 빠르며 열성적이라야 된다.

지도자가 되는 사람이 자기는 가지 않고 자기는 앞서지 않고 백성만 들볶는 일이 많다. 옛날 이스라엘 왕 다윗이 블레셋과 싸울 때 백성은 전쟁터에서 피 흘리고 있는데 용사, 우리야의 아내 밧세바를 궁중으로 불러들여 행음한 일과 같다. 다윗이 침상을 적시며 통회했으니 다행이지 그렇지 않으면 그 무서운 죄와 형벌을 어찌 면할 수 있을 것인가?

민중의 지도자는 언제나 먼저 실천해야 된다. 입만의 구호는 힘이 없다. 실천은 위력이 있다.

비율빈의 막사이사이 대통령을 존경하는 것은 그가 비록 비행기 사고로 일찍 분사했지만, 멋이 있는 인물이었고 짧게 살았지만 천추의 산 교훈을 주었다. 그는 대통령 취임할 때 그의 모든 재산을 공개했다. 대통령 재임 중에 불어난 것이 있으면 모두 내어놓기로 하였다. 자기 형이 모리를 했을 때 처벌을 했다. 참 지도자는 솔선수범하는 지도자이다.

3. 양으로 하여금 더 풍성한 생명을 얻게 한다.

참 지도자는 일신 일가의 영달보다 백성의 복지증진에 더 마음을 쓴다. 자기가 가난하고 불편하게 사는 것을 영광으로 생각하고 백성이 안락하게 살게 되는 것을 기쁨으로 생각하고 영광스럽게 생각해야 된다. 백성이 못살고 자기가 잘사는 것을 부끄럽게 생각하고 백성이 잘 살게 되기 위하여 자기는 희생의 길을 가는 자가 참 지도자, 참 목자이다.

일본의 가가와(賀川) 씨는 미국의 최고학부를 마치고 돌아와서 일본 정부의 고위 자리에 앉으라 했지만 스스로 고베(神戶) 빈민굴로 들어가서 가난한 대중과 일평생 살았다. 그러기에 그는 일본이 낳은 세계적 성자가 되었다.

인도의 간디옹은 인도 민중을 위하여 웃고 울었다. 그는 인도를 위하여 자주자주 단식하고 투옥되었다.

미국에서 초청되어 강연할 때 그의 강연에 감명받은 치과의사가 당신의 이가 빠드렁이니 내가 좋은 상아 의치를 미국에 오신 기념으로 무료로 해 넣어 주겠다고 할 때, 간디는 "고맙습니다만 내 빠드러진 이를 고쳐 줄 마음이 있으면 인도 3억만의 모든 이를 고쳐 주시기 바랍니다"라고 하였다. 그는 키가 작은 사람이지만 그 가슴은 인도 3억이 들어앉은 가슴이다. 그러기에 영국의 정치학자가 간디의 인격의 중량은 전 세계 해 지는 곳이 없을 만큼 큰 대영제국 총합대의 무게보다 무겁다고 하였다. 도산 안창호 선생도 조선 이야기만 하면 눈에는 이슬이 맺혔다. 그는 애국 사상으로 온몸이 꽉 찬 까닭이라 하였다. 남궁억 선생은 가사(歌詞)를 지을 때마다 삼천리강산이니 무궁화동산이니 삼천리 반도니, 금수강산이니 고려 민족이니 조선 민족이니 삼천만이니 하여 그의 머릿속에 꽉 차 있는 것은 애국애족 일념이었다. 참된 지도자는 자나 깨나 백성을 걱정하고 염려하는 사람이다. 백성이 잘 먹어 기뻐하고 백성이 굶어 울때 탄식하는 자이다.

4. 양을 위하여 목숨을 버리는 자이다.

참된 지도자는 백성을 위하여 애쓰다가 백성을 위하여 땀 흘리고, 눈물 흘리고, 피 흘리고 자기의 목숨까지 제단에 올려놓는 자이다.

이순신 장군은 왜적이 쳐들어올 때 수군통제사로 거북선을 만들어 왜적을 섬멸하고 공을 많이 세운 천추에 자랑스러운 민족의 지도자이다. 그는 노량 앞바다에서 진두지휘하며 적선을 섬멸하다가 적탄에 맞아 쓰러졌다. 그러나 쓰러지며 적이 알지 못하게 곡성을 내지 말고 계속해서 전쟁하라고 독전을 하고 배 위에서 조용히 운명하였다. 그는 재주와 용기와 목숨까지 조국과 겨레를 수호하기 위하여 모든 것을 다 바쳤기에 이 나라의 영원히 잊지 못할 수호신이 된 것이다.

예수 그리스도는 왜 선한 목자이신가? 그는 양을 잘 아시고 양무리에 언제나 앞서가셨고 양을 생명을 얻어 풍성케 하셨고 양을 위하여 그 몸을 십자가에 달려 희생의 제물로 드리어 온갖 고초를 다 당하셔서 죽음으로 인류의 죄를 속죄하시고 인류에게 영원한 생명과 하늘나라를 주셨다. 주는 우리의 참 목자요, 선한 목자이시다.

① 저 목자여 깊은 잠을 깨어 일어나라
밤은 벌써 사라지고 먼동이 터 온다
희미하던 지평선도 완연해 오니
목자들아 양을 몰아 가야 하리라
② 금빛 같은 새벽놀이 빗긴 저 언덕
신기하게 이슬 맺은 푸른 저 초원
신성하고 아름답다 내 목장이니

목자들아 양을 몰아 그리로 가자
③ 비탈길을 싸고 돌제 다리 아프고
산마루를 올라갈 때 숨이 막혀도
주린 양떼 생각하고 참고 갈지니
양을 치는 참 목자의 장한 뜻이라
④ 몸에 걸친 단벌 옷이 내게 족하고
집고 나선 지팽이가 넉넉 하여라
이제 내게 다른 염려 아주 없으니
이 한날을 목장에서 양을 치리라
(박재봉 작, 장수철 곡)

3대 가난을 물리치라

계 1:14-19

본문에 보면 라오디게아 교회는 겉으로 보기에는 부요한 것 같은데 주님께서 내용을 들여다보니 영적 가난이 들어서 곤고하고 가련하고 눈이 멀고 벌거벗은 교회이다. 세상에는 외모로 보기에는 멀쩡한데 속이 텅 비고 가난한 사람들이 많이 있다.

인간의 3대 가난을 물리치자는 말씀을 하고자 한다.

1. 금전의 가난

가난하게 사는 것도 죄다 하는 말은 가혹한 말이 될는지 모르지만 실상 가난하기 때문에 짓는 죄도 많이 있다. 가난하면 남의 물건을 탐내게 되고 훔치게 되고 훔치다 아니 되면 사람을 죽이기도 한다. 가난이 원수가 되어 자살하는 일도 많다. 어떤 곳에 초등학교를 졸업하고 중학교에 좋은 성적으로 입학 된 아이가 중학교 등록을 못 하게 되어 유서를 써 놓고 "아버지 나는 먼저 가요" 하고 죽었다. 이것은 간접 살인이다. 부모가 부모 노릇을 다 못하여 자식을 죽인 것이다. 가난하게 사는 것은 결코 미덕이 될 수 없다. 우리나라는 오랫동안 선비는 가난하게 사는 것을 미덕으로 예찬하여 왔기에 가난을 부끄러워할 줄 모르고 자랑스럽게 생각하는 사고방식마저 생겨졌다. 결코 좋은 사고방식이 아니다. 청빈하게 산다는 것과 가난하게 사는 것은 다르다. 청빈은 쓸데없이 욕심부리지 않고 열심히 일하고 저축하여 남을 꾸어 줄지언정 꾸지 않고 살며 가족이 남에게 누를 끼치지 않는 것이 청빈생활이다. 청빈하게 산답시고 남에게 빌려 먹고 산다거나 얻어먹고 사는 것은 청빈생활을 예찬할지언정 구걸생활을 예찬할 수 없다. 사람은 열심히 일하고 머리를 쓰고 노력하면 자기도 넉넉히 살게 되고 남을 도우며 살 수 있다. 우리는 금전에 가난하거나 너무 인색하지 말자. 우리는 열심히 일해서 번 돈으로 하늘나라에 보화를 쌓자.

웨슬레 선생은 좋은 방법으로 돈을 벌 수 있거든 얼마든지 벌어라. 그리고 그 돈을 모두 선하게 주님을 위해 쓰라. 이것이 기독교의 진실한 경제관이다. 나는 어려서 가난하게 살았기에 가난이 얼마나 고통스럽고 죄악이 되는가 하는 것을 피부로 느낀 사람이다. 돈이란 인생의 날개다. 선하고 옳은 일도 돈이 있어야 할 것이다. 게으른 자는 개미한테서 지혜를 배우라 하였다. 근면한 사람은 왕 앞에 서고 결코 천한 자 앞에 서지 않을 것이라 했고 부지런한 자의 손은 남을 다스리게 되어도 게으른 자의 손은 남에게 부림을 받느니라 하였다. 그리스도인은 근면 저축해서 남에게 도움을 주고 살지언정 남에게 피해를 주지 말고 살자.

주님의 선한 사업에 힘써 모은 돈으로 열심히 봉사하자. 하늘나라의 상급이 크리라.

2. 이해의 가난

사람은 이해할 줄 알아야 한다. 사람이 학식이나 돈이 많고 인물이 잘생겼다 할지라도 남을 이해할 줄 모르면 가히 인간이라 할 수 없다. 사람은 남의 가난한 사정, 고통받는 사정, 슬픈 사정, 억울한 사정을 이해하여줄 줄 알아야 한다. 사람의 마음을 이해하여 주는 것은 천만금 돈을 주는 것보다 귀한 것이다. 사람은 이해성이 크고 깊어야 한다. 가령 밥을 먹다가 돌을 씹으면 화를 낼 것이 아니라 아내가 얼마나 애쓰고 밥을 지었는데 돌 씹는 소리를 듣고 아내가 얼마나 마음에 미안할까? 누구는 돌을 밥에 넣고 싶어서 넣었나 그렇게 이해하는 남편은 그 아내의 진정한 사랑과 공경을 받을 것이다. 우리는 사람을 이해하고 세상을 널리 이해하고 살자.

예수님은 억지로 5리를 가자고 하는 자에게 10리를 동행하고 속옷을 달라는 자에게 겉옷까지 주라 하셨다. 깊은 이해와 도량 없이는 할 수 없다. 우리가 남에게 은과 금은 주지 못하여도 이해마저 인색할 필요가 있는가 말이다. 많지 않은 짧은 세상에서 이해하며 살아야 된다.

베드로가 "형제가 내게 죄를 범하면 몇 번이나 용서하여 주리이까 일곱 번까지 하오리이까" 묻자, 예수님의 대답은 "일곱 번뿐 아니라 일곱 번을 일흔 번까지라도 할지니라"고 하셨고 "너희가 땅에서 매면 하늘에서도 매일 것이요 무엇이든지 땅에서 풀면 하늘에서도 풀리리라"고 말씀하셨다. 이해는 화목하고 사는 비결이다. 우리는 이웃과 화목하고 하나님과 화목하게 살아야 된다. "화평하게 하는 자는 복이 있나니 그들이 하나님의 아들이라 일컬음을 받을 것"이라 하였다.

3. 사랑의 가난

우리는 사랑에 너무 인색할 때가 많다. 사랑한다고 우리는 재산을 전부 나누어 주는 것만이 아니라 말 한마디라도, 행동 한 번이라도 부드럽고 겸손하고 정직하고 진실하게 하자는 것이다. 사람은 말 한마디에 울고 웃는 것이다. 남편이 아내 보고 당신 오늘 수고했소. 한 마디가 그 아내에게 무한의 용기와 생에 보람을 안겨 주고 가정을 위해서 더욱 희생 봉사할 마음을 북돋아 주는 것이다.

사장이 부하의 등을 어루만지면서 자네 오늘 수고 많이 했어, 참 고맙네, 한 마디가 그 회사원에게 얼마나 생의 용기와 희망을 안겨주겠는가? 사람은 인정으로 산다. 따뜻한 말, 따뜻한 눈길, 따뜻한 미소가 인생에는 오아시스다. 사막길같이 험하고 고된 길을 가는 인생에 있어서 사랑은 생수요, 활력소이다. 사랑은 큰 밑천이 없이도 할 수 있다. 밑천이 많이 드는 것은 아무나 못 할는지 모르지만 부드러운 말 한마디, 인사 한 마디, 미소, 손 한 번 잡아 주는 것, 못할 것이 무엇인가?

일본 상점에 들어가면 너무 친절해서 물건을 아니 팔아 줄 수 없다, 우리 상점에 들어가면 너무 불친절한 사람들이 많다. 우리는 장사도 할 줄 모른다. 일본인은 정직과 친절로 세계의 상권을 누비며 세계의 경제 대국이 되었다.

우리는 가난을 물리치자. 육의 가난, 영의 가난, 모두 물리치자, 우리는 이해하며 살아가자. 남의 멍든 가슴을 풀어 주며 살아가자. 우리는 밑천 들지 않는 사랑만이라도 힘껏 베풀자. 은과 금은 없으나 나사렛 예수의 이름으로 명하노니 하고 성전문 밖에 앉아 있는 앉은뱅이를 일으키든 베드로, 요한의 심정을 가져 보자. 돈의 가난, 이해의 가난, 사랑의 가난을 물리치고 한 번 부요하게 살아 보자. 마음의 부자, 정신의 부자, 영적 부자가 되어 보자. 참 자랑스러운 크리스천답게 살아 보자.

성서의 강

마 3:13-17; 요 7:37-39

오늘은 무더운 여름이 지나고 서늘한 가을로 탈바꿈하는 환절기를 맞아 성서 중에 있는 강에 대하여 말씀코자 한다. 강은 인간과 문화와 종교와 깊은 관계를 가지고 있다고 본다.

인간은 강에서 나고 문화는 강에서 꽃피고 종교는 강에서 성장했다고 할 만큼 강과 인간과는 밀접한 관계를 맺고 있다. 강은 물이요, 물은 생명이다. 물이 없고 강이 없는 곳은 생명이 사멸되어 사막이 되고 있다. 물이 흐르는 강이 있는 곳에 모든 생명은 푸르고 활기에 넘치고 모든 생명은 힘차게 성장하고 있다.

이 지구상에는 도처에 강이 있고 손꼽는 큰 강만도 여러 개가 있다. 이집트의 나일강, 바빌론의 유프라테스강, 티그리스강, 인도의 갠지스강, 중국의 황하강, 양자강, 남미의 아마존강, 북미의 미시시피강 등 큰 강이 있고 그 강을 통하여 그 나라의 문명이 형성되고 국가의 흥망이 좌우됐음을 이해할 수 있다.

오늘은 성서 중에 나타난 강의 유래와 그 강과 얽혀진 종교적인 교훈을 배워 보려고 한다. 성서중에 제일 먼저 나타난 강은

① 창세기 2장 10절 - 이하에 볼 수 있는 비손강이니 정금의 강이다. 그 강 유역에는 금, 은, 보화로 차고 넘쳤다. 또 기혼강이니 구스 온 땅에 흐르고 기름진 옥토를 이루어 농경의 황금터전이 되었다. 또 힛데겔강이니 앗수르 온 지경에 흘러서 앗수르, 메대, 파사, 바벨론 문명을 건설했고 또 유프라테스강이니 역시 서(西)로는 바벨론 문명과 동으로는 인도 문명을 산출케 하였다. 이 강은 에덴에서 발원했다 했으니 인류의 기원이 이 강들에서 시작되었음이 확실하다. 강이 흐르는 곳에 사람이 흘렀고 사람이 가는 곳에 문명도 흘러 동으로 아세아 문명과 인종을, 서(西)로 유럽의 인종과 문명을 나아 놓은 것이 사실이다. 그러므로 에덴에서 발원한 네 물줄기는 인류 동서 역사와 문명과 과학과 종교의 발상지라 하겠다.

② 창세기 32장 22절 이하에 있는 얍복강이다. 야곱이 형 에서의 미움을 사가지고 갈대아 밧단아람으로 도망쳤다가 20여 년 만에 성공하여 처자와 수천의 우양을 거느리고 고향 가나안으로 금의환양하는데 그전 형에게 잘못한 죄가 생각나서 아무리 생각해도 그냥 들어갈 수 없어 형에게 많은 선물을 보내고 처자를 앞세우고 밤새워 모래사장에 엎드려 천사와 씨름할 때에 환도뼈가 이그러진 곳이다. 죄는 이처럼 무서운 것이다. 청산하지 않고는 아무리 출세 성공하고 금의환향해도 괴로운 것이다.

옛날 신학동창 중에 컨닝해서 우등한 사람이 있다. 교수는 속았지만 하나님은 속지 않았다. 그 학생은 끝끝내 타락하고 공산당이 되었다.

얍복강은 인생의 재생, 재출발을 가져온 강이다. 그 얍복강에서 간사한 야곱이 하나님이 함께하는 이스라엘이란 이름으로 바뀌어졌다. 이스라엘이란 히브리어로 번역하면(하나님의 용맹한 자, 싸우는 자, 하나님에게 속한다). 하나님을 이긴자, 하나님의 황태자라는 뜻이 있다. 그는 천사와 씨름하여 이기고 하나님의 황태자가 된 것이다. 우리 인생행로도 야곱과 같은 전환점이 있어야 한다.

이성봉 목사는 깡패였으나 병석에서 인생의 무상을 깨닫고 새 사람되어 부흥 목사가 되었다.

③ 출애굽기 2장 1절 - 나일강이니 이 강은 모세가 구출받은 유명한 강이다. 모세는 성서 중에 제일 위대한 지도자 중의 한 사람이다. 이스라엘의 자랑스러운 지도자요, 인류의 귀감이 되는 인물이다. 이 인물이 나일강에 버림을 받았다가 구출되었다. 모세를 생각하면 나일강이 생각난다. 나일강은 위대한 인물을 낳은 곳이다.

인간은 나일강과 같은 사지에서 운명의 위대한 코스가 결정된 때가 많다. 운명의 강을 두려워 하지말자. 하나님은 운명의 강에서 우리를 건져 주실 것이다. 하나님의 경륜은 우리의 경륜보다 크신 것이다.

④ 여호수아 3장 7절; 열왕기왕하 5장 10절; 마태복음 3장 13절 - 여러 곳에 요단강에 관계된 기사가 나오고 있다. 요단강은 신비의 강이요, 기독교 문명의 본산이라 하겠다. 여호수아는 이스라엘 백성을 거느리고 광야 40년 생활을 마치고 요단강을 건너 가나안, 여리고 평지를 점령했으니 승리, 감격, 찬미의 강이다. 이스라엘 고역의 역사는 요단강을 깃점으로 끝나 버리고 무한한 발전과 전진과 비전을 바라보게 되었다.

열왕기하 5장 10절을 보면 요단강은 치료의 강이다. 앗수르의 장군 나아만은 엘리사의 말대로 요단강에 일곱 번 목욕할 때 문둥병이 나았다. 요단강은 치료의 강이다. 우리 인생은 때로 요단강이 필요하다. 문둥병자처럼 더러운 몸이 요단강에 목욕해서 새로 지음 받아야 한다.

예수님은 요단강에서 요한에게 세례를 받았다. 세례는 옛사람, 옛 생활을 벗어버리는 새 사람, 새 생활의 표징이다. 예수님은 요단강에서 "너는 내 사랑하는 아들이오, 나의 기뻐하는 자라"는 하나님의 음성을 들었다.

인생은 생애중에서 천래(天來)의 음성을 들을 수 있는 요단강이 필요하다.

⑤ 그릿시내와 그발강이 있다. 그릿시내에서는 엘리야가 바알신(제사장 850명)과 싸워 이기고 바알의 거짓 선지자를 모조리 목 베어 물에 띄운 곳이다. 그발강가는 이스라엘이 바벨론 포로에서 망향곡을 부르게 된 애수 젖은 강이다. 우리는 이단을 멸하고 항상 천성을 바라볼 줄 알아야 한다.

⑥ 생명수이다. 요한복음 7장 37~39절 마지막 강은 생명강이니 모든 성도가 마지막으로 꼭 마실 것이다. 예수께서 "누구든지 목마르거든 내게로 와서 마시라 나를 믿는자는 성서에 이름과 같이 그 배에서 생수의 강이 흘러나리라"하시니 이는 그를 믿는 자의 받을 성령을 가리켜 말씀하신 것이다. 우리는 성령을 받음으로 우리 심령 속에 생명강이 흘러넘쳐야 한다.

계시록 22장 1절에 보면 "수정같이 맑은 생명수의 강이 어린양 보좌 앞에서 흐르는데 강 좌우에는 생명 나무가 있어 열 두 가지 실과들이 맺히되 달마다 그 실과를 맺히고 그 나무 잎사귀들은 만국을 소성하기 위하여 있더라." 우리는 세상의 수고를 다 마치고 인생의 최후의 날 믿음으로 요단강을 건너고 하나님 앞에 나가서 과거의 모든 고통을 꿈에 본 듯 잊어버리고 어린양 보좌 앞에 흐르는 생명수 강가에서 생수를 마시면서, 생명과(生命果)를 먹으면서 해와 달빛이 필요없으리만치 광명한 곳에서 천천만만 성도와 천사들과 무궁한 찬송을 부를 것이외다. 믿음으로 아멘 할지어다.

기독교의 과거와 사명

롬 9:1-3

사도 바울은 로마서 9장 3절의 "나의 형제 곧 골육의 친척을 위하여 내 자신이 저주를 받아 그리스도에게서 끊어질지라도 원하는 바라"는 그의 애국 충정을 피력하고 있다. 기독교는 현실을 무시하고 내세만을 소망 추구하는 종교는 아니다. 기독교는 영원한 내세의 구원과 영생을 약속하는 동시에 우리가 살고 있는 현실을 하나님의 뜻이 실현된 인류사회, 지상천국을 만들어야 되는 사명도 함께 가르쳐 주고 있다. 한국 기독교는 과거에 있어서 어느 개인이나 단체보다 나라를 위하여 많이 수고하였고 봉사해 왔다. 나라를 잃어버리고 망국의 한을 품고 민족이 절망속에 빠졌을 때 잃었던 나라를 되찾는 일을 하는 것이 교인과 교회 사명으로 생각하고 노력하고 활동하고 또한 수난을 받았다. 기독교는 다른 사람을 위하여 썩은 밀알이 될 것을 가르쳐 주고 있다. 이 한 몸이 죽고 희생하여 나라를 찾는 일은 너무도 당연한 기독교의 사명으로 생각해 왔다. 그러기에 과거의 기독교인은 나라를 찾는 독립운동, 구국운동에 앞장 섰다.

그 물적증거가 3·1독립운동이다. 구국운동에 앞장섰었다. 그 물적 증거가 3·1독립운동인데 기미독립 선언서에 서명한 33인 중에 16인이 기독교인 출신이었다는 이 한 가지 사실만으로도 넉넉히 설명된다. 과거 한국 기독교는 잃었던 나라를 회복하기 위하여 독립운동을 해왔다. 이것을 위하여 기도하였고 사상을 고취시키고 설교를 하였다. 국문을 가르치고 농촌 강연을 하기도 하였고 물산장려운동을 하였다. 그리하여 한국교회는 독립운동 동시 집단체로서 일본 경찰의 주목과 간섭을 받았다. 그러나 미래의 교회는 또 그 사명이 다르다.

① 남북통일 성업이다.

남북의 분단은 우리민족이 결의한 것이 아니다. 일본의 항복을 받은 연합국이 책임이 있다. 지금은 두 나라를 형성하고 있으나 언제인가는 두 나라가 한 나라가 되고 한 민족이 되는 것이다.

남북통일이 되기를 원하고 속히 되기를 원하며 주 안에서 통일되기를 원한다. 만일에 주 안에서 통일되지 않으면 제2의 월남사태가 벌어져서 수많은 내국 동포가 희생될 가능성이 있다. 이런 의미에서 공산화 통일이나 무력통일을 우리는 원치 않고 남북 지도자 대화와 협상을 통하여 합법적으로 고차원적인 민족애로 뭉치고 단결된 조국통일, 민족통일, 평화통일이 이루어져서 남북의 문물이 교류되고 국력이 신장발전 되고 아세아와 세계에 평화건설을 위하여 영향력을 미치는 국가로 되기를 원한다. 이런 국가가 되기 위하여 기도하고 사회 각 방면에 크리스천이 침투하여 건전한 국민정신, 통일정신을 정착시키는 기독교인이 되어야 할 줄을 믿는다. 기독정신인 3·1정신을 기초로 하여 현대에 살고 있는 크리스천으로 현대사가 위촉하고 있는 남북통일 시대적인 사명을 다해야 될 것이다.

② 복지국가 건설

비록 독립국가요, 남북통일 국가가 된다고 할지라도 죄악이 우글거리고 빈곤이 지배하는 국가라면 그런 국가는 우리의 바람직한 국가는 아니다. 우리는 이 나라, 이 민족이 삶의 보람을 느끼는 살기 좋은 사회를 만들어야 한다. 이 땅에 태어난 어린이는 그 누구나 중고등학교를 의무적으로 교육받으며 청년은 마음대로 취향에 맞는 직업을 가지며 늙어지면 직장에서 물러날지라도 정부에서 생활부양비를 지불한다.(미국은 시민과 영주권을 가진 자에게 200불 정도의 생활비 지불이 되고 있음)

모든 국민이 정치 참여의 권리가 부여되고 언론과 출판의 자유가 보장되고 신앙과 기업의 자유가 보장되고 사회악과 부조리가 없어지며 세계인과 어깨를 가지런히 하여 상호교제할 수 있는 사회를 만들어야 한다. 이는 하루아침에 이루어지는 것은 아니지만 우리는 이러한 장래를 모토로 하여 위정자들과 힘을 합하여 조속한 복지사회 건설이 성취되기 위하여 음으로, 양으로 노력해야 된다.

우리는 우리나라의 운명을 구경꾼 모양으로 지켜 본다든지, 체념한다든지, 방관하는 반국가적, 반민족적 행위를 하여서는 아니된다.

우리는 이 사회 복판에 뛰어들어 호흡을 같이 하며 이 사회가 올바로 굴러가도록 작동해야 된다. 예수님은 우리를 세상의 빛이요, 소금이라 하였다. 빛은 어두운 곳에, 소금은 맛없고 썩어져가는 속에 필요한 것이다. 살기좋은 사회는 거저 와지는 것이 아니고 오게 하는 자에게 와지는 법이다. 우리는 우리의 사소한 파벌의식이나 파당심을 버리고 이 큰 전제를 살리기 위하여 힘을 합치고 지혜를 합치기 바란다.

그리하여 후세 인간들에게 지탄받지 않는 기독교인이 되어야 한다. 이완용은 죽어서도 영원히 지탄받고 있으며, 그 시체마저도 제대로 묻어 두지 못하고 있다.

③ 우리 땅을 세계 복음화의 기지로

기독교는 유대에서 발생하여 서구를 돌아 미국대륙을 거쳐 한국에 들어 왔다. 서구의 기독교는 전성기를 지나서 낙후기에 들어갔다. 미국의 교회도 병들어 가고 있다. 미국에서는 우리 한국교회 보고 선교사를 보내어 미국교회에 재선교를 해달라고 부탁하고 있다. 우리 한국교회도 숫자는 굉장하나 내부를 들여다보면 한심한 것 많지만 세계 속의 한국교회는 그래도 소망이 있다는 것이다.

세계 평화 없이는 우리의 평화가 있을 수 없다. 세계의 진정한 평화는 세계가 복음화 되는 길이다. 지금 세계는 유물주의, 공산주의, 과학만능주의로 땅에 떨어지고 있다. 도의와 양심은 땅에 떨어지고 악은 점점 성하여 지고 사랑은 식어지고 있으며 사람의 가치와 권위는 점점 땅에 떨어지고 있다.

지금이야말로 세계는 세기말세적인 정상에 놓여 있고 하나님이 인간을 내셨음을 한탄하리만큼 죄악이 관영하고 있다. 어떤 이가 말하기를 근자에 왜 각 나라에 지진이 이렇게 자주 일고 있느냐 묻는 것이다.(오늘 조간에 보면 유고와 동구라파 지역에는 지진으로 수천명의 목숨을 잃고 있다.)

이는 하나님이 세상을 보고 가슴 아파서 가슴을 떠는 바람에 지구가 흔들려서 그렇다고 풍자적인 말을 하고 있다. 세계평화는 복음이 다시금 새빛을 발산해야 된다. 사랑, 진리, 화평의 복음이 다시금 세계

도상에서 빛을 발할 날이 와야 된다. 세기 후반에 있어서 세계복음화의 전진기지가 한국이 되어야 한다. 우리에게 금과 은은 부족하지만 나사렛 예수의 이름을 가지고 세계로 뻗어 나가 온 세계를 복음화시킬 웅지를 가져야 되겠다. 세계가 구원을 받지 않으면 우리 민족의 구원도 어렵다. 웨슬레는 세계는 나의 교구라 하였다. 우리 한국 크리스천의 교구는 세계임을 확신키 바란다. 우리는 복음의 정병이 되어 세계를 주의 이름으로 정복하여 이 세계에 주님의 왕국을 세우는데 시대적인 사명을 다하자.

1. 우리는 우리 세대에 남북 평화통일을 성취시키자.
2. 우리는 복지국가를 건설하여 자손만대에 아름다운 유산으로 물려주자.
3. 우리는 한국땅을 세계 복음화의 센터가 되게 하자.

이렇게 되기를 주의 이름으로 축원한다.

3부
아버님을 기리며

김성호

수원종로교회(힘겹고 어려운 목회지)

아버지가 춘천중앙교회를 떠나 수원종로교회에 부임하신 날은 1974년 6월 24일이다. 그 이후로 1979년 춘천지방의 작은 교회 동춘천교회(광장교회)로 옮기기까지 하루도 마음 편할 날이 없으셨다.

종로교회 안에는 당시 감리교단의 수치였던 성화, 호헌, 정동 그룹 등 3파가 현존하고 갈등을 겪고 있었다. 또 하나의 문제는 수원종로교회에 부임할 당시 수원제일교회를 개척해 나간 전임자 이태선 목사의 부목으로 있던 김상돈 목사가 교회를 떠나지 않고 남아 있었던 것이

오는사람 가는사람

春川 中央教會奉職 11년3개월

金演晧牧師 水原으로轉任

在春教役者 要職 거의 맡다시피

하고싶은일 다못해 못내 서운해

教會新築·全國 傳道대회 誘致보람

◇크게成功한것도 없지만 또 失敗한것도없다고 말하는 金演晧牧師。

이임 신문기사

다. 담임목사가 되려고 했지만 성공하지 못했는데 그 교회에 부목사 자리에 그대로 남아 있었다. 그게 문제였다. 어디 새로운 교회를 찾아 나가야 하는데 그대로 주저앉아 있었던 것이다.

아버지는 사실 함께 동역하던 부목사들과 아주 인격적인 관계를 맺고 지냈다. 주일 낮 설교도 한 주씩 번갈아 했고 심방도 지역을 나누어 했다. 5주가 있는 달에는 외부 강사를 모셨는데 원로목사님, 신학대학의 학장, 교수들, 김형석, 함석헌 같은 인사들이 그분들이었다. 부목사들에게는 최대한 재량권을 부여해서 마음껏 소신을 가지고 일하게 했다. 그리고는 지방 내 유수한 교회에 담임목사로 가도록 인도해 주었다.

그런데 김상돈 목사는 막무가내였다. 한 번은 아버지가 보여주시는 교회 당회록을 보니 아버지가 있어야 할 당회장 란에 그의 이름 김상돈이 적혀 있었다. 또 한 번은 큰 교회에 있는 아버지의 제자가 그 자리를 내어주고 당신이 아버지의 부목으로 오겠다고 하는데도 고집을 부리고 가질 않았다. 해도 해도 해결이 안 되자 하나님의 뜻을 구하기 위해 아버지는 60일 기도에 들어가셨다. 20일은 예비기도, 40일은 금식기도를 하셨다. 아버지는 40일 금식기도를 마치고 내려왔는데 김상돈 목사는 당신이 쉬다 왔으니 나도 쉬겠다면서, 주일설교도 안 하고, 수요기도회, 새벽기도회 등에 일절 참여하지 않았다. 그래서 아버지는 40일 금식기도회를 마치고 심히 병약한 몸으로 모든 교회 일정을 소화해 내셨다. 그리고 얼마 지나지 않아 당뇨병에 걸리셨는데 당 수치가 640이 나왔고 그 후 돌아가실 때까지 당뇨병으로 고생하셨다.

수원에 들렀더니 아버지께서 이런 말씀을 하셨다. "교인들이 그러는데 부목사 설교는 잘 들리는데 내가 하는 설교는 안 들린단다." 나는 아버지의 생신 선물로 그 당시 소니에서 나온 핀 마이크를 사다 드렸다. 그런데도 여전히 잡음이 나고 설교 소리가 교인들에게 전달되지 않는단다. 아버지께서는 젊어서 마이크 없는 곳에서도 쩌렁쩌렁 울리게 강연을 하셨던 분이시다. 그런데 교회에서 일하는 사찰 집사가 아버지를 찾아왔다. 그는 오자마자 눈물을 뚝뚝 흘리며 무조건 "잘못했습니다. 잘못했습니다. 저를 용서해 주십시오." 했다. 왜 그러느냐고 했더니 그 집사가 이런 얘기를 털어놓았다. "사실은 목사님 설교하실 때 소리가 잘 안 들린 것은 저 때문입니다. 부목사가 설교할 때는 새 앰프에 마이크를 연결하고 목사님이 설교하실 때는 전에 쓰던 망가진 앰프에 연결했습니다. 부목사가 그렇게 하라고 시켜서 할 수 없이 그렇게 했습니다. 제발 용서해 주십시오. 죽을 죄를 지었습니다." 아버지께서는 그를 안아주고 오히려 위로해 주셨다.

아버지는 교회에 해결책을 제시했다. 담임목사와 부목사가 같이 종로교회를 떠나 새 목사가 와서 교회를 새롭게 부흥시키도록 하자는 것이었다. 아버지는 그 교회에서 임지도 없이 무작정 나오시게 되었다.

춘천 재입성– 동춘천교회(광장교회)

어느 날 청량리역에서 춘천지방 동춘천교회(광장교회) 장로님들과 만나게 되었는데 담임목사님이 떠나셔서 후임 목사님을 찾고 있다는 얘기를 했다. 나는 조심스럽게 아버님에 대한 말씀을 드렸다. 그들은 아버지가 춘천중앙교회에 계실 때 지역을 나누어 개척한 교회였다. 동춘천교회를 개척할 때 내가 임시 교역자로 잠깐 섬겼던 교회이기도 해서 장로님들을 잘 알고 있는 터였다. 장로님들은 오히려 황송해 하면서 목사님을 모시게 되면 저희가 영광이죠 하신다. 그렇게 해서 아버지는 다시 춘천으로 가시게 되었다.

문제는 좀 있을 수 있었다. 아버지가 시무하던 춘천중앙교회에 아버님의 감신 동기인 곽철영 목사가 계신 것이다. 그러나 아버지는 모든 걸 내려놓은 상태이고 춘천에 가서 할 일, 곧 춘천성시화운동이 기다리고 있기에 크게 문제시 하지 않았다. 아버지는 내게 늘 말씀하셨다. “곽 목사는 내 친구이니 아버지처럼 생각하고 모셔라.” 새해가 되면 나는 그분에게 해마다 인사를 다녀오곤 했다. 동생 성용이도 아버님 뜻에 순종하기 위해 명절에 세배하러 갔다가 늘 문전박대를 당하고 나와버렸다.

아버님은 춘천에 다시 오셔서 무엇보다도 춘천성시화운동을 재건하는 일을 우선시하셨다. 춘천으로 돌아온 다음 해인 1980년에 춘천

복음화운동이란 이름으로 춘천성시화운동을 재시동하셨다. 72년 춘천성시화운동이 열렸던 그 장소인 춘천체육관에서 복음화대회를 연 것이다. 춘천중앙교회에서는 곽철영 목사가 앞장서 집회를 방해하고 교인들이 참석하지 못하도록 광고하기도 했다. 그런 방해세력이 있음에도 불구하고 외부의 아무런 지원도 없이 춘천 자체만의 집회였지만 성황리에 성공적으로 집회를 마칠 수 있었다. 참으로 감사한 일이다.

2019년 10월 26일, 춘천 CCC 창립 50주년 홈커밍대회가 춘천 CCC 회관에서 열렸다. 1969년 겨울 서울의 홍정길 총무간사가 오시고 춘천 CCC를 개척할 때의 초기 멤버들도 많이 참석했다. 개척하신 홍정길 목사님, 춘천지구 초대 간사인 윤수길 목사님, 늦깎이 대학생으로서 학생 간사였던 김성주 목사님, 2대 이상규 목사님, 3대 조영상 선교사님을 비롯한 많은 나사렛 회원들이 참석했는데 이구동성으로 하시는 말씀들이 춘천중앙교회의 김연호 목사님이 아니셨으면 춘천 CCC 창립과 활동도, 그리고 춘천성시화운동도 이루어질 수 없었다며 김연호 목사님의 지도력과 협력에 모두 다 감사와 찬사를 보냈다.

감리교 동부연회 감독 선거

1980년 10월 감리교 총회에서 3개 연회(중부연회, 동부연회, 남부연회)별 감독선거가 있었다. 아버지는 동부연회의 두 분 후보 가운데 한 분이셨다.

80년 봄 후보가 거의 확정될 무렵 춘천지방 성암교회 송기창 목사로부터 내게 전화가 왔다. "왜, 아들이 되어가지고 운동도 하지 않느냐? 선거는 돈을 써야 한다. 내가 도와주겠다."는 요지였다. 나는 단호하게 그에게 말했다. "나는 선거운동을 할 입지도 못되고 나도 원치 않지만 아버님도 돈을 쓰는 걸 원치 않습니다. 우리에겐 그런 돈도 없습니다."

얼마간의 시간이 흐른 후 송 목사를 춘천중앙교회에서 열린 교역자회의에서 만났다. 그는 나를 한쪽으로 불러내더니 내게 또 같은 제안을 했다. 나는 먼저나 다름없이 냉정하게 그의 말을 끊었다. 선거일 전날 상대방 후보는 자신의 지지자들에게 숙식을 제공해 주었다. 그러나 아버지와 나는 싼 여관방에서 함께 잤고 선거운동도 하지 않았다.

내게 예감이 있어 아침에 일어나자마자 아버님께 이렇게 여쭈었다. "아버지, 한 표라도 지면 당당하게 상대방을 축하해 주고 춘천으로 내려갑시다." 그날 투표는 박빙이었다. 첫 번째 선거에 두 사람 다 동수가 나왔다. 2차 투표를 했는데, 아버지 지지자였던 백명호 목사가 바쁜 일이 있다면서 회의장을 빠져나갔다.

결국 재선거의 결과는 상대방이 한 표차로 이겼다. 내 말대로 아버지는 새로운 감독이 된 윤춘병 목사를 축하해 주고 자리를 떠났다. 내려오는 차 중에서 아버지는 송기창 목사를 만났는데 인사도 안 하고 뒷좌석으로 가서 앉았다. 많이 섭섭해하셨다. 아버지가 연회 심사위원일 때 학력 문제로 진급을 할 수 없게 된 송기창 전도사를 진급할 수 있도록 도와주었고, 아버지가 감리사일 때 송기창 전도사를 성암교회에 파송을 해 주었다.

한 번은 성암교회 장로들이 감리사인 아버지를 찾아와서 청을 했다. "송 전도사를 다른 데로 보내 주시고 새 교역자를 보내 주십시오." 아버지는 장로들을 설득해서 송기창 전도사가 계속 그 교회에서 시무하도록 도와주었다. 그런 그가 배신을 한 것이다.

아버지가 돌아가신 후 어느 선배 목사님을 만났더니 송기창 목사가 윤춘병 목사 측에서 100만 원을 받고 표를 팔았다고 했다. 그는 재직 시 통일교 자금으로 여행을 갔다 오기도 했고 지방 내에서 제일 화려한 최고급의 양복을 철철이 입고 다녔고, 일반 사람들이 소유하기 힘든 고급 카메라를 가지고 다니며 폼을 잡았다. 그렇게 살아온 그도 환갑 지난 그 이듬해 일찍 세상을 떠나고 말았다. 아버지는 교단을 위해 마지막 봉사란 생각을 가지고 감독에 출마하셨으나 결국 돈을 쓰지 않은 관계로 그 뜻을 이루지 못하시고 그다음 해 4월 1일 세상을 떠나 하늘나라로 가셨다.

5·18과 아버지

5·18 광주민주화운동 이후 아버지는 시국의 혼란을 크게 걱정하셨다. 전두환은 5·18 전날 김대중 선생과 그 주변 인물을 국가 변란을 도모한 죄로 잡아 가두었다. 그리고 그에게 사형 언도를 내렸다.

감독선거가 끝나고 며칠이 지난 어느 날 아버님께 갔더니 아버님이 이런 말씀을 하셨다. "비장한 각오로 전두환에게(당시 국보위위원장) 내가 김대중 선생 구명 탄원을 했다. 나는 그와 일면식도 없는 사람이지만 현대역사에서 김대중 같은 인물을 한번 만나기가 어려우니 그를 살려두어 나라와 민족을 위해 공헌하게 해야 한다."는 요지였다. 그리 말씀하시고 나서, 내게 전두환에게 보낸 편지의 원본을 보여주셨다. 그리고 며칠 전 국보위 강원도 책임자가 된 군인이 인사를 왔었다고 전하셨다. 그는 아버님을 잘 아는 사람으로 아버님이 결혼 주례를 해준 사람이었다고 했다.

서울에서 사촌 형인 김성주 전도사의 목사안수식이 있던 날이었다. 내게 어머니로부터 전화가 왔다. 아버님이 서울의 조카 안수식에 참여하신다고 일찍 나가셨다는데 늦게까지 돌아오시지 않는다고 하신다. 늦은 밤에 성주 형에게서 전화가 왔는데 작은 아버지께서 안수식에 오시지 않았다고 했다. 아버님은 안수식에 가신다고 아침 일찍 나가셨는데 안수식에도 참석하지 못하셨고 밤늦도록 돌아오지 않으셨다. 집에 뒤늦게 돌아오서서부터 아버지가 좀 이상하셨다. 국보위에 끌려가서 어려움을 당한 것이 분명하였다. 아버님의 이상 증세가 회복되지 않아 병원에 입원시켜 드렸다. 대한수도원에도 모셨고, 병원을 여러 군데 옮겨 다니시다 조금 괜찮으신 것 같아 퇴원하여 집에 돌아오셔서 교회에서 설교를 하셨다.

장로들이 나를 만나고 싶다고 했다. 윤명선 장로를 비롯해 네 분의 장로가 나를 만나 교회가 혼란에 빠졌으니 어떻게 하면 좋겠느냐고 상의를 해왔다. 나는 그 정황을 볼 때 더는 안 되겠다고 판단하고 내가 대신 아버님의 사의를 표했다. 아버님 내외는 동생네 15평 주공 아파트로 이사를 나오셨다. 하루는 동생네로 아버님을 찾아뵈었다. 나는 안타까운 나머지 아버님께 역정을 다 내었다. 그 당시 나는 개척교회인 춘일교회를 담임하고 있었고 폐결핵을 앓고 있어 객혈을 하고 있었다.

그런데 아버님은 내게 이런 말씀을 하셨다. "곽철영 목사에게 전화했다. 건강이 많이 좋아져서 시골교회도 괜찮으니 날 좀 파송해 달라고 그랬더니 곽 목사가 그러더라. '당신 미친 것 천하가 다 아는데 어떻게 목회할 생각을 하냐?' 라고 얘기하더라." 그런 말씀을 하시고 나서 "그래도 곽철영 목사는 아버지 친구이니 아버지처럼 잘 모셔야 한다."라고 하셨는데 그게 아버님의 내게 대한 마지막 말씀이셨다.

그리고는 황지에 있는 아들(이명재 장로) 보러 가신다고 하시면서 어머니와 함께 황지로 가셨다. 나는 아내의 퇴직금 300만 원으로 교회에 선교원을 만들기로 하고 경비를 줄이기 위해 내가 직접 아이들이 앉을 의자를 짰다. 사물함도 되고 놀이도구도 되는 다목적 의자였다.

한참 일하고 있는데 전화벨이 울렸다. 황지에서 온 전화였다. 아버님이 장성병원에 입원하셨는데 혼수상태라는 것이다.

3월 말인데도 눈이 하얗게 왔다. 그때만 해도 가정에 승용차가 없던 때라 중앙교회 교인이 모는 택시를 밤에 대절해서 동생하고 황지까지 갔다. 가는 길은 눈이 너무 많이 와 길이 보이질 않았고 그래서 길을 잃기도 했다. 택시 기사도 그쪽이 초행이라 많이 힘들었다. 고개는 얼마나 많은지 어렵사리 아버님이 입원하신 병원에 도착했다. 그 병원은 시설이 아주 미비했다. 아버님을 원주기독병원으로 모시기로 결정을 했는데 원주까지 모실 앰뷸런스가 없다. 할 수 없이 황지역에서 기차를 탔다. 계속 아버님의 호흡을 도우며 원주에 도착하여 기독병원 중환자실에 입원했다. 왜 이렇게 혼수상태에 빠졌는지 우리도 모르고 의사들은 더욱 몰랐다. 혹시 가스중독인가 해서 그 방면 치료도 해 보고 다른 조처들도 취했으나 소용이 없었다.

1981년 4월 1일 아침, 조반을 먹고 중환자실에 들어가서 아버님 곁에 섰다. 작은 소리로 아버님께 인사를 여쭈었다. 그런데 아버님이 한 번 호흡을 크게 하시더니 더 이상 호흡이 없으시다. 의사와 간호사를 불렀다. 그들이 다가오더니 운명하셨다 한다. 나 혼자 아버님의 임종을 지켜보게 되었다. 가족들에게 연락을 했다.

그런 와중에 중환자실로 쥬디 목사님이 전화를 하셨다. 춘천중앙교회에 모시려고 하니 중앙교회로 아버님을 모시고 오라는 말씀이셨다. 감사를 전하고 입관식을 준비하고 있는데 어머니와 동생이 왔다. 원주지역 목사님 몇 분이 오셔서 입관식 예배를 드려주셨다. 장의차에 아버님을 모시고 어머니와 함께 춘천을 향해 가는 차 안에서 어머님께 장례 문제를 의논하였다.

나는 쥬디 목사님도 그렇게 말씀하셨으니 중앙교회에서 장례식을 하면 좋겠다는 말씀을 드렸는데 어머니는 결사코 반대하신다. 곽철영 목사에 대한 섭섭함이 크게 작용하고 있었다. 내가 이렇게 말씀드렸다. "아버지는 이미 돌아가셨고 원수도 사랑하라고 하셨는데 돌아가신 아버님과 곽 목사가 화해하도록 우리가 힘을 써야 되지 않겠습니까? 중앙교회에서 장례를 치르도록 합시다." 어머니는 내 말에 힘들게 동의해 주었다.

아버님의 장례식

원주를 떠나기 전 춘천시 사회장을 치르기 위해 중앙로 YMCA 강당에 빈소를 차려 놓았다는 전갈을 받았다. 장의차를 YMCA로 안내했다. 그곳에는 벌써 목사님들과 사회 인사들이 모여계셨다. 내가 강당으로 올라가니 목사님들이 내게 오셔서 그래도 중앙교회에서 교회장으로 모셔야 되지 않겠느냐 하신다. 나는 쥬디 목사님께서도 그리 말씀하셨다고 전했다. 그러는 사이 장의차 운전사가 빨리 돌아가야 한다고 서두르는 바람에 장의차는 아버님을 모시고 중앙교회로 갔다.

당시 감리사인 권정홍 목사님이 잠깐 나갔다 오시겠다고 하면서 밖으로 나갔다가 들어오시더니 "곽철영 목사를 찾았더니 목욕탕에 가 있었고 전화를 연결했더니 객사한 사람은 집에도 안 들이는데 왜 교회에서 장례를 해야 하느냐고 되묻는다."라는 것이다. 그러면서 감리사는 중앙교회에서는 장례를 모실 생각이 없다고 했다.

목사님들이 한참 고심하고 있는데 이영호 목사님이 잠깐만 기다리라고 하시고 밖으로 나가셨다. 얼마 후에 이 목사님이 남춘천교회 수석 장로님을 모시고 들어오셨다. 그러면서 하시는 말씀이 "우리 남춘천교회에서 김연호 목사님 장례식을 모시고 여선교회, 청장년회에서 봉사하겠다. 장지도 남춘천교회 묘지에 모시겠다. 그 묘지를 사 놓고 한 번도 사용하지 않은 묘지인데 김연호 목사님을 모시면 우리 교회 최대의 영광이다." 하시는 것이었다. 그렇게 하기로 결정을 내렸다.

한편 어머니와 동생이 타고 있던 장의차는 중앙교회로 갔다가 굳게 닫힌 문 앞에서 돌아서야 했다. 아버님의 시신을 다시 동생네 주공 15평 아파트로 모셨다. 동생은 집에서 장례식을 치러야 한다고 생각하고 적십자병원에서 천막을 빌려다가 아파트 앞에 쳐놓았다. 내가 동생네로 가서 어머니와 동생을 설득했다. 마음이 많이 상하신 어머니가 거부하시는 것을 이영호 목사님과 그 교회가 베푸는 사랑을 우리가 잘 받아들여야 한다고 말씀을 드렸다. 우리는 다시 남춘천교회로 아버님의 시신을 옮겨야 했다. 수요일 저녁 예배 후였다. 늦은 시간에 장례식장이 정해지는 바람에 밤늦게서야 급하게 연락을 취했다.

장례식을 치루어준 남춘천교회

설교는 이경재 감독님께, 조사는 고명균 목사님께 부탁을 드렸는데 그분들은 심히 안타까워하시면서 아주 애절한 설교와 조사를 해 주셨다. 그리고 기도는 곽철영 목사에게 부탁했다. 목요일 하루, 그 짧은 시간에 정말 너무나도 많은 분들이 조문을 다녀가셨다. 장례예배 때도 교회 밖에 조문객이 줄지어 설 정도로 많이 참여해 주셨다.

장례식을 마치고 장지인 광판리 남춘천교회 묘지로 이동할 때는 중차를 해가면서 열한 대의 버스로 움직여야 했다. 늦게 연락을 받은 많은 목사님들이 장례식이 끝났는데도 계속 문상을 오셨다. 그야말로 파란만장한 아버지의 삶은 이렇게 마무리되었다. 그분의 춘추 61세에.

장례를 마치고 나서 순서 맡으셨던 분들을 찾아 일일이 감사 인사를 드렸다. 곽철영 목사에게도 갔다. 기도를 맡아 주셔서 감사하다는 말을 전했더니 5년 뒤에나 얘기하도록 하세한다. 장례 후 다음 주일, 중앙교회에 출석하고 있는 사촌 동생이 주일예배를 드리고 나서 내게 왔다. "오빠, 오늘 예배 시간에 사회자인 부목사 조창오 목사가 나와 작은 아버지 장례에 대해 해명을 했는데 중앙교회에서 장례를 모실

김연호 목사 장례식(남춘천교회)

하나님의 종으로 民族을 사랑

—金演晧목사의 他界를 追慕하며

春川 聖市化운동에 앞장

「눈물젖은 빵을…」一代記 著書남겨

집한칸없이 清貧한 生活

故 金演晧목사(62)는 하나님을 사랑하고 민족을사랑한 강원도가 낳은 한국기독교계의 큰별 이었다。강원도에서 태어나 기독교修學을 위해 한때 平壤에서 青年시절을 보내고 어려운 교회 부흥을위해 仁川 水原등 타지에나가 있었으나 목자로서의 40여년을 거의강원도에서 보냈다。金목사는 특히 64년 봄에 春川중앙감리교회목사로 취임후 74년6월24일 水原종로교회로 가기까지 10여년동안 春川 聖市化운동 추진 중심인물로 활약、교파를 초월한종교지도자로 큰공을 남겼다。

金목사는 기미년 독립만세운동이 일어난 다음해인 1920년4월 橫城군隅川면 가좌곡리 옥내동에서 태어났다。아버지대에는 재산도 있었으나 金과 도박등으로 탕진 가세가 기울어진데다 나라마저 빼앗긴 울분속에서 파란만장한 유년기를 보냈다。

장남 金聖湖씨(32)는 『아버님의 중심 사상은 敬天愛族 이었읍니다。하나님을 믿는것 못지않게 나라와 민족에대한 사랑이 항상 가슴속에서 뿜었어요。어렸을때 기억이지만 3·1절등 국가기념일이면 우리가족은 아버지 주재로 국기게양을 한후 애국가를 부르며묵념을 하는등 가족기념식을 가졌어요』라고 회상한다。金목사의 조국과민족애에 대한 신념을 수기에도「내가 죽은 다음에 내머리를 쪼개어보기 바란다。참중은 사리가생기듯이 나의 머리에서는 태극알이 나올줄로 믿는다」고 썼다。또 金목사는 항상 약자나 불쌍한 사람을 보면 이를 그냥 지나치지 못하는 정의감 강하고 인정이 많았다。그가 21세되던 平壤 섬화신학교시절 서문토성남쪽 보통강언덕에 1백30여세대의 빈민굴에 뛰어들어 이들과 함께 기거하며「빈민굴의 작은종 金演晧」라는 명함을새겨이들지원을 호소하고 전도로 감화시킨 이야기는그를아는 교계인사는 모두 알고있는 사실이다。천성이 남에게 거짓말할줄모르는 소탈한 성품의 金목사는 그가 春川중앙교회에 부임하던 그해에소양강물이 범람、소양강뚝 근처에 살던 2만명의이재민이 발생했을때 그는 당시 중앙국민학교에 수용되어있던 6천명을 대상으로 교인들과함께밥을 지어 나눠주었다。10인용 50인용 적은 밥솥으로수십차례 이들의 주먹밥짓는 것을 당시 朴敬遠도지사가 목격하고 정부에진의、보전사회부장관의 감사장을 받은일도 있다。

그가목사로서 그의고향인 강원도를 자랑스러운 고장으로 만들어 보겠다고 심혈을 기울인것은春川성시화 운동。1972년부터 불붙은 春川성시화운동은 春川을 기점으로 해서 양심이 지배하는 강원도、지식수준이높고 가난이 없으며 아름다운 강원도、올타리 없이 서로 믿고사는 강원도를 이룩하기 위해 목사 장로를 비롯、교육계 인사 언론인 경제인등이 대거 참여하고 전국 각처에서 지원대까지 받아 1만명 가까운 성도가 춘천체육관에서 전도집회를 갖기도 했다。

또 3년전에는 그가 환갑이 가까운 나이로 鐵原에서 신앙훈련을 위해 40일간 입산기도한 것은 그의 깊고 놀라운 신앙심을 나타낸 것이었다。

이제 그는 62세나이에 뇌일혈로 일찍 하나님 곁으로 돌아갔다。한평생을 청빈하게 살아온 그는 집한칸이 없이 그가 평소 아끼던 책몇권을 쌓아둘 장소가 마땅치 않았다고 유족들이 말한다。물론 그가 돌아가누울 땅도 한평없다。다만 그의 파란만장한 자신의 일대기를 엮은 저서「눈물젖은 빵을 먹어 본 사람이 아니면 그맛을 모른다」와 설교집『푸른 초원』4권만이 남아있다。가족으로는 夫人 金東玉여사(65)와 2남1녀가 있는데 모두 기독교 교인이며 金목사의 3형제와 손자등 40여명의 온가족도 교회를 나가고 있다。

金목사의 장자 金聖湖씨는 『아버지의 유업인 春川 성시화(福音化)운동을 위해 혼신의 정열을 바치겠다』고 다짐했다。【權】

◇故 金演晧목사의 빈소에서 아들 金聖用씨가 분향하고 있다。

김연호 목사 서거 보도(1981)

"눈물 젖은 빵을 먹어본 사람이 아니면" 출판기념회를 마치고

의무는 없다. 그리고 장례도, 장지 문제도 배다른 두 아들이 의견의 일치를 보지 못해 생긴 거다."라고 했다는 것이다.

동생은 화가 나서 당장 곽 목사를 찾아간다는 것을 겨우 말리고 내가 부목사를 조용히 만나 "사실과 다른 얘기를 그 많은 교인 앞에서 광고를 했다니 유감이다. 아픔을 당한 가정을 심방해주지 못하면서 왜 상중인 가정에 그런 큰 상처를 주느냐? 곤란한 일을 당했다고 거짓으로 해명을 해도 되는가? 곽 목사에게도 꼭 전해 달라."고 말했다.

장례 후 나는 아버님의 유언을 따라 아내와 아이들을 데리고 해마다 곽 목사에게 세배를 갔다. 그리고 10년 후 남춘천교회 묘지에 묻혀 있던 아버님의 시신을 곽 목사의 후임자가 온 후 춘천중앙교회 묘지로 이장했다. 아버님이 돌아가시기 1년 전엔, 1952년 세상을 떠나신

생모의 시신을 인천 부평 계산동에서 춘천중앙교회 묘지로 이장해서 지금은 두 분이 나란히 묻히게 되었고 자손으로서 감사한 마음이 크다. 곽철영 목사가 말년을 요양원에서 보내시게 되어 몇 차례 병문안을 갔다.

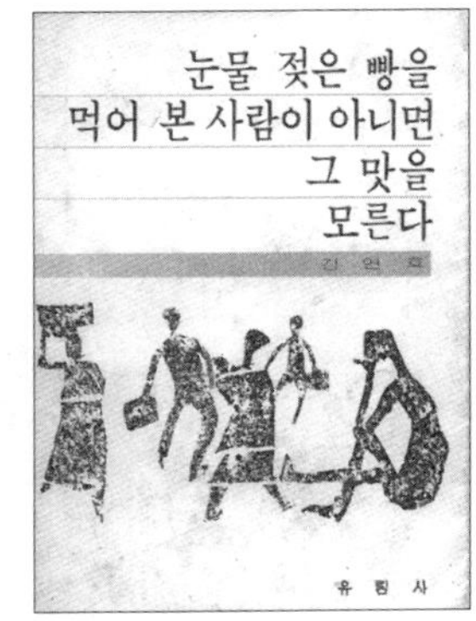

『눈물 젖은 빵을 먹어 본 사람이 아니면 그 맛을 모른다』 책의 처음 판 표지(1979)

그런데 한 번은 곽 목사가 이런 말을 했다. "김 목사, 아버님이 쓰신 자서전 『눈물 젖은 빵을 먹어 본 사람이 아니면 그 맛을 모른다』라는 책을 다시 출판해 드리게. 그 책은 정말 훌륭하고 귀한 책이야." 한다. 그는 춘천에서 열린 아버지의 책 출판기념회에 참석도 하지 않았었고, 그까짓 것을 책이라고 내느냐고 비아냥거리기도 했었다. 그런 그가 이런 말을 하다니 그도 말년에 그런 일에 대해서 후회의 상념이 깃드나 보다. 내가 곽 목사를 방문해서 그런 말을 들은 뒤 며칠 되지 않아 그는 이 세상을 떠났고 나는 그의 장례식에 다녀왔다.

짧은 생이셨지만 아버님은 敬天愛族을 평생 교훈으로 삼고 그대로 실천하셨을 뿐만 아니라, 우리 자손들과 많은 분들에게도 가훈으로, 큰 교훈으로 남겨 주셨다.

목회일화

아내와 두 딸들을 차에 태우고 내가 어릴 적 자라던 충남 당진과 서산을 다녀온 적이 있다. 당진에 들려서는 내가 어머니로, 혹은 할머니로 생각하고 있는 인이수(나의 생모 성이 인 씨다.) 장로님 댁에 들려서 장로님과 함께 아버님 젊었을 때의 이런저런 목회 얘기를 많이 듣고 나서 내가 1, 2학년을 다녔던 고대초등학교에 들렀다. 교무실에 가서 1학년 때 담임선생님이셨던 손낙풍 선생님의 거처를 물으니 은퇴하시고 학교 아래에 사신다는 것이 아닌가. 나는 아이들을 데리고 손낙풍 선생님을 찾아뵈었다. 내가 1학년이었을 때 사시던 집 그대로였다. 인사를 여쭙자 선생님은 내 이름을 기억해내시고 무척 반가워하셨다. 30년 전에 1학년이었던 제자의 이름을 기억하고 계셨다니 너무 감격스럽고 감사했다. 다 훌륭하신 아버님 덕분이었다고 생각한다.

그다음엔 서산으로 가서 서산초등학교를 돌아보고 농기구센터를 하고 계신 정계훈 장로님을 찾아뵈었다. 그는 아버님의 제자로 아버님이 설립하신 학교를 졸업한 후 대전감리교신학교(현 목원대학교)를 졸업하고 아버님이 감리사로 계시던 서산지방에서 목회를 하셨다. 그 당시 서산지방에는 정규 신학교를 졸업한 이가 두 분밖에 없었는데 그분들은 아버님과 정계훈 전도사였다.

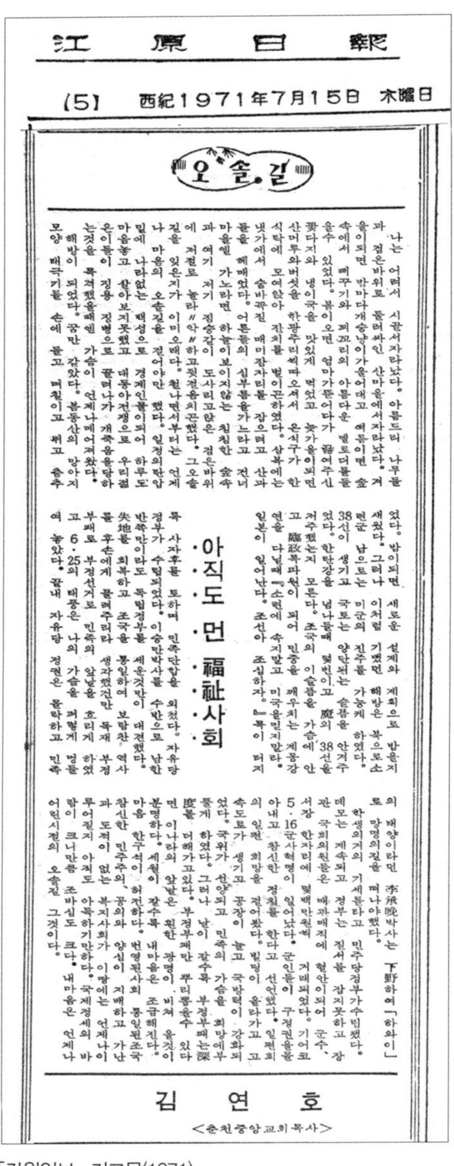

江原日報

(5) 西紀1971年7月15日 木曜日

오솔길

나는 어려서 시골서자라났다. 아름드리 나무들과 점은바위로 둘러싸인 산마을에서자라났다. 겨울이되면 밤마다개승냥이가울어대고 여름이면 숲속에서 뻐꾸기와 꾀꼬리의 아름다운 멜로디를들을수 있었다. 봄이오면 엄마가뜯어다가 끓여주신 꽃다지와 냉이국을 맛있게 먹었고 늦가을이되면 산머루와버섯을 한광주리씩따오셔서 온식구가 한식탁에 모여앉아 잔치를벌이곤하였다. 삼복에는 냇가에서 숨바꼭질 매미잠자리를 잡으려고 산과 들을 헤매었다. 어른들의 심부름을가느라고 건너마을엘 가노라면 하늘이보이지않는 칠칠한 숲속과 여기 저기 짐승같이 도사리고앉은 점은바위에 저절로 놀라 "악"하고 뒷걸음치곤했다. 그오솔길을 잊은지가 이미오래다. 철나면서부터는 언제나 마음의 오솔길을 걸어야만 했다. 일정의탄압밑에 나라없는 백성으로 경제인물이되어 하루도 마음놓고 살아보지못했고 대동아전쟁으로 우리젊은이들이 징용 징병으로 끌려나가 개죽음을당하는것을 목격했을때엔 가슴이 언제나메어져왔다.

해방이 되었다. 꿈만 같았다. 봄동산의 망아지모양 태극기를 손에 들고 며칠이고 뛰고 춤추었다. 밤이되면 새로운 설계와 계획으로 밤을지새웠다. 그러나 이처럼 기뻤던 해방은 북으로소련군 남으로는 미군의 진주를 가능케 하였다. 38선이 생기고 국토는 양단되는 슬픔을 안겨주었다. 한탄강을 넘나들때 몇번이고 恨의 38선을 저주했는지 모른다. 조국의 이슬픔을 가슴에 안고 臨政파원이 되어 민중을 깨우치는 계몽강연을 다닐때 「소련에 속지말고 미국을믿지말라. 일본이 일어난다. 조선아 조심하자.」 목이 터지목 사자후를 토하며 민족단합을 외쳤다. 자유당정부가 수립되었다. 이승만박사를 수반으로 남한반쪽만이라도 독립정부를 세운것만이 대견했다. 失地를 회복하고 조국을 통일하여 보람찬 역사를 후손에게 물려주리라 생각했건만 독재 부정부패로 부정선거로 민족의 앞날을 흐리게 하였고 6·25의 태풍은 나의 가슴을 퍼렇게 멍들여 놓았다. 끝내 자유당 정권은 몰락하고 민족의 배양이라면 李承晩박사는 下野하여 「하와이」로 망명의길을 떠나야했다.

학생의거의 기세를타고 민주당정부가수립됐다. 데모는 계속되고 정부는 질서를 잡지못하고 장관 국회의원들은 매관매직에 혈안이되어 군수、서장 한자리에 몇백만원씩 거래되었다. 기어코 5·16군사혁명이 일어났다. 군인들이 구정권을몰아내고 참신한 정치를 한다고 선언했다. 일편의 일편 희망을 걸어봤다. 빌딩이 올라가고 고속도로가 생기고 공장이 늘고 국방력이 강화되었다. 국위가 선양되고 민족의 가슴을 희망에부풀게 하였다. 그러나 날이 갈수록 부정부패는深度를 더해가고있다. 부정부패만 뿌리뽑을수 있다면 이나라의 앞날은 환한 광명이 비쳐올것이 분명하다. 세월이 갈수록 내마음은 조급해진다. 마음 한구석이 허전하다. 번영된사회 통일된조국 참신한 민주주의、공의와 양심이 지배하고 가난과 도적이 없는 복지사회가 이땅에는 언제나무어질지 아직도 아득하기만하다. 국제정세의 바람이 크니만큼 조바심도 크다. 내마음은 언제나 어린시절의 오솔길 그것이다.

·아직도 먼 福祉사회·

김연호

<춘천중앙교회목사>

「강원일보」 기고문(1971)

목회를 하던 그는 중도에 목회를 그만두셨다. 그는 심한 장애인이었다. 그 장애로 인해 교인들이 상처를 받을까 봐 목회하는 일을 그만두고 대신 고향마을에 학교를 설립했는데 그 학교가 팔봉중학교다. 학교 교장을 하시다가 다른 사람을 교장으로 세우고 이사장으로 계시면서 서산 읍내에서 농기구 가게를 운영하시고 학교의 운영 재원을 벌어 강당도 짓고 학급도 증설하셨다. 그는 전국 양곡협회 이사장도 하셨는데 나라에서 삼일문화상을 받기도 했다. 정 장로님이 사주신 냉면을 맛있게 먹으면서 그분에게서 이런 이야기들을 들었다.

60년대 전후 우리나라가 너무나도 가난했던 시절 미국에서 보낸 구호물자가 도착했다. 교역자회를 열고 그 구호물자를 전도사들에게 나누어 주었다. 그 물품은 담요였다. 옛날 군대 담요와 같은 것이다. 지방 서기였던 정 전도사가 물품을 다 나누어 주고 나니 감리사와 서기가 가지고 갈 두 장의 담요가 남았다. 그런데 남은 두 장 중 한 장은 큰 구멍이 나 있었다. 감리사이신 저희 아버님과 서기이신 정 전도사님이 서로 그 구멍이 난 담요를 가져가려고 실랑이를 했는데 결국 젊은 사람인 정 전도사님이 이기셔서 그 구멍 난 담요를 가져가셨다.

어느 날 정 전도사님이 좀 피곤해서 낮잠을 자려고 담요를 내려서 덮으려 하다가 조금 이상해서 살펴보니 그 담요는 구멍이 나지 않은 새 담요였다. 이상하다고 생각하면서 아내에게 물어보니 어느 날 감리사님이 사람을 시켜서 바꾸어 가셨다는 것이었다. 아버님은 후배 젊은 교역자들을 친 동생처럼 너무나 잘 보살펴 주셨다고 울먹이며 말씀하셨다. 아버님이 어머니의 치마폭을 찢어 만드셔서 해방 전부터 모진 풍파를 겪으면서 보물처럼 아끼고 사랑하며 소장하고 있던 태극기를 아들이 아닌 정 장로님에게 주셨다. 그가 아버지의 경천애족(敬

쥬디 선교사, 제자 나원용 목사와 함께
맨 우측이 송지창 목사다.

天愛族) 사상을 제일 잘 이어받은 제자이기 때문이다.

정 장로님은 또 다른 일화를 하나 더 들려주셨다. 어느 날 아버님 내외가 늦게까지 심방을 하고 저녁 식사까지 하고 들어왔는데 사택에서 지방 내 시골교회의 전도사 한 분이 기다리고 있었다. "식사는 했나?" 물으시니 그 전도사는 얼떨결에 먹었다고 대답을 했다. 방을 하나 내어 잠자리를 마련해 주고 들어가셨다. 혼자 방에 앉은 전도사는 후회막급이었다. 사실 그는 식량이 없어 며칠을 굶었다. 오늘도 먼 시골에서 차비가 없어 새벽부터 수십 리를 걸어 나왔다. 솔직하게 말씀드릴 걸 하면서 잠자리에 누워 배에서 나는 꼬르륵 소리를 들으니 더 배가 고팠다. 여러 가지 생각들이 스쳐 가고 얼마의 시간의 지났는데 밖에서 감리사님이 노크를 하시면서 문을 여셨다. 뒤에는 사모님이 밥상을 들고 계셨다. "나 자네가 식사하지 못하고 온 거 다 아네. 얼마나 힘들었나?" 그 전도사는 오랜만에 잠도 잘 자고 아침도 잘 먹고 감리사님께 쌀과 생활비까지 얻어서 목회 현장으로 돌아갔으니 얼마나 힘이 났겠는가!

작은 예수로서의 실천적 삶

나의 아버님 김연호 목사님은 감리교의 지도자로서뿐 아니라 에큐메니컬 운동, 교회연합운동의 지도자였다. 그는 지역교회를 한데 엮어 춘천에서 세계 최초의 성시화운동을 한국대학생선교회의 지원을 받아 시작했고, 지금도 그 운동은 춘천과 한국을 비롯 국제적인 운동으로 세계 곳곳에서 전개되고 있다.

그는 교회 안에서만 머무르지 않고 당진, 서산 지역에서는 농촌계몽운동을 하며 3,000명의 4H 청소년지도자 육성을, 서산지역에서는 서울을 오가며 3.15 부정선거 규탄 운동을 전개하고, 해방 후 강원도 지역에서는 신탁통치반대 순회강연, 춘천에 계실 때에는 3선반대범국민추진위원회 강원도 위원장으로 활동하는 등 종교적 이념을 뛰어넘어 겨레를 평화로 한데 묶는 사회와 민족지도자로 지금까지 존경을 받고 있다.

그는 또 신학교 재학 시 빈민굴에 들어가 그들을 위해 교회와 학교, 야학을 설립해서 빈민 아동들과 어른들에게 희망을 심어 주었고, 해방 후 농촌지역인 예산에서는 세 교회를 담임하며 전국 최초로 고등공민학교를 설립해 젊은이들의 교육에 힘썼다. 그 학교가 지금의 예산 임성중학교다.

주문진교회 재직 시에는 중학교에 가지 못하는 여자아이들을 위해 신성여학교(현 주문진 여자중학교)를 세워 여성들도 꿈을 키울 수 있음을 보여 주었으며, 당진에서는 고등학교 진학을 하지 못하는 젊은이들을 위해 호서성경고등학교(현 호서 중고등학교)를 조종범 목사와 함께 설립 청년들의 꿈의 성취를 도왔다. 그들 학교는 그 지역 인재 양성의 요람이 되었다.

그의 활동 범위는 그게 다가 아니다. 한 번은 아내와 함께 서산에 갔던 길에 해미에 계신 윤지용 목사님을 찾아뵈려고 택시를 탔는데 운전기사가 백미러로 나를 계속 힐끗힐끗 쳐다본다. “기사 양반, 왜 나를 아까부터 힐끔힐끔 쳐다보시오.” 하고 물었더니 기사가 대답했다. “혹시 김연호 감리사님 아드님 아니세요.” “아니, 날 보고 왜, 그런 생각을 하세요.” “김연호 감리사님은 우리가 어려서 어른들과 우리 아이들에게 아주 훌륭하신 우상이었어요. 감리사님이 오시면 온 동네 어른들과 아이들이 모여들었죠. 선생님께서 그분을 꼭 닮으셨네요.” “감사합니다. 아버님을 닮았다고 해 주셔서. 그렇게 닮아 가도록 제가 많이 힘써야죠.”

윤지용 목사님의 본 이름은 윤창녀이시다. 감리사인 아버님께서 그를 춘천지방의 그래도 실력 있는 교회로 보내시려고 하는데 그 교회 이름은 사창리교회였다. 사창리에 윤창녀가 가게 생겼다. 아버님은 나중을 위해서도 안 되겠다 하시며 그분의 이름을 지용이라고 고쳐드려 파송했던 것이다. 윤지용 목사님을 뵈었더니 여러 얘기를 하는 중에 “아버님은 나보다 두 살이 위신데 너무 일찍 어른이 되셔서 그런지 친구가 없으신 것 같아.” 그 얘기를 들으면서 나는 속으로 대답했다. “아버님은 누구보다도 각계각층에 친구가 아주 많으시답니다.”

아버님은 교계는 물론, 학계, 정계, 관계, 사회 각계각층에 친구가 많으셨다. 그중 관계를 대표하는 친구는 오랫동안 강원도 도지사를 지낸 박경원 씨다. 그는 강원도민들에게 존경을 많이 받은 분이었는데 아버님과 서로 도움을 많이 주고받았다. 박 지사의 청으로 강원도 순회강연을 마치셨을 때 박 지사는 목사님께 도움을 드리고 싶다고 했고 아버님은 춘천 YMCA회관의 필요성을 말해 춘천 YMCA회관을 만들 수 있었다. 춘천 YMCA는 전국에서도 가장 활발한 단체로 성장했다. 박 지사는 67년도 내가 미국에 갈 때 나를 부르셔서 50불을 주시며 잘 다녀오라고 격려해 주시기도 했다. 그 당시 도지사, 시장, 정보부지부장, 법원장, 지검장, 병무청장, 농촌진흥원장 등 많은 기관장들이 춘천에 부임하면 아버님을 찾아와 꼭 인사를 하였다.

그런 아버님은 여러 다른 종교인들과의 대화도 서슴지 않았다. 우리 집에는 천주교 주교나, 조계종이나 원불교 승려, 유교, 대종교의 대표성을 가진 어른들이 찾아와서 많은 대화를 나누시곤 했고, 식사도 함께 하셨다. 춘천 죽림동주교좌 성당의 박도마 주교 등 천주교 신부들과 개신교 목사들 간의 신, 구교 일치 기도회를 함께 열고 교회 일치를 위해 힘을 기울이시기도 하셨다.

서산에 살던 나의 초등학교 시절 우리는 운산에 있는 식물원에 많이 놀러 가곤 했다. 아마 서산에서 동시대를 살았던 분들은 그 식물원을 기억할 것이다. 그 식물원을 만드신 분은 박문이라고 하는 불교인이었다. 불교인임에도 그분과 아버님은 교분이 무척 깊으셨다.

어느 주일 오후 비가 주룩주룩 오는데 우리 집으로 스님 한 분이 들

박정희 대통령 각하

각하의 건승을 춘천기독교인들은 축원하는 바입니다.

우리는 각하에게 아래와 같은 결의문을 전하는 바입니다.

각하께서는 혁명초의 부정부패를 일소하고 참신한 정치풍토를 조성하겠다고 공약한바를 우리들은 가슴깊이 명심하고 있는 바입니다.

그러나 67년도 5·3선거와 6·8선거를 치루면서 우리들은 각하와 각하가 영도하는 현정부와 민주공화당에 대하여 회의와 불신의 마음을 금할길 없습니다.

각하께서는 벌써 혁명공약을 잊으신 모양인데 그 공약은 삼천만 가슴속에 역력히 살아 있읍니다.

근대국가의 국력은 경제성장과 경제안정에 비중이 있는것을 알기때문에 우리는 각하의 경제부흥운동에 적극 찬의를 보낸바 있읍니다.

그러나 경제성장과 경제안정은 정치적 안정에 있고 정치적 안정은 국민의 인화단결에 있고 인화단결은 정부시책의 공명성에 있다고 봅니다 그럼에도 불구하고 우리가 보고 듣고 경험하고 또한 신문보도에 의할것 같으면 5·3, 6·8선거는 사상 유례없는 부정불법 타락선거였음이 분명합니다.

각하께서는 여당후보가 많이 당선되므로 국가의 장래를 낙관하고 계시는지 모르나 우리 대중의 분위기는 흡사히 4·19 전야와 같은 현상입니다.

이번선거는 관권과 천문학적 수의 금력과 불법한 선거활동 즉 「막걸리 파티」 「떡 파티」 「식권발부」 「표매수, 돈 돌리기」 「대리투표」 「공개투표」 「폭행」 등으로 감행된 비문화적이고 비민주적이며 강도적인 수법에 의한 선거였으므로 우리는 단연 이번선거를 불법선거로 단정하고 각하의 애국적인 결단을 요청하는

박정희 대통령에게 보낸 직언(탄원서)

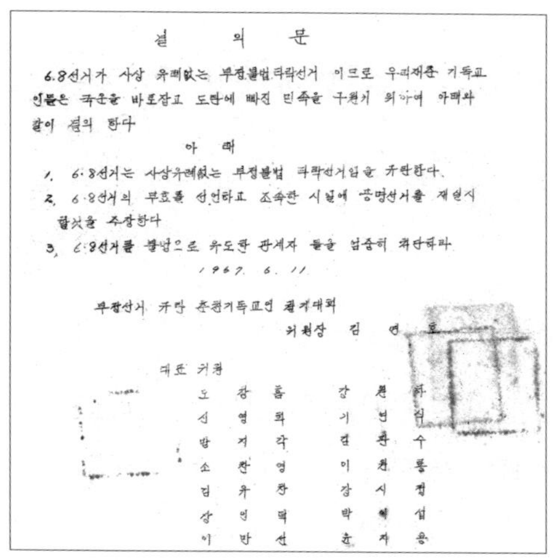

결 의 문

6.8선거가 사상 유례없는 부정불법 타락선거 이므로 우리 재춘 기독교 인들은 국운을 바로잡고 도탄에 빠진 민족을 구원키 위하여 아래와 같이 결의 한다

아 래

1. 6·8선거는 사상유례없는 부정불법 타락선거임을 규탄한다.
2. 6·8선거의 무효를 선언하고 조속한 시일에 공명선거를 재실시 할것을 주장한다
3. 6·8선거를 불법으로 유도한 관계자 들을 엄중히 처단하라

1967. 6. 11

부정선거 규탄 춘천기독교인 궐기대회
위원장 김 연 호

대표 위원
도 창 흠 강 원 하
신 영 화 기 범 식
방 지 각 김 환 수
소 찬 영 이 천 룡
김 유 찬 강 시 철
장 인 덕 박 혜 섭
이 반 선 윤 자 용

부정선거 규탄 춘천시민궐기대회 결의문

어오셨다. 아버님을 찾아오신 것이다. 나는 그분을 아버님 계신 곳으로 안내했다. 어린 내가 보기에도 범상치 않은 분이었다. 3시간 넘게 오랫동안 그분과 아버님이 대화를 나누시고 그 승려는 자리에서 일어나셨다.

그분이 다녀가신 후 아버님이 그분에 대해서 이런 말씀을 하셨다. 그 승려는 태국에 불교 유학을 다녀오셨고 조계종 총무원장을 지내신 불교계 큰 어르신이었다. 그런데 죽을 병에 걸리셔서 춘천에 와서 요양을 하는 중 대화를 하고 상담을 할 분을 찾았는데 많은 사람의 권고로 아버님을 찾아오신 것이다. 아버님과 깊은 대화를 나누시던 중 그가 예수를 구주로 영접하고 믿기로 하셨다. 그분의 죽을 병도 나았다. 그분의 승명은 청담이다. 1,000만 불교인들의 혼란을 방지하기 위해 그 사실을 감추고 계시다 조계종 최고 어른인 종정까지 되셨고 그 일을 내려놓으신 후 그분은 그리스도인들과 교류하며 그리스도 신앙을 지키고 살다가 세상을 떠나셨다.

꽃과 사람을 사랑하고 나라를 사랑한 애국자

어렸을 때 우리 집에서는 조촐한 기념식이 종종 있었다. 삼일절, 광복절, 개천절 같은 국경일이 되면 나는 아버님이 평생 지니고 다니셨던 태극기를 꺼내 들고 다른 식구들과 함께 마당으로 나선다. 우리 가족 모두 일렬로 정돈해 서고 내가 태극기를 게양하면 기념식이 이어진다. 국기에 대하여 경례를 하고 애국가를 부른 후 국경일인 그날의 유래를 아버님이 설명해 주시고 만세삼창을 한다. 지나가던 사람들이 서서 우리를 의아하다는 듯이 쳐다본다. 그러면 나는 유별난 우리 집 기념식이 솔직히 창피하게 느껴진 적도 있었다. 내가 나이가 들고 철이 들어서는 그 일들이 너무나 자랑스럽고 감사하다. 내게 애국을 가르쳐준 훌륭한 교육자이셨다.

아버지가 시무하던 교회 앞뜰과 주택 앞마당엔 늘 아름다운 꽃과 과수 등이 심어져 그곳은 정원이 된다. 건물만 덩그러니 놓여 있고 온통 풀밭이었는데 아버님의 손길이 닿으면 꽃동산으로 바뀌었다. 다른 지역에 집회를 다녀오실 때마다 묘목이나 꽃이 피는 풀들을 가져오셔서 땅이나 화분에 심으셔서 자라게 하신 다음 분 갈이를 하신 후 교인 가정과 불신자들 가정에도 나누어 주셨다. 특별히 집집마다 과일나무를 주어 여름과 가을에 과일을 따 먹을 수 있게 하였다. 충남 당진 고

대면의 슬항교회는 아버님이 젊어서 시무하던 교회였는데 초등학교 1년 후배가 내게 보내온 카톡에서 자기들이 자랄 때엔 신자든지 불신자든지 그들에게서 김연호 목사님 이야기를 수없이 듣고 자랐다고 전한다.

우리 집에는 아버님이 손수 만드신 온실이 있었다. 집에 계실 때는 언제든지 온실의 화초를 들여다보시며 가꾸시고 마당에 꽃과 나무들을 가꾸셨다. 문제는 겨울이었다. 온실에 연탄불을 피워 놓았었는데 아버님이 출타 중에 온실 관리는 우리 식구들 몫이었다. 하루는 밖에서 돌아오신 아버님께서 가방을 내려놓으시자마자 바로 온실부터 들여다보셨는데 온실은 냉랭하였다. 연탄불이 꺼져 있었다. 어머니와 나는 아버지의 불호령을 들어야 했다. 아버님이 서산감리교회를 떠나서 춘천중앙교회로 오신 후 내가 다시 서산을 방문했다. 후임자 목사님이 동요 작가신데 자연이 좋다고 하시면서 정원을 방치해 버려 온통 풀밭으로 변해 버렸다. 춘천에 오셔서도 아버님의 꽃과 나무 사랑은 여전하셔서 예배당 앞을 정원으로 만드시고 집에도 정원과 온실을 만드셨다. 꽃과 나무를 사랑하는 그 감성이 사람들을 그토록 사랑하게 만들었던 것 같다. 그때 아버님이 심으신 에셀나무가 춘천미술관 ㅇㅇ예배당 앞에서 발견되어 크게 신문에 보도되었다.

아버님은 사람을 사랑하셨다. 아버님 주변에는 늘 사람이 많았다. 종교를 초월해서, 나이를 초월해서, 남녀를 초월해서. 우리 집에는 늘 객식구가 많았다. 손님이 많다 보니 우리 집 좁은 부엌이 늘 바빴다. 어머니는 말할 것 없고 나까지 덩달아 바빴다. 설거지는 언제나 내 몫이었으니까.

한 번은 우리 식구들이 저녁밥을 먹고 있는데 손님 몇 분이 오셨다. 어머니 얼굴이 아주 곤란한 표정이시다. 남은 밥이 없었던 것이다. 먹고 있던 밥을 다 모아서 부엌으로 다시 가져가고 채소와 김치를 넣고 볶아서 양을 잔뜩 불려서 밥상을 다시 차리고 손님들과 함께 나누어 먹었던 기억도 다 있다.

내가 초등학교 1학년 때는 사촌 누나인 혜경 누님(수원 시온성교회 임일우 목사 장모)이 우리와 함께 기거하며 학교를 다녔다. 4~6학년 때는 사촌 형님인 성주형(CCC 간사, 장로교 목사)이 우리 집에서 고등학교를 다녔다. 아버님은 조카들 여러 명을 공부시켰다. 어려운 교역자들의 자녀들 학비도 많이 도와주었다. 농어촌 목회자들이 우리 집에 오면 박봉을 쪼개어 생활비로 쓰라고 나누어 주곤 하셨다. 우리가 자랄 때는 모두가 어려운 시절이라 먹는 입을 줄이기 위해 딸을 남의 집에 맡기는 경우가 허다했는데 우리 집도 예외가 아니라 항상 밥하는 누나(가사도우미)가 있었다. 아버님은 그 사람들을 친딸처럼 아껴주고 사랑하셨고 나도 그 누나들을 친 누이처럼 따랐다. 그중에 몇은 목회자의 아내가 되었고 어떤 누나는 평생 독신으로 목회자가 되어 살기도 했다. 아버지는 평범하거나 어려운 시절을 보내는 젊은이들에게 꿈을 심어주고 사람으로 길러내는 비상한 재주(?)가 있으셨던 것 같다.

수양 딸 김길자
(서울연회 창천교회 전도사)

아버지는 일가친척들뿐 아니라 가난하고 어려운 목회자들이 오면 밥만 먹여주는 것이 아니라 차비도 쥐어주고 심지어 당신이 입고 있던 양복과 와이셔츠를 벗어서 입혀 보내시곤 했다. 한 번은 이경국 원로목사님(강릉중앙교회 이철 목사 선친)께서 토요일인데 강촌에 있는 나를 찾아오셨다. 나를 그동안 많이 찾았노라고 하시면서 선친 목사님이 당신을 너무너무 사랑해 주셨고 목사로 살게 해 주셨다고 하시면서 엉엉 우셨다. 나중에 그의 이력을 보니 주로 농어촌교회에서 목회하셨었다. 강릉으로 돌아가셔서는 맛있는 곶감을 보내 주셨다. 그 후 내가 한번 찾아뵈려고 했지만 그만 돌아가시고 말았다.

예 아니오가 분명하신 선지자의 삶

아버님은 목사로서 선지자의 사명을 다하신 분이셨다. 이승만 정권의 3·15 부정선거 당시 서울로 올라가셔서 말만 하면 다 알 수 있는 지도급 인사들을 만나 이승만과 이기붕의 저 행태를 말려야 한다고 호소하고 다녔는데 반응이 없자 감리교신학교에서 학생들을 동원하여 등사기로 유인물을 만들어 돌리고 아버님은 경무대 앞에서 단독 시위를 하셨다. 그 후로 종로 경찰서에 이어 서산 경찰서에 이감되었다가 4·19 혁명 뒤에 풀려나오셨다.

박정희가 쿠데타를 하고 국가재건최고의회를 만들어 의장을 맡고 있는 상태에서 민정 이양을 한다고 대통령 선거에 출마하여 전국에 유세를 다니고 있을 때 일이다. 당시 춘천중앙교회에서 주일 날 설교를 하시면서 이런 말씀을 하셨다. 대통령 선거 후보자는 단지 후보자일 뿐인데 토요일 서민들이 타고 오가는 경춘선 열차를 자기 시간에 맞추어 7시간이나 발차를 지연시킨 것은 크게 잘못된 것이다. 국민에게 사과해야 한다. 그날 하필이면 주일예배에 대통령 선거 후보인 윤보선 전 대통령이 참석하셨다. 즉각 상부에 보고되었다. 교회 안에 프락치가 있었던 것이다. 그녀는 최순실 권사다. 그녀는 그 일 후에 서부교회(명성)로 이적을 했다. 아버님은 바로 구속되고 그 사실이 박정희에게까지 보고되었다. 아버님은 얼마 후 풀려나셨는데 당시 최고 권력자인 박정희가 풀어주라고 해서 풀려나왔던 것이다.

박정희는 윤보선과 김대중에게 군인들 표를 얻어 어렵게 두 번 이기고 나서 3선 개헌을 시도하였다. 나라를 위한 마지막 봉사의 기회를 달라면서 눈물까지 보이며 국민들에게 호소했다. 아버지는 최일선에서서 3선 개헌 저지 운동을 했다. 범 '3선 개헌 반대 투쟁위' 강원도 위원장을 맡아서 투쟁한 것이다. 결국 우매한 국민들로 인해 3선 개헌이 이루어졌고 3선 개헌은 바로 유신통치 시대로 이어졌다. 박정희는 통일주체국민회의라는 어용단체를 만들어서 간접선거로 죽을 때까지 대통령으로 군림하려 했지만 자기가 제일 아끼고 신뢰했던 중앙정보부장 김재규의 총격으로 죽고 말았다. 일본군 장교였던 박정희는 일본 군국주의 어용 국가인 만주국의 일본 군대식 통치 방법을 전수하여 그대로 우리나라에 적용하였던 것이다. 그의 경제개발 5개년 계획도 결국 만주국이 내세웠던 개발계획을 그대로 모방한 것임이 최근

타종교인들과의 대화를 마치고

역사학자들에 의해 밝혀졌다. 그런 것을 도용해 자기 아이디어인 것처럼 위장하고 만주국 군부 통치 방식을 흉내 낸 것은 지극히 가소롭기 짝이 없고 뼈아픈 과거사다.

박정희가 총에 맞아 죽는 10·26 사건이 12·12 군부 쿠데타로 이어지고 신군부의 5공화국 준비단계인 중앙정보부와 보안사를 조합한 국가보위위원회가 만들어졌고 쿠데타 세력의 두령인 전두환이 위원장을 맡았다. 중앙정보부를 통해 정부 권력을, 보안사를 통해 군부 권력을 장악했던 그는 드디어 그것들을 통합한 국보위를 통해 그의 정치권력에 대한 마각을 드러냈다. 그런 와중에 김대중을 비롯해 몇몇 사람들을 광주와 엮어서 국가 반란죄를 뒤집어씌어 옥에 가뒀고 계엄군법회의 재판을 통해 사형선고를 내렸다. 그에 대해 아버님은 "아니오."라고 말했다. 전두환에게 편지를 써서 "그런 지도자에게 사형 언도를 내린 것은 우리나라에 크나큰 손해다. 사형을 면케 하고 풀어주어 다시 나라를 위해 봉사하게 하는 것이 마땅하다."라고 말했다.

그 일 후에 아버님은 국보위에 끌려갔고 병을 얻어, 끌려간 지 4개월 만에 돌아가시고 말았다. 그의 나이 60세였다. 김대중은 그 뒤 감옥에서 풀려나 미국에서 망명 생활을 한 뒤 귀국하여 몇 번의 도전 끝에 대통령이 되고 재임 중 노벨 평화상까지 받게 되었다.

아버님은 3명의 독재자–이승만, 박정희, 전두환–에게 저항하고 "아니오."라고 말했던 몇 안 되는 이 시대의 선지자였다. 그는 선한 목자였고, 험난한 이 시대를 살아왔던 작은 예수였으며, 사람들의 존경받는 훌륭한 지도자였다. 그에게도 흠결이 많았지만, 그 단점들은 그의 큰 장점에 다 묻혀 버렸다.

4부

김연호 목사에 대한 감리교 기록물

1. 횡성교회 신앙생활 관련(1937~1939)

1937년 10월 10일 밤 횡성교회 엡웟청년회 교양부 주최 현상변논대회

엡청엡웟소식

(원주지방) 횡성지방 엡웟청년회에서는 교양부 주최로 현상변논대회를 十월 十일밤 예배 후에 열어서 큰 유익이 있었다더라

교회를 진흥시키기 위하여 성경을 읽자 **김연호**

종교교육을 하자 이봉연

개인전도를 하자 이성조

기도를 하자 박춘명

10월 6일밤에 엡웟소년회를 새로 조직하였는데 회원이 17인이오 임원은 회장 방재명, 부회장 겸 총무 김사만, 서기 신대순, 조현한 회계 서준택 방재명, 고문 박만춘, 그리고 첫 사업으로 10월 17일 밤 예배 후에 현상동화대회를 열어 큰 성황을 이루었었다.

도적과 소년: **김연호**, 정직과 형제: 조철한

표범과 범: 서준택, 희망의 별: 함재성[1]

---

1 〈감리회보〉 1937년 11월 16일자, 5면.(영인본 제 3권, 275)

1939년 2월 22일~3월 5일 원주지방 대사경회에서 성경공부 3등 입상함

(원주지방) 원주지방 대사경회는 지난 2월 22일밤부터 10일 동안 원주읍내교회에서 개최하였는데 태산준령이 중첩한 험산준노에도 2백 리 밖에서 산을 넘고 문을 건너 모여드는 1백 60여 명의 회원은 새로 증축한 기숙사에서 빽빽하게 모여들어 새벽과 밤으로는 김승만 목사의 설교에 은혜를 받고 배덕영 목사의 종교교육 시간에 큰 유익을 받었으며, 화기 충만한 가운데 폐회되었으니 사경회 개요는 다음과 같다.

△ 진급생 137명

△ 성경공부 입상자

1등 이종숙

2등 배갑룡, 조종석

3등 황순퇴, 한류수, **김연호**

4등 이부종, 김장성, 권영해, 최영상

5등 이영석, 석치봉, 이찬기, 김순남, 전제희

(具月汀生/구월정생 통신)[2]

2 〈조선감리회보〉 1939년 4월 1일자, 8면.(영인본 제 4권 44)

2. 평양 요한학교 시절(1939.4~1942.3)

평양 요한학교 본과 제 2회 졸업(1939년 4월~1942년 3월 12일) 총 13명

권헌주(權憲周) 김병수(金炳銖), 김연호(金演浩), 김인관(金寅官), 김종린(金鍾麟), 김세한(金世漢), 박종렬(朴鍾烈), 송성준(宋成俊), 오영생(吳永生), 이세종(李世宗), 이지문(李智文), 이지청(李枝青), 이호영(李好泳)

그중에서도 잊을 수 없는 일은 **동창인 고 김연호 목사**가 보통강 빈민굴에 파송을 받아 한 주간이면 두세 차례씩 나가 도울 수 있는 일을 찾아 봉사하며 어린이들을 모아 성경과 찬송을 가르치던 일들이 머리에 떠 오른다.

윤춘병,《평양 요한학교와 이환신 교장》, (평양요한학교 동문회, 2003)
〈제2회 이지청의 글, 165쪽〉

박재훈이 회고하기는 김연호 목사는 빈민선교를 하였다고 한다.
cf) 문성모,《작곡가 박재훈 목사 이야기》(홍성사, 2013)

3. 양막구역 목회(1946~1948)

1946년 6월 11일~13일에 열린 중부 동부연합연회(복흥파)에서 중부연회 홍성지방 양막구역 파송

홍성지방

덕산 조종범 예산 서태원 홍성 박설봉 삽교 박영석 청양 장사원

보녕 김순배 당진 미　파 합덕 미　파 서산 미　파 안면도 임봉익

갈산 김성준 양막 **김연호**[3]

충서지방 대사경회(1947년 12월 1–한 주간, 충남 예산예배당)

지난 12월 1일부터 한 주일 동안 충남예산(禮山)교회당에서 충서지방(전 洪成지방) 대사경회로 30여 교회 대표 수백 명이 모이여 여러 가지 방면으로 자미있었다 하는데

1. 특별강사로 오신 서울 정동교회 김인영 감리사의 신앙적이오 풍부한 지식을 통하야 새벽 부흥과 낮에 다니엘 공부와 좌담 저녁 전도에 큰 은혜를 받았으며

3 연회록(1946)(복흥파), 31~32쪽.

2. 회장 심명섭 감리사의 특별강좌「기독교와 공산주의」시간에 청년들이 많은 깨다름이 있었고

3. 열네 구역 담임자와 직원들이 모이여 실행부와 지방직원대회를 열고 다음 몇 가지를 결정하엿다한다.

   가. 당진군 연천(延川)교회를 중심으로 선교구역을 맏드러 여미(余美)와 천의(天宜) 두 기도처를 합하여 구역담임자로 송은광 전도사를 추천하고 지방여선교회에서는 천의교회 신설을 위하야 일시금 2천 원과 매월 전도비로 4백 원씩을 보내기도 하였다.

   나. 안민도 구역을 복구하야 명춘에 특별활동하기로

   다. 교역자의 생활 안정을 위하야 양식과 시탄을 담당하고 매월 3천 원 이상 5천 원까지 구역 형편 대로 헌금으로 제공하기로 함

   라. 지방적으로 서로 도웁고 교역자를 교환하야 전도하며 이웃 교회를 위하야 직원들도 힘을 쓸 것

   마. 구역마다 명년 중에 한 곳 이상의 지교회를 신설하고 또는 기도처를 교회로 되도록 할 것

   바, 금주 금연 등 절제운동을 이르킬 것

   사, 교역자 양성을 위하야 지방적으로 힘을 모을 것

   아, 교회 안의 모든 분열 행동을 방지하고 신학생이나 모 전도단이라는 미명하에 순회하는 사람들을 조심하야 지방교역자나 감리사가 승인한 사람 외에는 부흥 전도회 등을 하지 못할 것

자, 지방청년회를 조직하야 순회 활동하기로 하였는데 회장에 김기엽 씨 부회장 김현경 총무 송은광 제 씨가 피임되었다.

차, 지방여선교회 총무 임병욱 씨가 각 구역을 심방하야 선교회를 조직하고 본처교회와 지방사업을 위하야 활동하기로 함

4. 요한복음 공부와 음악, 토론, 웅변대회 등으로 회원들이 열변을 토하였으며

5. 총리원 부담금을 수합하고 지방비를 예산하였으며 양막교회 신축을 위하야 연보하였고, 대천수양관 증축비를 거두었으며 끝날 오후 예산교회 주최의 간친회를 성대히 하였으며, 7일 밤 김인영 목사의 열열한 전도와 심 회장의 「합심하여 힘쓰자」는 폐회사로 은혜 중에 헤어졌다 한다.[4]

감리교신학교 제 29회 졸업생(1947년도) 45명(1948년 5월 5일 졸업)

강원규 권세창 김기동 김로환 김병덕 김상준 김승구 **김연호** 김영수 김용식 김의섭 김재규 김정구 김지길 김태완 박대희 박성은 박순경 박순실 박재성 박치순 성락준 성영준 심윤섭 안경호 안수환 원석기 용현식 유동식 이공선 이동수 이병설 이성현 이영빈 이영숙 이재각 이재현 임호순(성관) 정대호 정인화 차국환 최병욱 최준옥 황일평 허 혁[5]

4 〈조선감리회보〉 1948년 1월 15일자, 6.(영인본 제 6권, 22)

5 이성삼, 《감리교와 신학대학사》(한국교육도서출판사, 1977), 315~316쪽.

예산 양막교회 봉헌식: 1948년 5월 30일

지난 5월 30일 오후 2시부터 충서지방 예산군 오가면 양막리에 있는 감리교회 새 예배당의 봉헌식을 심명섭 감리사의 사회로 성대히 하였다는데 동교회는 궁벽한 농촌에 있지만 해방 후에 특별히 부흥되여 가난한 교우들이 지성으로 합심협력하야 심신을 아울려 받쳐서 21평의 개와집을 튼튼하게 지였다 한다. 작년부터 시작하야 농사하는 틈틈이 남녀노소 총출동하야 땀으로 닥서는 높은 터에 우뚝 선 예배당은 근방 여러 동리의 거룩한 산성이오 등대가 되어 낙원을 만드러 하나님께 영광을 들어내리라 한다. 동교회에서 과거 수년간 **신학생 김연호 전도사**를 잘 도읍고 그도 충성을 다하여 지금은 오촌과 오가에 두 교회를 세웠고 정말국식(덴마크)으로 중등학원을 경영하야 일군을 양성하는 중[6]이라 한다. 이 예배당 신축에 특별히 수고한 윤희두 심태섭 두 장노와 본처목사 조종렬 씨 여선교회장 정용해 씨 외 여러분은 너머 기쁘고 감사하야 눈물로 보고하였으며 믿지 안는 목수까지 일하는 동안 몇 달을 주초를 금하였다 하며 교회에 참석하게 된 것을 일반이 환영하며 이번 새로 파송된 조종범 목사님을 모시고 교세 확장에 더욱 분투하리라 한다.[7]

6 1947년 10월에 세운 양막고등공민학교로, 후에 임성중학교로 발전되었다.
7 〈조선감리회보〉 1948년 6월 20일자, 6면.(영인본 제 6권 46)

4. 주문진교회 관련 사항(1948~1949)

004. 강릉행(江陵行) 1948년 8월 25일 발 11월 4일 환(還)

교회(敎會) 소요사건(騷擾事件)이 있어 갔더니 소요(騷擾)가 아니고 임의 격화(激化)되어 규합(糾合)이 곤란(困難)케 되었으니 역시(亦是) 반대자(反對者)들의 충동(衝動)이다. 이사장(理事長) 강태희 명의(名義)로 백여 명이 예배 보는 교회당(敎會堂)은 매각(賣却)하고 예배(禮拜)를 금지(禁止)하여 주택(住宅)까지 강탈(强奪)하였다. 때에 김명성 목사(牧師)[8]도 상경(上京)하고 김웅배 전도사(傳道師)[9]도 상경(上京)하여 교회(敎會)가 공허(空虛)하였으니 차장내하(此將奈何)오.

이 때에 나의 할 일은 교당환수(敎堂還收)도 아니오 주택환수(住宅還收)도 아니라 이산(離散)하기 쉬운 교우(敎友)들을 위안(慰安)함이 최급무(最急務)라. 교우(敎友)들을 모아놓고 만류하되 여러분은 저 건물(建物)을 믿지 마시오. 여러분이 사랑과 믿음만 있으면 어디가 모이던 교

---

8 1948년 1월 22~23일 동대문교회에서 열린 재건연회에서 중부연회 소속으로 목사안수를 받았다. 당시 재건총회를 열어 장석영 목사가 감독이 되어, 복흥파에는 강희태, 재건파에는 장석영 목사가 선출되어 양쪽이 더욱 격렬하게 대립하게 되었다.

9 '주문진교회 연혁' 에 의하면 1946년 11월부터 1948년까지 목회를 한 것으로 나타난다.

회(教會)를 이룰 수 있으니 모이기만 힘쓰라 가르치고 교우(教友)들을 데리고 산(山)으로 들로 혹 강변(江邊) 혹 해변(海邊)으로 데리고 다니며 예배(禮拜)하되 한 사람도 물러가지 않고 80여 명이 뭉치고 단합하여 재미있게 예배 보았다.

나는 심장병(心臟病)이 발(發)하여 국립검역(國立檢疫) 소장(所長) 이경화(배재 졸업) 씨에게 진찰(診察)을 한 결과(結果) 주문진(注文津)에 오래 있을 수 없어 중앙(中央)에 **김연호** 씨[10]가 오게 하고 나는 부처(夫妻)가 떠나오는데 직원(職員)들이 한사(恨事)코 가지 못하게 행이(行李)를 갔다 감추며 만류(挽留)한다. 여러분이 노물(老物)을 만류(挽留)하는 것은 감사(感謝)하지만 병(病)으로 해서 가는 것이니 용서(容恕)하여 달라 말하고 떠났다. 모두 눈물을 흘리며 모두 정별(情別)의 뜻을 노이고 나 역시(亦是) 유아(乳兒)를 떼어놓은 어미 같이 마음이 아프다.

떠날 때 교회 청년(青年) 2인이 암행(暗行)으로 강릉(江陵)까지 동행(同行)하였다. 최경록 군은 돌아가고 김덕중(金德仲) 군은 같이 밤을 지내었다. 그날이 마침 삼일(三日) 기도회(祈禱會)이다. 김 군이 말하기를 오늘 저녁에는 장로교회(長老教會)에 가서 예배(禮拜)하자고 한다. 아니라 내가 감리교(監理教) 목사로 이곳 와서 장로교(長老教)에 예배(禮拜)한다면 감정적(感情的) 인물(人物)이라 지목(指目)할 터이라 하고 김 군을 데리고

10 1948년 12월 김진호 목사 후임으로 재건파 소속으로 주문진에 왔으며, 복흥파 파송을 받은 유창동 전도사도 주문진교회로 왔다. 그리하여 1949년 4월 통합이 될 때까지 한 교회 두 교역자가 있었다.

감리교회(監理敎會)로 갔다. 뜻밖에 교우(敎友)가 많이 모였다. 나도 교인(敎人)에게 묻되 보통(普通) 이렇게 모이는가? 아니올시다. 오늘은 손님이 오신다고 특별소집(特別召集)이올시다. 조금 있다. 담임목사(擔任牧師) 김광현(金光炫) 씨[11]가 손님 두 분을 데리고 들어오는데 한 사람은 강태희(姜泰熙) 씨이요 한사람은 선교사(宣敎師) 서인(西人)이다. 목사(牧師)는 광고(廣告)하기를 강 감독(監督)은 금번(今番) 지방순회(地方巡廻)로 왔는데 명일(明日)은 주문진(注文津)에 명일(明日)은 삼척(三陟)에 명일(明日)은 정선(旌善) 이렇게 광고(廣告)하고 인하여 강 목사의 설교(說敎)가 있었다.

딤전 1장을 읽고 문제(問題)는 선전(善戰)이다. 선전(善戰)이 셋이 있는데 1. 자기(自己) 위하여 싸우고, 2. 교회(敎會) 위하여 싸워 교회 위하여 기도(祈禱)하며 예배(禮拜)하고 전도(傳道)하여 교회 확장(擴張)하여야 한다고 장황설교(張皇說敎)가 있고 3. 시간(時間) 없이 정지(停止)한다고 설교(說敎)를 마치었다. 옆에 있던 김 군이 은근히 말하기를 일어나 말을 좀 할까요. 제가 자기(自己) 이름으로 주문진(注文津) 교회당(敎會堂)을 매각(賣却)하고 예배(禮拜)를 금지(禁止)한 자(者)가 어찌 저렇게 말할까요. 나는 김 군을 만지(挽止)하여 조용케 하고 그 이튿날 곧 11월 4일 아침 7시 버스를 타고 귀가(歸家)하니 체구(滯口)이 범(凡) 2개월 10일만 이다. 강릉(江陵) 있을 제 소감(所感)을 읊은 글 몇 수(首) 여하(如何)[12]

11 당시 강릉교회 담임자는 복흥파 연회 파송을 받은 김흠광(金欽光) 감리사였다.
12 김진호 목사의 병중쇄록(1958)에서

5. 수원 매산교회(1954~1956)

임명기 中 감독 류형기(1955년 8월 25일 부)

김연호(金演晧)(정) 수원지방 남양구역 담임[13]

1955년 12월 〈감리회보〉 성탄 축하 박스 광고

수원지방 감리사 김영철

매산교회 **김연호**, 이선자[14]

수원지방 감리사(김영철) 보고 중(1956년 2월 24일)

특히 호헌파 소동으로 몇몇 교회가 피해를 입었으나 그 중 가장 말 많은 남양교회는 **김연호** 목사의 희생적인 수고와 방부신 목사의 현명한 수습으로 교회당은 인수치 못하였으나 별도로 집합하여 오히려 신 신자는 많이 늘어 매우 부흥 도중이며[15]

13 〈감리회보〉 1955년 10월호, 6면.(영인본 제 7권 173)

14 〈감리회보〉 1955년 12월호, 10면.(영인본 제 7권 197)

15 1956년 수원지방 감리사 보고서, 99쪽.

남양교회 수습을 위해 특별 파송을 받아 희생적인 노력과 수고를 하시는 **김연호** 목사님이 자칭 호헌파 교인들의 중상모략과 무고로 인해 현재 사법당국에 애매한 고소를 당하고 잇는 바, 차를 위해 특히 김 목사님을 위로해 드릴 것과 또한 지방회원 전원 연서 날인하여 사법당국에 진정해 주실 것을 청원하나이다.

1956년 2월 24일 교회 신령상 형편조사 위원회

위원장 김상기

서기 방부신

수원지방 회장 귀하[16]

교회 신령상 형편에 의하면 매산교회는 담임자 **김연호**, 교회명 매산교회 형편은 예배당 신축 완성, 교인 증가, 부흥 중 자치구역[17]

1956년 3월 파송기 중부연회 수원지방(감리사/ 김영철/전임 감리사)

매산구역 **김연호**(정)

이선자(협)[18]

공고 판결 사항 중 **김연호** 목사 관련 사항 있음(7~284)

단기 4289(1956년) 5월 1일 서울지방 법원 민사 제2부

---

16 수원지방의 발자취(1978), 140~142쪽.

17 145쪽.

18 〈감리회보〉 1956년 4,5월호, 10면.(영인본 제 7권 253)

6. 슬항교회(1956~1959)

김병태 소년의 미거

슬항교회는 빈약한 농촌교회로서 **김연호** 목사를 담임자로 마지한 후 점점 깊은 신앙으로 자라나는 중 특히 지난(1958년) 1월에 남양교회 방부신 목사를 초청하여 대 부흥 집회로 은혜에 잔치를 베풀었든바 하나님이 돌보시어 깊은 은혜중에서 기쁨으로 성전 건축 할 것을 결정하고 지성을 드려 연보한 결과 만 환의 기본금을 맨드렀는데 그중에서도 귀한 사실은 부모를 어릴 때 여이고 남의 집 머슴사리로 지나가는 김병태 군은 자기의 1년 품값으로 받은 쌀 한 가마니를 전부 교회 건축에 헌납함으로 일반을 크게 감동시키였으며 점점 김 군의 정성에 감복한 교우들도 힘을 얻어 곧 성전 건축에 착수하리라 한다.

(김연호 통신)[19]

19 〈감리회보〉 1958년 3월호, 15면.(영인본 제 7권, 496)

7. 서산교회(1959~1963)

농촌목회 수상[20]

김연호

회고하니 변변치 않은 목회생활이나마 벌써 19년간을 주님의 교회를 섬겨왔고 그의 대부분이 농촌교회를 중심으로 해 왔다. 그러므로 나의 목회생활은 곧 농촌교회를 받들어 온 생활이다. 그래서 감리교생활 기자의 청탁을 받아들여 상기 제목의 글을 몇 자 써 보기로 한다.

우리 한국은 역사가 생긴 날부터 농업을 주업으로 해 온 농업국이다. 현재도 근 7할의 인구가 농업을 주업으로 하고 있는 농업국이다. 우리는 하나님이 주신 아름다운 동산에서 땀 흘려 수고해 가지고 얻은 곡식으로 조상님 섬기고 이웃이 나누어 먹고 단란하게 살아오던 욕심 없는 순박한 겨레였다. 이 민족에게 근대적인 죄가 들어오고 인심이 고약해진 것은 현대 공업문명이 들어오면서 부터였다.

과학문명이 세계를 지배하고 있는 문화세계에서는 뒤떨어진 민족

20 〈감리교생활〉 1960년 11월호., 55~57면.(영인본 제 11권 245~247)

일른지 모르나 그래도 농사만 지어먹고 살던 그때가 좋았는지 모르겠다.

오늘날 많은 사람들은 농촌을 멸시하고 농촌은 사람 살 곳이 못 되는 버림받은 곳으로 알고 있다. 농촌은 교통이 불편한 곳, 가난한 사람이 사는 곳, 문화의 혜택이 없는 곳, 관리들에게 까닭 없이 눌려사는 곳, 이래서 많은 사람들은 농촌을 등지고 도시로 집중되고 있다.

그러나 농촌이란 그런 곳만은 아니다. 즐거운 곳이고, 노래가 있고, 웃음이 있고, 희망이 부풀어 오르는 곳이 농촌인 것이다.

웃뚝 솟은 산 그 산 위에 울창하게 들어선 나무들, 그리고 산 밑으로 흘러내리는 맑은 시내, 산 밑으로 바가지 매여 달리듯 조롱조롱 연이은 마을, 도화꽃 피는 봄, 꾀꼬리 우는 여름, 단풍 들고 알감이 떨어지는 가을, 눈꽃이 피는 겨울, 윷놀이 하는 정초, 그네 뛰는 단오, 송편 먹는 추석, 이 모든 것은 농촌의 즐거움이다. 더욱이 주일날이나 삼일 저녁에 숲속을 울려 나가는 고요한 종소리 이 얼마나 시적이냐.

나는 농촌을 사랑하고 농촌을 좋아한다. 대부분의 교역자들은 농촌교회로 가는 것을 좋아하는 것 같지 않다. 그것은 교통이 불편하다, 생활 대우가 형편없다, 자녀교육을 시킬 수 없다. 자기 퇴보가 된다고 그러나 그것은 아직도 농촌의 진미를 모르는 사람의 말이다. 나는 농촌 목회에서 얻어진 즐거운 몇 가지를 적어보련다.

1. 집회율이 좋다

지도 능력만 웬만큼 있는 교역자가 있다면 농촌교회는 집회율이 좋다. 낮이나 밤이나 별반 차이 없이 교회당이 가득 차도록 모여서 기쁨으로 예배하는 것은 즐거운 일이다.

2. 천사의 대우

산을 넘고 물을 건너 오 리, 십 리, 심지어는 이삼십 리를 걸어서 한 집, 두 집 교우들 집을 찾어 다니는 것은 시간과 정력 소모가 아닐 수 없다. 그러나 가서 만나기만 하면 친정아버지가 온 것처럼 온통 기뻐하고 천사처럼 환영해 주는 것은 모든 피로를 덜게 해주는 청량제인 것이다.

3. 인재 양성

고등공민학교나 야학강습 등을 열어서 농촌 중견 청년을 모아 기르는 일이나 독서크럽을 조직한 후 서적을 공동 구입해서 윤회독서로 지식을 계발하는 일은 여간 기쁜 일이 아니다.

4. 견학단

견학단을 결성해서 봄에는 청년, 가을은 노장년들을 데리고 좋은 명산대천은 물론이요, 서울, 대전 등지에 인솔해서 정부 기관, 의사당, 학교, 식물원, 시험농장, 신문사, 방송국 등을 보여줌으로 그들의 정신과 생활을 개선하는 일은 여간 기쁘지 않다.

5. 치산치수 미화 운동

교회당 근처나 헐벗은 산에 청년들을 동원하여 나무를 심거나 송충이를 구제하는 등 주택과 교회당 주변에 화단을 만들어서 각색 좋은 화초를 심게 하는 일들은 기쁜 일이다. 나는 가는 곳곳마다 나무를 심었고 화단을 만들었다. 전근되었다가 몇 해 후에 가보면 사람은 혹시 변동되어 만날 길 없으나 심어놓은 나무들과 꽃들이 기뻐 맞아 주는 것은 여간 기쁜 일이 아니다. 현재도 나는 70여 종의 화초와 100여 개의 화분을 가지고 있다. 아침저녁 이 화단을 들여다보면 세상 잡념이 다 사라지고 공명심, 물욕, 정욕이 다 잊어지고 오직 마음의 평화와 그윽한 안식이 생긴다.

심지어는 근처 사람이 꽃 보러 왔다가 전도를 받는 일도 있다. 농촌은 나무 심고 꽃 심을 장소가 많다.

6. 생활개선

강습회 등을 열어서 지식과 기술을 보급하고 생활을 개선해서 변소를 고치고 우물을 파고 생산을 증가시키고 절제를 하게 한다.

「우물계」를 모아서 우물을 개수하거나 새로 파는 일 등은 참으로 즐거운 일이다.

7. 4H 청년운동

4H 운동은 청년운동이다. 청년운동은 신생활운동이다. 농촌 청년들은 4H에서 새로운 희망을 발견하고 있다.

그들은 4H를 통하여 지·덕·체 균형 있는 인격을 스스로 길러감과 동시에 단결과 협동 생활로서 보다 나은 가정과 마을과 나라를 건설하려고 애쓰고 있다.

그들은 밤에는 모여서 독서를 하고 토론을 하고 라디오를 듣고 계획을 세우고 낮에는 아침부터 일터에서 일한다. 그것도 덮어 놓고 일만 하는 것이 아니라 머리를 써 가며 연구하며 일한다. 여기에 일의 능률이 나고 자미가 나고 생의 진가가 발견된다. 노동을 하여도 염증이 나지 않는다. 이들은 강습회를 갖는다. 문화원을 통하여 영화감상회를 갖는다. 교도소를 통해서 농사 지도를 받는다. 계명협회를 통해서 또는 농사원을 통하여 농업 또는 교양서적을 무상배급 받아 기술과 지식을 연마하고 있다.

이들은 토끼를 기르고 닭을 치고 양돈 양봉을 하고 산에 나무를 심고 들에 꽃을 심고 눈부신 활동을 하고 있다.

내가 아는 서산 당진 지구의 몇 곳 4H 회원들은 일이 너무 많아서, 늘 잠을 못 자는 사람이 있다. 밤 12시가 지나서 자리에 눕고 새벽 해 뜨기 전에 일어나고 있다.

나는 이 4H에 고문 역할을 하고 있다. 그들의 손이 가는 곳 그들의 발이 미친 곳은 산이나 들이나 집이나 모두 아름다워가고 있다. 나는 그들의 모습을 바라볼 때 가슴이 부풀어 오른다. 그들의 가슴이 「비죤」을 들여다볼 때 그들의 가슴 속에 하나둘 건설되어 가는 새 한국의 모습을 바라보고 눈시울이 뜨거워진다.

이런 산 청년들과 호흡을 같이하고 살아 움직이는 농촌이 왜 싫단 말이냐, 왜 가기 싫단 말이냐.

농촌은 부른다. 유능한 지도자를. 정열의 불타는 일꾼을. 새 역사의 창조자를! 일할 의욕 있는 교역자들과 지도자들은 농촌으로 오라.

일만 하면 먹을 것도 있다. 이 밥이 없으면 보리밥, 감자, 고구마, 옥수수가 있다. 희생이 없는 곳에 그 어찌 위대한 건설이 있으랴. 밀알

한 알이 썩지 않으면 한 알대로 있고 썩으면 백배 천배가 된다.

학자가 되려거든 도시로. 그러나 이 민족과 고락을 같이하려는 비장한 포부가 있거든 십자가 후에 면류관이 빛나는 농촌으로 오라. 우리의 식생활은 하늘이, 우리 자녀 교육은 주님이, 나 죽은 후에 우리 유족은 천사들이 지켜 줄 것이니 뜻있는 이들은 농촌으로 돌아오시기 바란다.

한국의 그룬트비, 오베린, 달갸스, 슈바이처는 오시라.
버림받은 농촌, 그러나 희망이 부풀어 오르는 농촌으로 오시라.

〈새 건설〉

1. 산에는 나무 심고 들에는 화초 심어 헐벗은 이 동산을 아름답게 꾸며보자.
1. 한 손에 괭이 들고 또 한 손에 복음 들어 해골 된 이 겨레를 배 불려 보자.
1. 마음 쏟고 피를 부어 재주를 부어 동방의 밝은 나라 건설해 보자.
1. 어두운 이 강산에 빛을 이끌고 메마른 이 겨레에 물을 내리자.

1961년 3월 22~26일에 열린 해방 후 제 7회 남부연회에서 사회사업 위원장으로 보고함

1. 각급 강습회를 금년에도 실시하여 주되 이론 강습과 동시에 실제 문제까지 취급 지도하여 줄 것

2. 각 교회마다 가급적 묘포를 설치하여 교인마다 적어도 1주 이상의 식주를 할 것
3. 양호주간을 적극 지켜 줄 것
4. 7월 제 1차 주일을 보건주일로 직히고 당일 헌금은 사회국에 보내여 교역자 치료비에 충당하게 하여 줄 것

1961년 3월 24일

위원장 **김연호**

서기 김응환〈연회록(1961), 224쪽〉

1961년 연회에서 남부연회 충서지방이 충서지방(손홍구/광천), 호서지방(**김연호**/서산), 예산지방(이강산/ 삽교)으로 분할되어 질 때 호서지방 감리사 임명(1961~1962)

8. 춘천중앙교회 시절(1963.3~1974.6)

1963년 3월 연회에서 춘천중앙담임이자 춘천지방 감리사 파송

파송기 동부연회 춘천지방 중앙구역 **김연호**(정) 이성순(준3)

교회 순례(5): 춘천중앙교회 편 〈기독교세계〉(1964년 11월 15일 자)

(1964년) 10월 11일 주일에 춘천중앙교회의 초청을 받아 이틀 동안 다녀오는 중 감명 깊은 바가 있었으므로 방문 소감을 한마디 기록하여 목회에 종사하는 동역자들의 참고에 공할까 한다.

매달 한 번 외래 강사 초청

이 교회의 목회상 특점 하나는 매달 한 번 주로 서울로부터 외래강사(外來講師)를 초청하여 설교와 강연을 듣는 프로그램이다. 최근에만도 홍현설 박사, 박대선 박사, 김재준 박사 등 여러분들이 다녀갔으며 이 달에는 필자가 가게 된 것인데 낮에는 "선교하는 교회"라는 제목으로 설교하고 저녁에는 "파키스탄 선교 현황"을 조성자 선생(이대 파키스탄 선교사)이 강연하는 것이었다. 계속해서 필자의 동남아 여행 사진을 환등으로 감상하는 시간을 가졌다.

우연의 일치란 이런 것을 두고 말하는 것인지 나와 조성자 선생은 서로 각기 초청을 받은 것인데 결과적으로는 선교에 대한 교우들의 관심을 다분히 일으킨 데 있어서 하나님의 기이하신 섭리를 배우게 될 것이다.

선교에 대한 강연을 들은 교우 일동은 헌금을 모아 정성스럽게 조 선교사에게 전달하여 더욱 의의 깊었던 것이다.

이튿날 우리 두 사람은 같이 서울로 되돌아오면서도 춘천교회의 이야기로 여러 가지 대화를 가지게 되었다.

프로그램이 잘 짜여진 교회

김연호 감리사의 치밀하고도 충성된 계획목회(計劃牧會)로 이 교회는 프로그램이 꼭 짜여진 교회임을 느낄 수 있었다.

첫째 교회의 환경 정돈이다.

신축한 지 10년 정도의 2층 연와조 예배당은 아래위층을 통하여 깨끗하게 단정하여 꼭꼭 새 예배당과 같은 기분이 든다. 예배실 내부는 의자 대신 돗자리를 깔았는데 매우 아름답게 보였다.

종을 치는 대신 차임벨을 울리는 것이라든지 전자 올겐을 마련하여 예배의 분위기를 더욱 장중하게 하는 것도 이채로웠다고 생각한다. 부속유치원 건물도 아름답게 단장되어 있었고 주일학교가 여기에 모이고 있었다.

그리고 예배당의 입구는 경사진 아스팔트로 매우 청초한 분위기를 돋구어 주었으며 앞마당에는 알맞는 꽃밭과 함께 분수(噴水)를 장치하여 이 또한 예배에 참석하는 교우들에게 아늑하고도 산뜻한 인상을 주는 것이었다.

둘째 예배의 분위기이다.

주일 낮 예배에 약 200명의 장년교인이 모이는 이 교회는 그 좌석을 대개 세 구분으로 나누어 3분의 1이 남자석, 3분의 2가 여자석으로 되어 있는 바, 앞으로나 옆으로나 줄을 지어 앉게 하여 보기에 퍽 규모가 있었다.

주보를 가지고 무언사회(無言司會)로 진행되는 예배는 성가대의 경건한 봉사를 통하여 은혜스럽게 진행되었다. 그리고 예배의 분위기는 기도를 중심한 교우들의 은혜를 사모하는 태도가 엿보여 설교자로 하여금 말씀을 전하기에 퍽 수월한 느낌을 가지게 하였다. 예배를 마친 후 문간에서 담임목사와 함께 돌아가는 교우들을 전송하면서 느낀 것 역시 교우들의 은혜 받고 돌아가는 사람들다운 친숙한 분위기였다.

특히 이 교회의 색다른 모임의 한 가지는 한 달에 한 번 모이는 전체 직원회에서 서로 떡을 떼면서 회의를 갖는 것이었다. 이날도 예배 후 아랫층에서 60여 명의 직원이 회의를 가졌는데 직원 한 가정에서 시루떡을 공급하여 서로 떡을 떼면서 화기애애한 중에서 회의를 진행한 사실이었다.

발전하는 교회의 모습

장년교인이 모두 600명(그 중 입교인 260) 유년교인 300명의 이 교회는 저녁예배에도 150명에서 200명이 모이는 성적을 나타내고 있으며 속회는 12속회로 특히 교회 공동묘지의 설정을 목표로 꾸준히 연보를 수합하는 중이라고 한다.

여선교회와 장년회에서는 용수목에 개척교회를 세워 전도인을 파송하고 적극 도와주고 있으며 김연호 목사는 지방 감리사일 외에 YMCA 이사장도 겸하여 시내교회와 사회와의 교량 역할을 하는 운동에서 기여하고 있는 모습을 볼 수 있다.

끝으로 김 감리사댁에 이틀을 유숙하면서 감명 깊었던 일 한 가지는 그 자녀들의 사랑스럽고도 조용하며 순종하는 태도였다. 손님의 구두를 매일같이 닦아 놓는 착한 어린이들이었다.

〈박신오 기〉[21]

1965년 연회에서 춘천중앙담임이자 춘천지방 감리사 파송(연임)

동부연회 감리사 명단 중

춘천지방 **김연호**(연임)

1920년 강원도 횡성 출생

1942년 요한학교 졸업

1943년 평양장로회 신학 예과 1년 중퇴

1943년 서울신학졸업

1946년 양막교회 담임

21 〈기독교세계〉 1964년 11월 15일자, 6면.(영인본 제 13권 378)

1948년 주문진교회 담임

1949년 계산교회 담임

1951년 박촌교회 담임

1952년 사거리교회 담임

1954년 매산교회 담임

1956년 슬항교회 담임

1959년 서산교회 담임

1963년 현 춘천중앙교회 담임[22]

땅에 떨어진 도의심(道義心)
– 김 감리사 교회의 폭력 개탄 –

춘천지방 감리사 **김연호 목사**는 지난(1965년 4월) 5일 도하 일간지에 보도된 교회 내의 폭력 사태는 교인들의 도의심이 이 땅에 떨어진 탓이라고 개탄했다. 김 감리사는 요즘 파송 정신도 매우 해이해졌다고 지적하면서 파송 받으면 죽는 한이 있더라도 1주일 이내에 임지로 부임하는 감리교 정신이 아쉽다고 부언했다.

20여 년간 목회 생활을 해 온 김 목사는 부임을 위해서는 친상을 당해도 가지 못하는 것이 목회자라고 말하면서 교회 내에서 교역자에 대한 불만이 폭력으로 나타난다는 것은 생각조차 할 수 없는 문제라

22 〈기독교세계〉 1965년 3월 27일자, 8면.(영인본 제 14권 172)

고 강조했다.[23]

음지 양지

지방회를 마치고 인사차 내방한 춘천지방 **김연호 감리사**는 자랑스런 표정을 지으면서 「소망 중에 하나님의 축복은 계시다」고 역설하였다.

김 목사가 받은 보고에 의하면 이번 지방회에 6백 명 신도가 증가하였다는데 이 지방은 지난해 극심한 수해로 농작물과 농사가 폐허 되었으나 이 곳 기독교 신자들이 앞장서서 실망 중에도 희망을 가지고 분투한 결과 지방의 경제적 형편뿐만 아니라 신도 수도 늘었다는 것이다.[24]

춘천지방 김 감리사의 활동

최근에 감독님께 보낸 춘천지방 김연호 감리사의 경과보고에 의하면 김 감리사는 도지사의 초청을 받아 도내 중요 시 읍을 다니면서 정신계몽 강연과 아울러 많은 국민들에게 전도할 기회를 가졌다고 한다.

그 밖에도 군대, 경찰, 교도소 전도와 방송 전도의 기회도 많이 가졌고 춘천에서 개최된 지방 장관회의 시에는 임석하신 박 대통령께 성

23 〈기독교세계〉 1965년 4월 10일자, 2면.(영인본 제 14권 194)
24 〈기독교세계〉) 1966년 3월 19일자, 4면.(영인본 제 15권 296)

경전서를 기증할 기회를 가졌으며 동시에 그 자리에 참석한 사람들에게 전도할 수 있는 기회도 가졌었다고 한다.[25]

내가 하고 싶은 말[26]

김연호 목사

펜을 들고 싶지 않다. 청탁을 받았으니 두어 마디 하고 싶은 말이나 하겠다. 해방 후에 감리회도 여러번 분열 행동이 있었으나 다시금 합하여 하나가 된 것은 우리의 자랑이었다. 그러나 전번 총회에서 감리교회의 위신은 땅에 떨어지는 추태를 드러냈다. 누가 무슨 말을 해도 이것은 불신앙의 소치라고 말할 수밖에 없다. 그리스도의 마음을 품은 형제들이 모인 곳이면 그렇게까지 추태를 연출했을까? 회원 중 한 사람이었던 나는 부끄러움을 금할 길이 없다. 우리 감리교회는 저번 총회를 통해 전국 교도에게 실망을 주었고 전도의 문을 꽉 닫아 놓았다. 하늘을 향해 땅을 굽어 할 말이 전혀 없다. 나는 총회 후에 시력이 감퇴되어 글자를 잘 분별 못 하게 되었고, 도무지 서울을 갈 마음이 생기지 않았다. 총회를 생각만 해도 가슴이 치솟는 분노를 느낀다. 총회에 기대를 걸었던 자체가 잘못이었다. 총대를 뽑을 때에 부정투표가 개입되었으니 출발부터가 잘못되었다. 출발을 잘못했으니 일이 제대로 펴 나갈 리가 만무다. 사회정당 모양 써클이 있다는 것이 우습다.

---

25 〈기독교세계〉 1965년 7월 10일자, 8면.(영인본 제 15권 460)
26 〈기독교세계〉 1967년 2월 20일자, 11면.(영인본 제 16권 67)

너무도 사람의 장난이 크다. 한 교단에서 일하고 있는 우리는 모두가 한 형제요, 한 그리스도의 지체가 아닌가? 여기에 남북이 어디 있고 네 파, 내 파가 어디 있을 손가?

사심이 없는 대표들의 수가 많았다면 감독선거 및 피 선거가 몇 번이면 끝났을 것이다. 처음부터 마음 문을 닫아 놓고 투표했으니 백번인들 제대로 될 리가 있겠는가? 나부터 회개하는 마음 금할 길 없다. 다시 모이는 총회에도 그 태도, 그 마음 그대로라면 모일 필요조차 없다.

사람들의 잔꾀가 우세하여 감독을 내고 몇 개의 법안을 개정 통과시킨다 하자, 다음에는 더 큰 고통을 치를 기형아를 낳아 놓을 것이 분명하다. 더군다나 싸움의 장본인이었던 써클 대표로서 무슨 위원회를 만들어서 감리교회의 위기 타개를 해보겠다는 생각부터가 틀린 생각이었다. 맡기는 이들이나 맡는 이들이 다 똑같다.

완전한 총회, 제구실을 할 수 있는 총회를 하려면 전번 총대들이 진심으로 회개하든지, 법절차를 따라 선출해서 총회를 새로이 구성하여야 대의명분도 서고 총회도 제대로 되고 그 결의도 바르게 될 것이다. 무턱대고 모인다면 돈과 시간이 아깝다. 두세 번씩 모이는 비용, 시간, 정력을 가지고 전도에 힘을 기울였더면 감리교회는 비약적 전진을 했을 것이다. 한국의 현실은 과거 어느 때보다 민중이 교회에 대하여 냉정적인 태도를 가지고 있는 동시에, 전도의 문이 크게 열린 때이다. 냉소적인 태도는 교회의 추태의 봄이요, 전도의 문이 열려 있음은 6·25전쟁의 상처와 정치 및 생활의 불완정이 민중으로 하여금 마음의 안식처인 구도의 길을 찾게 하고 있다.

나는 작년(1966년) 일 년 동안 너무 일거리가 많아 애를 썼다. 도의 초청으로 십칠 개 시, 군 소재지를 순회하면서 일만이천여 청중에게 간접 전도 강연을 했고, 군단과 사단의 초청을 받아 삼십여 회에 걸쳐 만여 명에게 전도했으며, 기타 교도소, 소년원, 농노원, 교육원, 경찰서, 경찰학교, 방송국을 통해서 기회 있는 대로 전도했다. 이렇게 전도의 문이 열려 있고 목사를 사회가 필요로 하는 시대가 어느 때 어디에 있었던가? 목사가 조금만 사회에 관심을 가지고 활동하면 각 분야에서 목사를 기다리고 있다.

나는 아무것도 아닌 사람이로되 지사의 행정 자문으로, 지방법원 가정재판 조정위원으로, 반공연맹 운영 위원으로, 각계각층의 인사와 접촉하여 간접 전도할 무대가 넓혀지고 있다. 참으로 하나님께 감사드린다.

교회지도자 여러분들께 호소합니다.

"우리끼리 싸우는 정력과 시간과 금력을 가지고 민족의 영혼을 건지고 후진국에 선교사를 보내는데 열중해 봅시다." 그리고 연회에서 교역자 파송 문제도 한심하다, 파송의 권위가 땅에 떨어졌다.

배짱 있고 억센 사람, 소위 거물급 목사는 파송에 불복해도 괜찮고, 온순하고 배경 없는 젊은 교역자는 둔갑을 치니 이래서는 파송 제도보다도 감리교회의 특색을 잃더라도 청빙 제도가 나을지는 모르겠다.

내가 조금 지나친 말을 하였는지 모르겠다. 평생 동안 부정선거, 부정, 부패와 목숨 걸고 싸워왔고, 사회 명랑화를 위해 일해 온 나로서 가장 아끼고 사랑하는 교회가 혼란에 빠져있고 분열, 반목하고 있으니 눈물이 앞을 가린다. 민족은 갈 방향을 잃었다. 민족의 나갈 길에 거침돌이 너무 많다. 그런데 교회가 민족에게 거침돌이 되어서야 쓰겠는가? 소망 없는 이 민족에게 참된 소망을 보여주고 어두운 속세에서 갈길 모르는 이 민족에게 뚜렷한 빛이 되어주고 생활의 맛을 모르는 이 민족에게 생생한 소금이 되어 주어야 할 교회가, 이 교회 속에서 특별한 하나님의 은총을 받고 사는 그리스도인들이 민족의 기대에서 완전히 벗어나서 거침돌이 되다니 말이 아니다.

전국의 교회는, 어떤 한 교파 말고 모든 교파는, 그리스도의 이름을 증거하는 교회는 이 민족에게 이 소망, 이 빛, 이 소금이 되어주는 교회를 세워 올리기 위하여 회개하여 자기를 버리고 십자가를 지고 분발하여야겠다. 특별히 다른 사람들보다 앞서서 감리교회는 눈물을 흘리며 잿속에 머리를 파묻고 회개하여 옛길을 청산하고 새 길을 걸어가도록 피차 권면하고 격려하자. 교회가 반성이 없고 회개가 없을 때에 민중은 일어나 함성을 높이며 돌을 던지며 교회 타도를 부르짖을 것이다.

제도를 고치고 규칙을 고치는 것도 좋을지 모르나 이보다 앞서 고칠 것은 마음이다. 구부러진 마음을 고쳐 곧게 하고 컴컴한 마음을 고쳐 환하게 하고 이기적인 마음을 고쳐 예수께서 가르치신 대로 이웃 사랑하기를 내 몸처럼 하는 이름과 행실이 부합되는 그리스도의 참 제자가 되자.

> "나더러 주여 주여 하는 자마다 천국에 다 들어갈 것이 아니라 하늘에 계신 내 아버지의 뜻대로 하는 자라야 들어가리라"(마 7: 21)

(춘천지방 감리사)

신년도(1968년) 목회 계획 앙케이트 중: 김연호[27]

1. 표어: 선교하는 교회

새해를 맞이하는 세월이 빠름을 더욱 심감케 된다. 많은 숙제를 남긴 채 몇 해를 보내고 1968년 새해를 맞이했다. 아래 몇 줄에 내가 섬기고 있는 교회와 나 개인의 목회 설계를 말씀해 보고자 한다.

2. 새로운 계획(교회 중심)

금년 우리 춘천중앙교회는 선교하는 교회로 표어를 정했다. 이 사람이 6년 전에 부임해 보니 교회 부채가 20여만 원이나 되었다. 주님의 축복으로 연부년 자라나서 부채를 청산하고 사정 주택과 목사관을 지었으며 교회의 일체 비품을 장만하고 장차 교회를 확장하기 위해 400평의 대지를 구입했으며 작년도(1967년)에는 시내 효자동에 개척교회를 설립키 위해 168평의 대지를 마련했다. 교역자 생활비까지 세워 놓았다. 자치하는 교회에서 진일보하여 선교하는 교회가 되고자 한다. 우리 교회는 그동안 십일조가 없던 교회가 이제는 월정헌금 교인보다 십일조 교인이 많아졌다. 작년에는 예산보다 40%가 자연 증가했다. 그러므로 금년에는 개척교회를 세우고 지원하는데 전력코저 한다.

27 〈기독교세계〉 1968년 1월 15일자, 5면.(영인본 제 16권 241)

3. 목회자 자신의 설계(사생활)

독서와 설교 준비에 충실하여 심방에 힘쓰고 사회참여 적극 힘써 사회가 교회에 관심을 갖도록 하며 공부하는 목사, 일하는 목사, 존경받는 목사가 되기 위해 뒤에 것을 잊고 앞에 것을 잡으려고 힘써 달리고져 한다. (춘천중앙교회 목사)

김연호 목사 일본 향발(1970년 4월 15일)

– 교포를 위해 단기 선교사로 –

동부연회 춘천지방 중앙교회에서 시무 중인 **김연호** 목사는 오는 4월 15일 3개월 동안 제일교포들을 위한 단기 선교사로 향일케 되었다고 한다, 한편 중앙교회는 2천여 만 원의 예산을 확보하고 새로운 예배당 건축을 위한 정초식을 4월 10일 오후 2시에 갖게 될 것이라고 한다.[28]

김연호 목사 귀국(1970년 6월 15일)

– 일본 단기 선교사로 수임 마치고 –

지난 4월 15일 재일교포를 위한 단기 선교사로 일본으로 건너갔던 김연호 목사(춘천중앙교회 담임)는 그 동안 선교사로써의 포교 활동을 무사히 마치고 6월 15일 귀국했다고 한다. 그런데 일본 체류 중 주로

28 〈기독교세계〉 1970년 4월 10일자, 15면.(영인본 제 17권 79)

오사까와 지방에서 선교를 해 왔다고 한다.[29]

교회 순례- 춘천중앙교회를 찾아서: 〈기독교세계〉
(1972년 4월호, 18쪽)

지역 사회를 위하여 교회의 문을 열어

동부연회 춘천지방 춘천중앙감리교회(춘천시 옥천동 73번지)는 1906년 10월에 이덕수(李德秀) 초대 전도사에 의해 창립되어 66년이란 역사를 가지고 있는 교회이다. 현재 김연호 담임목사(53세)는 "사랑, 평화, 봉사의 교회가 되자"라는 표어 아래 홍형표 부목사와 함께 5개 실천목표(① 힘써 기도하자 ② 성경을 통독하자 ③ 십일조를 드리자 ④ 주일을 성수하자 ⑤ 부지런히 전도하자)를 삼고 호반의 도시 아담하고 깨끗한 춘천시를 전 신자화하는 운동을 전개하고 있다. 김 목사는 춘천을 제2 고향으로 생각하고 춘천 지역사회를 위해 온갖 정성을 다하고 있어 관청 및 민가 지역까지도 호흥을 받고 있다. 현재 교세 현황은 총 세대 313세대이고, 교회 임원 134명, 총 교인 수 1,234명이다.

교회 행정은 기도하고 관용하고 설득하는 데서

교역하는데 특징은 항상 직원들을 위해 기도로 돕고 있다. 사업 계

29 〈기독교세계〉 1970년 7월 10일자, 13면.(영인본 제 17권 137)

획 진행 및 예배 진행에는 각부 위원제도를 실시하고 있다. 예배위원, 선교위원, 교육위원, 사회사업위원, 가정생활위원, 경조위원, 행사준비위원, 교회 묘지 관리위원 등으로 되어 있어 목회자로서는 계획서

춘천 중앙교회를 찾아서

◇◇ 교회의 문을 열어 ◇◇

◇◇ 지역사회를 위하여 ◇◇

<김 연 호 담임목사>

동부연회 춘천지방 춘천중앙 감리교회(춘천시 옥천동 73번지)는 1906년 10월에 이덕수(李德秀) 초대 전도사에 의해 창립되어 66년이란 역사를 가지고 있는 교회이다. 현재 김연호 담임목사(53세)는 "사랑. 평화, 봉사의 교회가 되자"라는 표어 아래 홍형표 부목사와 함께 5개 실천목표(①힘써 기도하자 ②성경을 통독하자 ③십일조를 드리자 ④주일을 성수하자 ⑤부지런히 전도하자)를 삼고 호반에 도시 아담하고 깨끗한 춘천시를 전 신자화하는 운동을 전개하고 있다. 김목사는 춘천을 제2고향으로 생각하고 춘천 지역사회를 위해 온갖 정성을 다하고 있어 관청 및 민가 지역까지도 호흥을 받고 있다.

현재 교세현황은 총 세대 313세대이고 교회 임원 134명, 총 교인수 1,234명이다.

교회행정은 기도하고 관용하고 설득하는데서

교역하는데 특징은 항상 직원들을 위해 기도로 돕고 있다.

사업계획 진행및 예배진행에는 각부 위원제도를 실시하고 있다. 예배위원, 선교위원, 교육위원, 사회사업위원, 가정생활위원, 경조위원, 행사준비위원, 교회묘지 관리위원 등으로 되어 있어 목회자로써는 계획서대로 진행검토 확인목회를 하고 있다. 큰 문제가 나타나지 않고 있지만 김목사의 목회치리관에는 아무리 잘못이 있다해도 출교해 본일이 없다고 한다. 항상 용서하고 관용하며 설득하는 자세로 목회생활 30년째이며 춘천에서는 10년째 접어든다고 한다.

춘천을 전 신자화 하는 복음화 운동 시도

세상을 향하여 역사하시는 하나님의 권능의 손에 의탁하여 지역사회를 위하여 봉사하며 선교하고 있으며 지역에서 없어서는 않될 가장 요긴하고도 존경받는 교회자체로 만들고 있다. 항상 지역민을 위해 바르 지도하며 정의감과 애국심으로, 그리고 신앙심으로 인도해 주는 책임을 다하고 있다. 특별히 "성시화 운동"의 위원장직을 맡고 정신운동으로 10만 신도를 지도하는 초교파적인 일도 겸하고 있다.

국내선교로 덕원교회, 청원교회, 사북교회, 방산제일교회등으로 지방교회 보조를 하고 있으며 국외선교로는 현재 북해도를 돕고 있지만 500만원 해외선교사 파송 기금을 모금하고 있는데 30만원은 확보되었다. 목표액 달성하면 단독 해외로 선교사를 파송할 계획이다.

<하 · 신축된 건물과 구건물(교육관)>

평신도 기독교교육에 중점두고

각부 기독교교육에는 홍형표목사의 지도아래 충실하게 시도하고 있다. 각부장 책임제로 하고 있지만 부장과 지도교사 교장등 훈련을 먼저 지도하여 공부하며 가르치는 교육으로 하고 있다. 평신도인 경우 특별히 세미나를 하여 지도한다. 지도목사는 예산의 뒷받침과 행정적인 지원과 조정만 한다는것

평신도 신학원을 창설하여 초교파적으로 교육하고 있다. 교사진은 전문적인 학부 출신들로 구성되었다. 무산 아동을 위하여 유지들의 지원을 받아 "새마을 중학교"를 신설하고 MYF지방 연합회에서 관할하고 있다.

예산용도는 삼위일체로 편성되어 있어

1972년도는 총 예산 600만원에 선교, 교육, 봉사로 삼위일체 형식으로 평성되어 집행되고 있다. 특별히 교회 건축금으로는 1,500만원을 본 교회자체에서 부담(헌금)하고 대지 1,000평 건평 245평으로 구교회는 그대로 된채 새로운 스타일로 건축되었다. 이 거대한 공사를 남의 힘을 받지 않고 만3개월만에 완성한 것은 그리 쉬운 사업은 아니다. 1970년 7월 21일 본교회 담임목사 사회로 김종필 감독의 설교와 정등 운목사의 축도로 봉헌예배를 드리고 현재 주일낮 예배 제1부 150명과 제2부 480여명 참석으로 은혜스럽게 예배를 드리고 있다.

1970년 7월 21원 봉헌식을 마치고

— 18 —　　기 독 교 세 계

대로 진행 검토 확인 목회를 하고 있다. 큰 문제가 나타나지 않고 있지만 김 목사의 목회치리관에는 아무리 잘못이 있다 해도 출교해 본 일이 없다고 한다. 항상 용서하고 관용하며 설득하는 자세로 목회 생활 30년째이며, 춘천에서는 10년째 접어든다고 한다.

춘천을 전 신자화 하는 복음화 운동 시도

세상을 향하여 역사하시는 하나님의 권능의 손에 의탁하여 지역사회를 위하여 봉사하며 선교하고 있으며 지역에서 없어서는 안 될 가장 요긴하고도 존경받는 교회 자체로 만들고 있다. 항상 지역민을 위해 바로 지도하며 정의감과 애국심으로, 그리고 신앙심으로 인도해주는 책임을 다하고 있다. 특별히 "성시화 운동"의 위원장직을 맡고 정신운동으로 10만 신도를 지도하는 초교파적인 일도 겸하고 있다.

국내 선교로 덕원교회, 청원교회, 사북교회, 방산제일교회 등으로 지방교회 보조를 하고 있으며 국외 선교로는 현재 북해도를 돕고 있지만 500만 원 해외선교사 파송 기금을 모금하고 있는데 30만 원은 확보되었다. 목표액 달성하면 단독 해외로 선교사를 파송할 계획이다.

평신도 기독교 교육에 중점 두고

각 부 기독교 교육에는 홍형표 목사의 지도 아래 충실하게 시도하고 있다. 각 부장 책임제로 하고 있지만 부장과 지도교사, 교장 등 훈련을 먼저 지도하여 공부하며 가르치는 교육으로 하고 있다. 평신도인 경우 특별히 세미나를 하여 지도한다. 지도 목사는 예산의 뒷받침과 행정적인 지원과 조정만 한다는 것.

평신도 신학원을 창설하여 초교파적으로 교육하고 있다. 교사진은 전문적인 학부 출신들로 구성되었다. 무산 아동을 위하여 유지들의 지원을 받아 "새마을 중학교"를 신설하고 MYF지방 연합회에서 관할하고 있다.

예산용도는 삼위일체로 편성되어 있어

1972년도는 총예산 600만 원에 선교, 교육, 봉사로 삼위일체 형식으로 편성되어 집행되고 있다. 특별히 교회 건축금으로 1,500만 원을 본 교회 자체에서 부담(헌금)하고 대지 1,000평 건평 245평으로 구 교회는 그대로 둔 채 새로운 스타일인 초현대식 건축되었다. 이 거대한 공사를 남의 힘을 받지 않고 만 3개월 만에 완성한 것은 그리 쉬운 사업이 아니다. 1970년 7월 21일 본 교회 담임목사 사회로 김종필 감독의 설교와 정등운 목사의 축도로 봉헌 예배를 드리고 현재 주일 낮 예배 제1부 150명과 제2부 480여 명 참석으로 은혜스럽게 예배를 드리고 있다.

5부
사진으로 보는 김연호 목사

처음 나간 횡성감리교회 교우들

윤태현 목사

1938년 3월 13일, 당시 주일학교 행사를 치른 후

두 번째로 횡성교회에서 만난 박만춘 목사와 교우들

박만춘 목사

평양 유학을 주선하고 결혼 주례를 해주신 박내철 목사

박만춘 목사의 조선감리회 입회

평양 요한학교 개교기념(1939.10)

전영택 교수 송별기념

평양 요한학교
제1회 졸업생 송별기념
(1941.2.25)

신망애교회(1941.6.29)

요한동문회 대전에서
(1953.3.20)

서울 수복 후
첫 요한동문회
(1955.11)

증축된 양막교회 전경(1947)

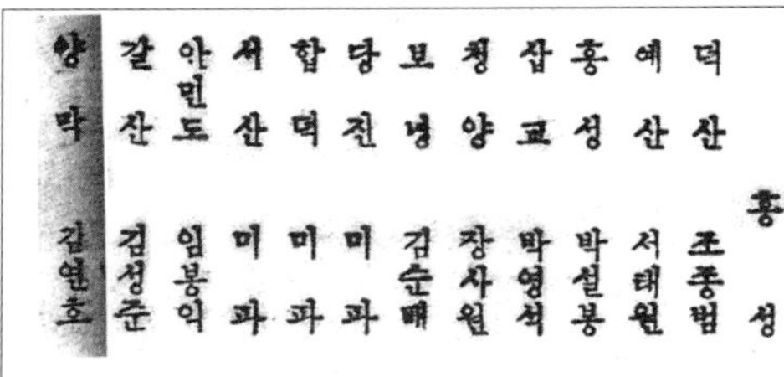

흥성지망

덕산 조종범
예산 서태원
홍성 박설봉
삽교 박영석
청양 장사원
보령 김순배
당진 미과
합덕 미과
서산 미과
안면도 임봉익
갈산 김성준
양막 김연호

1946년 6월 파송기(복흥파)

희년성회에 참석한
역대 교역자
(양막교회,1978.3.18)

오촌교회 김연호 목사 초청부흥회(1972)

86. 1947학년도 졸업앨범
Yearbook of 1947

감리교신학교
졸업앨범(1948.5.5)

오가교회 학생들과 함께

大韓監理會仁川地方區域名簿(一九四九年度)

區域名	所屬敎會名及擔任者氏名	住所	摘要
內里區域	內里敎會 姜泰熙 牧師		
昌榮區域	昌榮敎会 韓世弘 牧師		
花島區域	花島〃 南宮鑄〃 副 李天國〃		
中央區域	中央〃 馬慶一〃	仁川[illegible]畓洞	
新興區域	新興〃 趙英濟〃 副[illegible]	新興洞二街一六	
崇義區域	崇義洞〃 姜文鎬〃 [illegible]〃 副 黃得煥〃		
朱安區域	朱安敎会 金應泰〃 兼地方監理師		
士義區域	士義敎会 李舜根 전도사		

區域名	所屬敎會名及擔任者氏名
蘇來區域	蘇來敎会 李世彦 牧師
桂山區域	桂山 葛月 朴村 敎會 金演浩〃
吾丁區域	吾丁[illegible]敎会 李甲錫〃
萬壽區域	萬壽敎会 金雄[illegible]〃
錢洞區域	錢洞敎会 金昇萬〃
文鶴區域	文鶴敎会 朴世平〃
新月區域	新月敎会 崔振奎 전도사
連喜區域	連喜里敎会 劉景文〃
素砂區域	素砂敎会 趙鎔九〃
山谷區域	山谷敎会 朴慶龍〃

인천지방 계산구역(계산, 갈월, 박촌) 파송기(1949)

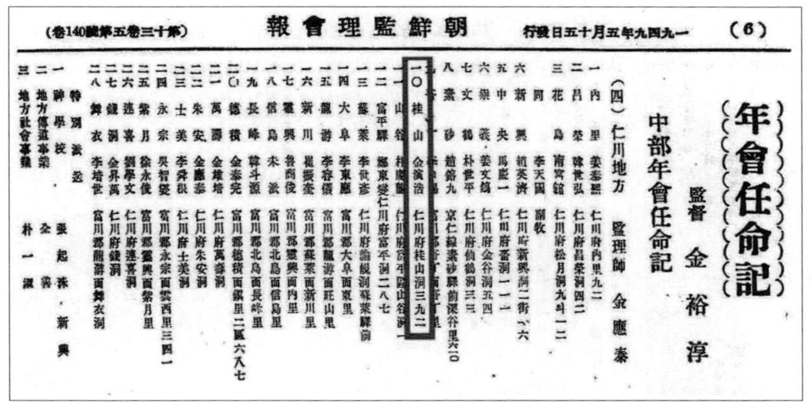

(6) 一九四九年五月十五日發行 朝鮮監理會報 (第十三卷第五號 140號)

年會任命記

監督 金裕淳

中部年會任命記

(四) 仁川地方 監理師 金應泰

一 內里 姜泰熙 仁川府內里九二
二 昌榮 韓世弘 仁川府昌榮洞四二
三 花島 南宮鎰 仁川府松月洞九의一二
同 李天國 副牧
六 新興 趙英濟 仁川府新興洞二街一六
五 中央 馬慶一 仁川府畓洞一一一
六 崇義 姜文鎬 仁川府金谷洞五四
七 文鶴 朴世平 仁川府仙鶴洞三三
八 素砂 趙錫九 京仁線素砂驛前深谷里六〇
九 [illegible]
一〇 桂山 金演浩 仁川府桂山洞三九二
一一 山谷 朴慶龍 仁川府富平區山谷洞一
一二 富平驛 鄭東燮 仁川府富平洞二八七
一三 蘇萊 李世彦 仁川府論峴洞蘇萊驛前
一四 大阜 李東勳 富川郡大阜面東里
一五 龍遊 李容儀 富川郡龍遊面旺山里
一六 新川 崔振奎 富川郡蘇萊面新川里
一七 靈興 魯商俊 富川郡靈興面內里
一八 信島 宋 派 富川郡北島面信島里
一九 長峰 韓斗源 富川郡北島面長峰里
二〇 德積 金泰完 富川郡德積面鎭里二區六八七
二一 萬壽 金維培 仁川府萬壽洞
二二 朱安 金鳳泰 仁川府朱安洞
二三 士美 李舜根 仁川府士美洞
二四 永宗 吳智燮 富川郡永宗面雲西里三四一
二五 紫月 徐永俊 富川郡靈興面紫月里
二六 造喜 劉學文 仁川府造喜洞
二七 錢洞 金昇萬 仁川府錢洞
二八 舞衣 李培世 富川郡龍遊面舞衣洞

特別派送

一 神學校 張起洙·新興
二 地方傳道事業 金善
三 地方社會事業 朴一淑

1949년 5월 연회 파송기(계산구역 김연호)

1949년 10월 23일 박촌교회 주일학교 유년부 졸업기념 사진이다. 졸업생 22명과 교사들. 아기를 안고 있는 분이 김연호 목사 사모다. 사모 좌로 박용환 장로, 김연호 목사, 우로 박용화 권사, 조임술 집사.(1949.10.23)

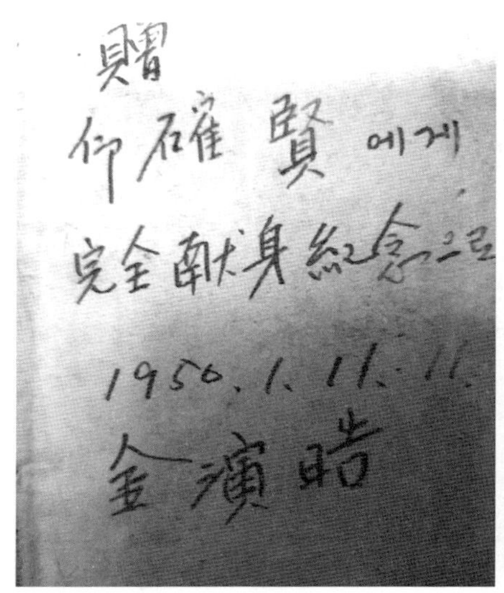

“증 인확현에게 완전 헌신기념으로”(1950.1.11)

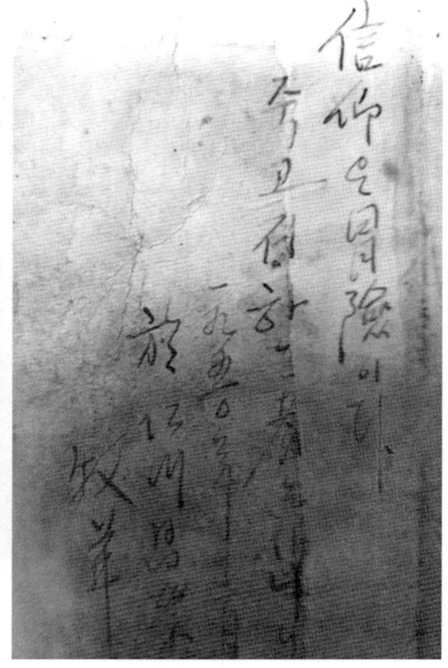

“신앙은 모험이다. 죽고자 하는 자는 살리라”
(인천 창영교회에서, 1950.12.21)

종탑 옆에서 찍은 주일학교 교사 기념 사진: 김연호 목사(둘째 줄 좌로 네 번째), 박용화 권사, 김응재 장로(청년때 모습, 둘째 줄 좌로 여덟 번째)가 함께 교회학교 교사 기념사진을 찍었다.

제주 표선리교회(1951)

김연호 목사와 김성호
사거리(현 부광교회)(1953)

인천동지방 교사 하기 강습회(내리교회, 1952.8.19~22)

성가대 조명숙 반주자 송별 기념(사거리교회, 1953.10.4)

김연호 목사 송별기념(사거리교회, 1954.10.25)

매산교회 새 예배당 전경(1954.11)

수원지방 남녀 교육자 일동(1955.2.23)

부모님주일예배
(수원 매산교회,
1955.5.8)

매산 여름
성경학교 기념
(1955.8.6)

수원지방 하기 교육자 강습회(1955.8.8~13)

호서지방 장년 지도자 구락부 강습회 (1959.3.5)

은혜로운 연합 감리사회의(입석교육원, 1961.9.25~29)

4년 계획연구회 교육운동 분과위원회(1962.11.5~7)

제2회 서산지방회(서산교회, 1963.2.5~6)

김연호 감리사
주봉택 전도사
송별기념
(1963.3.24)

심령대부흥회
(1963.7.1~6)

손진대 한석희
장로 취임기념
(1965.5.16)

학습자 기념사진(1965.12.25)

삼악산 산상집회(1966.8)

서 문

서기 1세기 초엽 유대땅 갈릴리 지방을 중심으로 일어난 예수 그리스도의 복음운동은 2000년의 유구한 역사의 물줄기를 타고 산을 넘고 바다를 건너 동반구 서반구를 석권하고 1885년 4월 5일 부활절 아침 감리교 선교사 아펜젤라 목사 부부. 장로교 선교사 언더우드 목사가 제물포 항구에 상륙하여 고요한 아침의 나라 반 만년의 역사와 문화를 지녀온 우리 한국에도 복음의 씨를 뿌리기 시작 하였다. 이씨조선(李朝) 500년의 역사가 폭풍앞에 등불과도 같이 위태로웠든 당시의 우리 사회는 구시대의 봉건주의를 탈피하지 못하고 반상계급(班常階級)의 악습과 미신 우상숭배의 폐습은 사회를 풍미하고 서구의 신문명은 여지없이 봉쇄를 당하고 극단의 쇄국 주의 정책으로만 일관하여 세계역사에서 격리된 채 문명의 고아로 희망을 상실 하고 국민은 무지와 가난에서 헤어나지 못하고 있는 처참한 상태였으니 이 가련한 겨레를 구원하시기 위하여 그리스도는 그의 사자들을 이 땅에 보내셨던 것이다. 아 어찌 감사 하고 감격한 일이 아닌가! 이 복된 소식이 사방을 산으로 둘러싸인 강원도 춘천지역에 전파 되기는 그 정확한 연대의 기록은 없으나 여러가지 출처 고증 내지 생존한 성도들의 회상에 의하면 주후1906년으로 단정할수 있다. 그 동안 이 교회는 수 많은 풍우 속에서 온갖 환란을 겪으면서도 줄기차게 자라온 것은 성령의 인도 하심과 역대의 주의종들 그리고 여러 숨은 성도들의 기도와 봉사의 열매라 아니할수 없다

그 동안에 교회당을 여러차례 이전 확장 건축을 해 왔으며 6.25사변 때에는 전 도시가 전화로 잿더미가 된 참상을 입었으며 교회당 마저 완전 소실 되어 버리는 비극을 겪었다. 인적 물적 피해로 말미아마 귀중한 역사적 문헌과 사료.유품들도 거의 찾을 길이 없게 되었으니 이 얼마나 서글픈 일인가! 그러므로 이 연혁을 꾸미는데 있어서도 여러해 동안 사료 수집에 힘을 기우렸으나 현재로서는 도저히 구할 길이 없어 지극히 불충분하기는 하나 단편적으로라도 수집정리하고 미비한 것은 앞으로 더욱 보완 할것을 다짐 하는 바이다.

교회창립60주년 기념주일에

당회장 김연호

창립60주년기념 선언문(1966.10)

세례 및 입교식
(1966.12.25)

영아세례 기념
(1966.12.25)

학습예식 기념
(1966.12.25)

한미연합 부활절예배 준비위원회
(연도미상)

춘천중앙교회 장로,권사 등 임직원 일동
(1960년대 말)

군부대 방문(연도미상)

영아세례 기념(연도미상, 성탄절)

춘천지방 사경회를 마치고(1967)

속장일동(1967.2)

김병선 장로 취임예배(1967.3.5)

신구교 일치 기도회를 마치고(1968.1.21)

구역회를 마치고
기념촬영(1967.11)

교육 지도자 및 청년연수회(1969.7.21~26)

심령대부흥회 기념(1969.10.13~18)

춘천중앙교회 예배당
전경(1960년 말)

아폴로예배당 조감도(1970)

아폴로예배당 기공식(1970.3.2)

아폴로예배당 기공식(건축사 김석재 권사 1970.3.2)

아폴로예배당 기공예배(1970.3.2)

춘천지역 감리교연합성회를 마치고 강원도청 앞에서(1970)

敎會와 地域社會

春川 중앙敎會 헌당식과 연관해서

社會가 願하는 敎會로

人口比 宗敎人 33%, 文化단체등 참여활발

신앙의 보편化 통해 世俗化의 典型을 발견

건물의 십자가 등대모양은 「세상의빛」 상징

건축 관련 신문기사
(강원일보)

아폴로예배당

아폴로예배당 봉헌식을 마치고(1970.7.21)

아폴로예배당 신축 후 김연호 목사 내외
(연도미상)

일본기독교회
마쓰미 목사
특별성회
(1971.6.20)

중앙유치원 학부모 초청잔치(뒷줄 오른쪽부터 김연호 목사 쥬디 선교사와 쥬진주 원장, 1971.8)

김연호 목사 근속 10주년 기념예배(1973.10.24)

이복희, 심재환 장로 취임축하예배(1973.10.24)

김연호 목사 환송기념(1974.2.24)

남은 여생과 금식기도-김상돈 부목사와 교우들(수원종로교회)

수원종로교회(1976.9.19)

김연호 목사 연보

- 1920년 4월 11일 : 강원도 횡성군 우천면 가좌곡리 옥내동에서 출생
- 1934년 : 강원도 횡성초등학교 졸업
- 1933년 : 민족 사랑으로 경찰에서 심문받다.
- 1938년 : 와세대중학강의록, 조선보통통신고등강의록으로 공부
- 1942년 : 평양성화신학교 졸업, 평양신학교 입학
- 1940년 : 3년간 빈민촌 사업과 교회 설립
- 1943년 : 결혼
- 1944년 : 평양 헌병대 취조
- 1944년 : 평양신학교 수료
- 1944년 : 철원 망명 생활, 7,600평 농장 구성
- 1944년 : 경주 부조장로교회 전도사 취임
- 1945년 : 철원군 동송 자치 위원회 위원장, 관인 사건
  9월, 소련 군정 재판과 인민 보안서에 수감
- 1946년 봄 : 강원도 순회강연, 신탁통치반대 및 공산당 타도운동
  여름 : 서울 감리교신학교 본과 입학
- 1948년 : 서울 감리교신학교 졸업
- 1946년 : 충남 양막구역(양막교회, 오천교회, 오가교회) 담임
- 1949년 : 목사 안수
- 1949년 : 주문진교회 부임, 분규 수습
- 1950년 : 인천 계산구역(계산중앙교회, 갈월교회, 박촌교회) 취임
- 1951년 : 1·4후퇴시 교인 200명 인솔하여 제주도 표선면에서 공동생활
- 1952년 : 인천 부광교회 취임(사거리)
- 1954년 : 수원 매산교회(수원성교회) 취임, 수원 농대 특별 청강
- 1956년 : 충남 당진 슬항교회 취임, 농촌 계몽 운동
- 1959년 : 충남 서산교회 취임, 3·15 부정선거 규탄

- 1963년 : 춘천중앙교회 취임, 3선 개헌 반대 투쟁위원장
- 1972년 : 춘천성시화운동 전개
- 1974년 : 수원종로교회 취임
- 1977년 : 7월, 입산 40일 금식기도
- 1979년 : 춘천 동춘천교회(현 광장교회) 부임
- 1980년 : 춘천성시화운동 재전개
- 1980년 : 11월, 김대중 선생 구명운동
- 1981년 : 4월 1일 소천

저서 : 수기 『눈물 젖은 빵을 먹어본 사람이 아니면 그 맛을 모른다』
설교집 : 『푸른 초원』 1~4권

- 예산 임성중학교 설립
- 주문진 여자중학교 설립
- 당진 호서고등학교 설립
- 춘천 YMCA 이사장
- 3선 개헌 반대 투쟁위원회, 강원도 위원장
- 춘천성시화운동 위원회 위원장
- 한국농어촌봉사회 부이사장
- 호서지방, 당진지방, 서산지방, 춘천지방, 감리사 7회 역임
- 총리원 재단 이사 역임
- 목원대학교 이사 역임
- 공주 영명고교 이사 역임
- 강원도 경찰국 경목 위원장
- 한국반공연맹 이사
- 국제앰네스티 한국 이사

눈물 젖은 빵을 먹어본 사람이 아니면

지은이 김연호
엮은이 김성호
펴낸이 최병천

펴낸날 2021년 11월 11일(초판1쇄)
2022년 2월 18일(초판2쇄)

펴낸곳 밀알라이프(신앙과지성사)
출판등록 제9-136 (88. 1. 13)
주소 | 서울시 서대문구 연희로 177 옥산빌딩 2층
전화 | 335-6579 · 323-9867 · (F) 323-9866
E-mail | miral87@hanmail.net
홈페이지 | http://www.miral.co.kr

ISBN 978-89-6907-267-2 03230

값 20,000원

※ **밀알라이프**는 신앙과지성사의 자매브랜드로 진솔한 삶과 신앙을 저장하는 곳간입니다.